PAOLA PRANDINI

CONEXÃO ATLÂNDICA

BRANQUITUDE, COLONIALIDADES E EDUCOMUNICAÇÃO NA ÁFRICA DO SUL, NO BRASIL E EM MOÇAMBIQUE

LETRAMENTO

Copyright © 2024 by Editora Letramento
Copyright © 2024 by Paola Prandini

Diretor Editorial Gustavo Abreu
Diretor Administrativo Júnior Gaudereto
Diretor Financeiro Cláudio Macedo
Logística Daniel Abreu e Vinícius Santiago
Comunicação e Marketing Carol Pires
Assistente Editorial Matteos Moreno e Maria Eduarda Paixão
Designer Editorial Gustavo Zeferino e Luís Otávio Ferreira

Todos os direitos reservados. Não é permitida a reprodução desta obra sem aprovação do Grupo Editorial Letramento.

Dados Internacionais de Catalogação na Publicação (CIP)
Bibliotecária Juliana da Silva Mauro - CRB6/3684

P899c   Prandini, Paola
        Conexão Atlândica : branquitude, colonialidades e educomunicação na África do Sul, no Brasil e em Moçambique / Paola Prandini. - Belo Horizonte : Letramento, 2024.
        310 p. ; 15,5cm x 22,5 cm.

        Inclui bibliografia.
        ISBN 978-65-5932-456-9

        1. Branquitude. 2. Colonialidades. 3. Descolonização. 4. Educomunicação. 5. Educação pública. I. Título.

        CDU: 316.7
        CDD: 305.8

Índices para catálogo sistemático:
1. Relações étnicas e raciais 316.7
2. Grupos étnicos e raciais 305.8

LETRAMENTO EDITORA E LIVRARIA
Caixa Postal 3242 – CEP 30.130-972
r. José Maria Rosemburg, n. 75, b. Ouro Preto
CEP 31.340-080 – Belo Horizonte / MG
Telefone 31 3327-5771

AGRADECIMENTOS

É com o coração repleto de profunda gratidão que escrevo estas palavras. Para isso, saúdo e reverencio quem esteve neste mundo antes de mim e espero espalhar sementes que serão colhidas futuramente. Tenho consciência de que fechar mais esse ciclo é abrir-me para outros novos que, com esperança, possam ser igualmente ou ainda mais transformadores do que este. Isso só foi possível porque tive privilégios, como o de ter nascido em uma família que me apoia incondicionalmente. Drica, mãe e pai, "amo vocês de morrer pela vida"!

Mesmo sendo uma mulher cisgênera, branca e de classe média, fui criada na periferia da zona norte da cidade de São Paulo, onde aprendi a ser quem sou e a gostar de gente. Acredito ser a primeira pessoa a obter uma titulação doutoral dos dois lados das famílias materna e paterna que integro, o que me dá orgulho, mas também consciência da responsabilidade em ocupar esse lugar com humildade. Além disso, tenho a certeza de que contei com as proteções ancestrais e espirituais de minha avó Janete e de Diego Balbino.

Quando pequena, dizia que queria ser professora, quando crescesse, como minha mãe. Mesmo tendo graduado-me como jornalista, foi na educação que encontrei meu propósito de vida, me tornei educomunicadora, repleta de "amor e luta" por onde passo, seja no meu país (Brasil), seja nos países em que fui acolhida (África do Sul e Moçambique), para desenvolver esta pesquisa e, de quebra, me redescobrir. Seria impossível nomear cada pessoa que me acompanhou nesta desafiadora jornada, mas se você, ao ler este texto, se lembra de qualquer momento que passamos, saiba que este estudo foi também influenciado por nossas trocas, pois a pesquisa é feita por e com pessoas, das mais diferentes visões de mundo, nacionalidades, pertencimentos étnico-raciais, identidades de gênero, classes sociais, faixas etárias, graus de escolaridade etc. Basta ser pessoa! Por isso, agradeço à família expandida a que fui sendo integrada, ao longo desses quatro anos.

Agradeço, em especial, à Profa. Dra. Maria Cristina Palma Mungioli, pela aprendizagem partilhada (que já ultrapassa dez anos), enquanto minha orientadora desta e das anteriores pesquisas acadêmicas que realizei. Também sou grata ao afeto e ao acolhimento da Profa. Dra. Nicky Falkof e do Prof. Dr. Neo Lekgotla laga Ramoupi, da University of the Witwatersrand, que me receberam em Joanesburgo, assim como do Prof. Dr. Eduardo Lichuge, que me recebeu na Universidade Eduardo Mondlane, em Maputo. Do mesmo modo, agradeço a cada docente que me concedeu a honra de fazer parte da defesa deste doutoramento, como também sou grata pelo apoio do Conselho Nacional de Desenvolvimento Científico e Tecnológico (CNPq), do qual fui bolsista e, por isso, pude autofinanciar os custos da pesquisa. Igualmente, ressalto meus agradecimentos a toda a equipe do Programa de Pós-Graduação em Ciências da Comunicação, da Escola de Comunicações e Artes e da Universidade de São Paulo, por me apoiarem nessa jornada.

Este trabalho não teria sido possível sem o apoio essencial das/os educadoras/es que se comprometeram em partilhar esta jornada comigo. Sou imensamente grata às brasileiras Sayuri e Tássia e aos brasileiros Raimundo e Tupã; às moçambicanas Mufuki, NBila e Teface e ao moçambicano Dzovo; e às sul-africanas Ella e Melissa e aos sul-africanos Clegg, F.Talk e Paulista. Meus escritos são também de cada um e cada uma de vocês, que tanto contribuíram para as análises e os resultados da pesquisa.

Nesse sentido, espero que este estudo contribua, minimamente, para que pessoas, em diferentes lugares do mundo, possam compreender que há uma estrutura social, herdada de processos históricos intensos de opressão e de subjugação de populações que não apresentam o perfil do padrão de poder – cisgênero, heteronormativo, branco, masculino, rico, herdeiro, classista, cristão conservador e nacionalista radical – que segue viva nas mentes e nos corpos de parte das sociedades pós-coloniais. Portanto, é para todas as pessoas que não representam esse padrão de poder que este material é dedicado, mas, por outro lado, é também a quem ocupa a norma que este trabalho foi feito, para que possam, esperançosamente, rever seus posicionamentos identitários e políticos.

Que possamos caminhar, de mãos dadas, para a co-construção de outros mundos possíveis, onde todas as pessoas possam ser livres para serem quem são, desde que tenham consciência de que, por não viverem sozinhas, precisam adequar-se no e com o entorno que as rodeia, com respeito e valorização das diferenças. Me alegro por não estar só nesse percurso (mesmo sem nomeá-las/os, sei que elas, eles e elos são conscientes dos lugares que ocupam em meu coração e em minha vida).

O AFETO É REVOLUCIONÁRIO!
MUITO OBRIGADA, KHANIMAMBO, SIYABONGA!

ATLÂNDICA
PAOLA DINIZ PRANDINI

ANCESTRALIDADE

TROVEJA

LAMPEJA

AFETA

NUTRE

DOCEMENTE

INDICAMENTE

COMUNITARIAMENTE

ATLÂNDICA(MENTE)

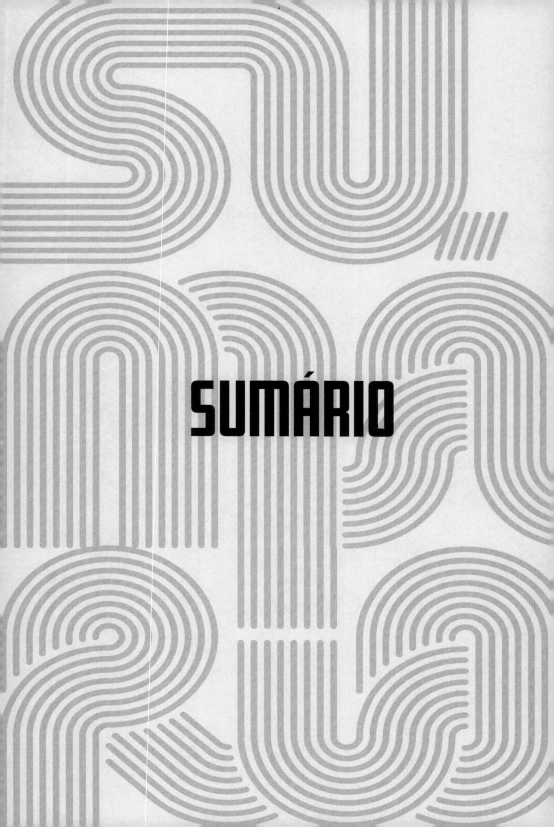

15	**PREFÁCIO**
20	REFERÊNCIAS
21	**PONTO DE PARTIDA**
21	REFLEXÕES SOBRE SER ATIVISTA, EDUCOMUNICADORA E PESQUISADORA BRANCA E ANTIRRACISTA AO CRUZAR O ATLÂNTICO
39	**CONEXÃO ATLÂNDICA**
39	PESQUISAR E VIVER EM JOANESBURGO, EM MAPUTO E EM SÃO PAULO
49	**BRANQUITUDE E (DE)COLONIALIDADES**
61	**BRANQUITUDE ESTRUTURANTE DO BRASIL**
64	PODER E PRIVILÉGIOS BRANCOS
66	DEMOCRACIA RACIAL, COMPLEXIDADE IDENTITÁRIA, SILENCIAMENTOS E RACISMO ESTRUTURAL
72	PACTO NARCÍSICO, NORMATIVIDADE, UNIVERSALIDADE E DESUMANIZAÇÃO
75	OUTREIDADE, SEGURANÇA, NEUTRALIDADE E SUPERIORIDADE
81	MERITOCRACIA, DIVERSIDADE, FRAGILIDADE E BRANCO-DISCURSO
88	PATOLOGIA SOCIAL DO BRANCO E LETRAMENTO RACIAL
93	**DA BRANQUITUDE ESCANCARADA À BRANQUITUDE MULTIFACETADA SUL-AFRICANA**
95	BRANQUITUDE ESCANCARADA: DAS VÁRIAS FORMAS DE PODER BRANCO DURANTE O APARTHEID
106	BRANQUITUDE MULTIFACETADA: DAS VÁRIAS FORMAS DE PODER BRANCO CONTEMPORÂNEO

108	BINARIDADE, CONTRAPOSIÇÃO INDIVIDUAL/COLETIVO, AUTOVITIMIZAÇÃO, NORMATIVIDADE E *WHITE TALK*
111	SEGURANÇA E GARANTIA DE DIREITOS
115	HIPERVISIBILIDADE, DISTANCIAMENTO COMO ESTRATÉGIA PARA AUTOPROTEÇÃO E PUREZA
121	BRANQUITUDE COMO PATOLOGIA SOCIAL *VERSUS UBUNTU* NA PRÁTICA

123 BRANQUITUDE EM MOÇAMBIQUE

123	HERANÇA COLONIAL A SER DESVELADA
130	SUPREMACIA BRANCA VERSUS INFERIORIZAÇÃO NEGRA
135	HEGEMONIA, NORMATIVIDADE E HIPERVISIBILIDADE BRANCAS
139	PRIVILÉGIOS, BINARIDADE E DISTANCIAMENTO

143 EDUCOMUNICAÇÃO COMO PRÁXIS DECOLONIAL E DECOLONIZADORA

146	CINEMA E EDUCOMUNICAÇÃO: PRÁXIS DECOLONIAIS E DECOLONIZADORAS
147	EDUCOMUNICAR É TAMBÉM MEDIAR (NA MEDIDA DO POSSÍVEL)
157	PRÁXIS DECOLONIAIS E DECOLONIZADORAS DE PESSOAS PARA PESSOAS

163 ÁFRICAS EM CENA

163	MEDIAÇÕES CINEMATOGRÁFICAS E A PRÁXIS EDUCOMUNICATIVA DECOLONIAL E DECOLONIZADORA
170	ÁFRICAS MEDIADAS EM/POR PERSPECTIVAS DECOLONIAIS E DECOLONIZADORAS
177	PROCESSOS EDUCOMUNICATIVOS POR MEIO DE MEDIAÇÕES CINEMATOGRÁFICAS

185	**ANÁLISE DE DISCURSOS E DE TEMAS POR MEIO DE UMA ABORDAGEM EDUCOMUNICATIVA**
188	ABORDAGEM EDUCOMUNICATIVA DECOLONIAL E DECOLONIZADORA
189	ANÁLISE DE DISCURSOS E DE TEMAS
199	**PERCURSOS DA PESQUISA DE CAMPO**
205	**ANÁLISE DE DISCURSOS E DE TEMAS EM NARRATIVAS DE EDUCADORAS/ES**
210	COM A PALAVRA, EDUCADORAS/ES DE SÃO PAULO
220	COM A PALAVRA, EDUCADORAS/ES DE JOANESBURGO
244	COM A PALAVRA, EDUCADORAS/ES DE MAPUTO
255	PONTES ENTRE NARRATIVAS DE DOCENTES DE JOANESBURGO, DE MAPUTO E DE SÃO PAULO
267	**PONTO DE CHEGADA**
267	DECOLONIALITUDES E EDUCOMUNIDADES
291	**REFERÊNCIAS**
308	REFERÊNCIAS FILMOGRÁFICAS
308	REFERÊNCIAS SONORAS

PREFÁCIO

A pesquisa de doutorado de Paola Diniz Prandini que dá corpo ao livro que agora apresentamos se constitui como um marco importante da carreira da jovem pesquisadora que tem se dedicado não apenas aos estudos teóricos das relações entre a Comunicação e Educação sob a égide da Educomunicação, mas principalmente à atuação em ambientes de formação de docentes, discentes e de pessoas da sociedade em geral em defesa de uma educação antirracista. O livro demonstra seu amadurecimento não só em relação à formação intelectual, mas também em relação à sua atuação profissional ao longo dos quinze anos em que a conheço. Conheci Paola em 2008, quando fui sua professora e orientadora de seu trabalho de conclusão, no curso de Especialização em Gestão da Comunicação, na Escola de Comunicações e Artes da Universidade de São Paulo. E, posteriormente, fui orientadora da sua dissertação de Mestrado e da tese de Doutorado em Ciências da Comunicação na Escola de Comunicações e Artes da Universidade de São Paulo. Em todos esses momentos, a atuação de Paola foi marcada não somente pela busca de respostas às questões teóricas em relação ao contexto social e racial brasileiro, mas também por ações no combate ao racismo estrutural (ALMEIDA, 2018; OLIVEIRA 2021) que caracteriza a sociedade brasileira.

Jonathan Crary, ao discutir a construção do observador e, por consequência, do pesquisador, destaca a construção do olhar em sua dimensão histórico-social para que a tarefa de observar se realize de maneira plena. Crary (2012, p. 15) enfatiza que "o problema do observador é o campo no qual se pode dizer que se materializa, se torna visível, a visão histórica", e assegura que "a visão e seus efeitos são inseparáveis das possibilidades de um sujeito observador, que é a um só tempo produto histórico e lugar de certas práticas, técnicas, instituições e procedimentos de subjetivação." Os dois aspectos ressaltados por Crary, a questão do campo e da construção do sujeito observador se apresentam como essenciais na elaboração de qualquer pesquisa.

No caso específico do presente livro, as práticas, as técnicas e os procedimentos de subjetivação empregados ao longo da pesquisa denotam tanto acurácia epistêmica quanto o cuidado em relação ao enquadramento teórico e metodológico. Paola estabelece correlações imprescindíveis para o estudo de natureza interdisciplinar que realiza ao lançar mão de procedimentos e gestos de análise (ORLANDI, 1999) que qualificam seu trabalho e denotam o cuidado na abordagem de temas complexos como branquitute, racismo, colonialidade, educação e educomunicação em uma perspectiva que privilegia não apenas o debate de ideias e teorias que se filiam ao chamado Sul global, principalmente, ao Brasil, à África e a autoras e autores afrodiaspóricos, mas também dialogam, no sentido bakhtiniano, com matrizes de pensamento estabelecidas no Norte global. Tal cuidado também se revela na construção do dispositivo de análise (ORLANDI, 1999) dos discursos de docentes das três cidades que compõem o *corpus* da pesquisa. O cuidado na condução da pesquisa de campo evidencia, ao mesmo tempo, tanto o rigor epistemológico que a embasa como também a dimensão ética em relação aos processos de subjetivação dos sujeitos da pesquisa. Severino (2019, p. 906) destaca a alteridade como fundamento essencial para a eticidade e esse é um aspecto fundamental no presente livro. Observamos a centralidade desse conceito tanto pela discussão teórica quanto pelo próprio dispositivo de análise construído, que faz emergir, ao mesmo tempo, os sentidos produzidos pelas experiências e reflexões dos sujeitos em torno da branquitude e da educação, e proporciona um certo mergulho nas situações vividas por essas pessoas. Acedemos a essas vivências por meio da riqueza de detalhes da contextualização efetuada pela autora, em que se mostram os gestos dos sujeitos na construção de sua própria subjetividade. Por meio desses procedimentos nos aproximamos dos discursos desses sujeitos e acedemos às construções sociais e simbólicas que os sustentam em uma perspectiva dialógica e, portanto, sócio-histórica. Bakhtin (2003, p. 299), em sua abordagem dialógica, considera que "o objeto do discurso do falante, seja esse objeto qual for, não se torna pela primeira vez objeto do discurso em um dado enunciado, e um dado falante não é o primeiro a falar sobre ele. O objeto, por assim dizer, já está ressalvado, contestado, elucidado e avaliado de diferentes modos; nele se cruzam, convergem e divergem diferentes pontos de vista, visões de mundo, correntes." A busca por apreender as camadas de sentidos nos discursos dos sujeitos leva a autora a procurar os sentidos ressalvados, contestados, elucidados e avaliados em que se configuram as inúmeras facetas da branquitude.

Embora tenhamos há muito tempo na sociedade brasileira profundas marcas de processos sociais e identitários fortemente embasados no racismo estrutural (ALMEIDA, 2018; OLIVEIRA, 2021), somente há relativamente pouco tempo seu estudo e um posicionamento político mais combativo em prol de políticas antirracistas têm sido vistos com mais frequência nos meios de comunicação tradicionais e nas redes sociais.

Tal fato também tem gerado forte reação de setores mais conservadores ligados à extrema-direita que lutam para manter privilégios (OLIVEIRA, 2021, p. 17) e ratificar sua visão de mundo. Frente a essa situação, é urgente discutir e desconstruir os pilares que sustentam a branquitude com o objetivo de criar e fortalecer políticas públicas antirracistas buscando uma sociedade mais humana. A branquitude deve ser entendida "como um lugar estrutural de onde o sujeito branco vê os outros e a si mesmo, uma posição de poder, um lugar confortável do qual se pode atribuir ao outro aquilo que não se atribui a si mesmo" (FRANKENBERG, 1993, p. 43-44). Ao longo do livro, por meio das discussões teóricas, mas, sobretudo, por meio dos discursos das docentes e dos docentes, é possível apreender não apenas os sentidos da branquitude, mas também as práticas e os comportamentos que a caracterizam como esse lugar estrutural de poder e prestígio não apenas no ambiente escolar, mas também na sociedade de uma maneira mais ampla. Os discursos de docentes de escolas públicas nas três cidades evidenciam a colonialidade como um dos elementos que dão suporte à branquitude. Por meio da análise de seus discursos, é possível apreender como a branquitude também se apresenta como uma construção discursiva e simbólica que se potencializa por meio de um discurso que, ao mesmo tempo, atribui superioridade cultural e intelectual ao colonizador europeu e à sua cor de pele frente à população colonializada. Nessa perspectiva, o livro enfatiza como é urgente desconstruir o pensamento e o agir guiados pela branquitude e pela colonialidade no ambiente escolar.

Gostaria ainda de destacar a importância da perspectiva educomunicativa que norteia a pesquisa empreendida tanto em seu aspecto teórico quanto de intervenção. Conforme destaca a autora, como princípio balizador de suas discussões e propostas de ação, "a educomunicação é compreendida como um paradigma constituído por epistemologias e por princípios teórico-metodológicos que têm, como meta utópica e ideal, a condução de transformações sociais com/nas comunidades que compõem a sociedade em que vivemos e que se realiza a partir das possibilidades e dos limites que esta mesma sociedade apresenta" (PRANDINI, 2024, p. 152-153). Portanto, trata-se de pensar e agir educomunicativamente considerando as condições e possibilidades existentes sem, contudo, abrir mão dos princípios que conduzem a prática educomunicativa, realizando a "educomunicação possível" (SOARES, 2016). Ou seja, "nortear-se por um plano aberto às interveniências do contexto e dos sujeitos, e o acolhimento e aproveitamento das contribuições diversas deles manifestadas, enfim, saber lidar com o imprevisível e imponderável" (VIANA, 2017, p. 928). Assim, "o agir educomunicativo envolve tanto uma intencionalidade quanto uma metodologia de ação que se estrutura com base no princípio dialógico que conduz a criação de ecossistemas educomunicativos, estes, por sua vez, marcadamente inclusivos e democráticos" (MUNGIOLI; VIANA; RAMOS, 2017, p. 220). Em última análise, é sob o princípio do agir educomunicativo que se articulam a pesquisa e os métodos empregados pela autora do livro ora prefaciado.

Para finalizar, gostaria de frisar, sob inspiração bakhtiniana, a importância de se considerar o presente livro como um enunciado concreto situado em um mundo, cuja construção sócio-histórica reflete e refrata as relações de poder, a(s) cultura(s), as ideologias. Ou seja, como parte integrante do *Lebenswelt* no sentido bakhtiniano, como "mundo vivido, como lugar de ocorrência de 'atos intencionais', distintos de atividades e de ações *per se*, despida coerentemente por Bakhtin da neutralidade transcendental (…)" (SOBRAL, 2005, p. 18). Dessa forma, é na vida vivida por pessoas em um mundo concreto que se coloca a necessidade da não passividade, da intencionalidade, da atividade responsável, ou seja, o "não-álibi no existir que transforma a possibilidade vazia em ato responsável real" (BAKHTIN, 2010). No meu entender, é essa atividade responsável que guia o trabalho de Paola Diniz Prandini ao qual podemos aceder, mesmo que parcialmente, por meio da leitura do presente livro.

Boa leitura!

MARIA CRISTINA PALMA MUNGIOLI
Livre-docente na Escola de Comunicações e
Artes da Universidade de São Paulo

REFERÊNCIAS

ALMEIDA, S. *O que é racismo estrutural?* Belo Horizonte: Letramento, 2018.

BAKHTIN, Mikhail. *Estética da Criação Verbal*. São Paulo: Martins Fontes, 2003. Trad. Paulo Bezerra. São Paulo: 2003.

BAKHTIN, Mikhail. *Para uma filosofia do ato responsável*. São Carlos (SP): Pedro & João Editores, 2010.

CRARY, Jonathan. *Técnicas do observador*: visão e modernidade no século XIX. Rio de Janeiro: Contraponto, 2012.

FRANKENBERG, R. *White women, race matters*: The social construction of whiteness. Londres: Routledge, 1993.

MUNGIOLI, M. C. P.; VIANA, C. E.; RAMOS, D. O. Uma formação inovadora na interface educação e comunicação: aspectos da licenciatura em educomunicação da Escola de Comunicações e Artes da USP. *Revista Latinoamericana de Ciencias de la Comunicación - ALAIC*, v. 14, n. 27, p. 218-228, 2017. Disponível em: http://revista.pubalaic.org/index.php/alaic/article/view/444. Acesso em: 16 jan. 2024.

OLIVEIRA, Dennis de. *Racismo estrutural*: uma perspectiva histórico-crítica. São Paulo: Dandara, 2021.

ORLANDI, E. P. *Análise de discurso*: Princípios e Procedimentos. Campinas: Pontes, 1999.

PRANDINI, P. D. *Conexão Atlândica:* branquitude, colonialidades e educomunicação na África do Sul, no Brasil e em Moçambique / Paola Prandini. - Belo Horizonte : Letramento, 2024.

SEVERINO, A. J. Pesquisa educacional: da consistência epistemológica ao compromisso ético. *Revista Ibero-Americana de Estudos em Educação*, Araraquara, v. 14, n. 3, p. 900–916, 2019. DOI: 10.21723/riaee.v14i3.12445. Disponível em: https://periodicos.fclar.unesp.br/iberoamericana/article/view/12445. Acesso em: 16 jan. 2024.

Soares, I. de O. (2016). A educomunicação possível: uma análise da proposta curricular do MEC para o Ensino Básico. *Comunicação & Educação*, 21(1), 13-25. https://doi.org/10.11606/issn.2316-9125.v21i1p13-25

SOBRAL, A. Ato/atividade e evento. In: BRAIT, Beth. *Bakhtin*: conceitos-chave. São Paulo: Contexto, 2005.

VIANA, C. E. A educomunicação possível: práticas e teorias da educomunicação, revisitadas por meio de sua práxis. *Educomunicação e suas áreas de intervenção*: novos paradigmas para o diálogo intercultural. São Paulo: Associação Brasileira de Pesquisadores e Profissionais em Educomunicação, 2017. p. 925-942. Disponível em: https://abpeducom.org.br/publicacoes/index.php/portal/catalog/download/1/1/126-1?inline=1

PONTO DE PARTIDA

REFLEXÕES SOBRE SER ATIVISTA, EDUCOMUNICADORA E PESQUISADORA BRANCA E ANTIRRACISTA AO CRUZAR O ATLÂNTICO

Figura 1: *Fotografia da obra "The world we live in", de Marcelino Manhula, no Museu da Mafalala, em Maputo. Fonte: A autora (2020).*

VERBO SER

Carlos Drummond de Andrade

"Que vai ser quando crescer?
Vivem perguntando em redor. Que é ser?
É ter um corpo, um jeito, um nome?
Tenho os três. E sou?
Tenho de mudar quando crescer? Usar outro nome, corpo e jeito?
Ou a gente só principia a ser quando cresce?
É terrível, ser? Dói? É bom? É triste?
Ser; pronunciado tão depressa, e cabe tantas coisas?
Repito: Ser, Ser, Ser. Er. R.
Que vou ser quando crescer?
Sou obrigada a? Posso escolher?
Não dá para entender. Não vou ser.
Vou crescer assim mesmo.
Sem ser Esquecer."

Refletir sobre o processo de desenvolvimento da (minha) pesquisa acadêmica[1], em um mundo em movimento e em que as múltiplas identidades humanas seguem um contínuo processo de ser e deixar de ser (PRANDINI, 2018). Este é o disparador das inquietações que movem minha trajetória como pesquisadora, que compreende a importância de um discurso situado (HARAWAY, 1995), em que (re)afirmo compromissos éticos e epistemológicos para a efetivação de um percurso investigativo que possa ser socialmente considerado – e, mais ainda, por mim compreendido – de forma orgânica, viva, complexa e alteritária em torno do dia a dia em que tenho a possibilidade de "viver" a pesquisa.

Para a investigação aqui apresentada, usufruí do privilégio de poder desenvolver parte da etapa de campo em dois países do continente africano, mais especificamente África do Sul e Moçambique, e esta oportunidade contribuiu, em demasia, para as reflexões em torno das identidades que carrego, sendo uma pesquisadora brasileira, branca, cisgênera, feminista, ativista antirracista e educomunicadora. Somente tendo noção do meu lugar de fala e de minha representatividade que pude elaborar apontamentos em torno da pesquisa acadêmica que realizo e como, invariavelmente, não dissocio a ativista, a acadêmica, a educomunicadora e a mulher branca cisgênera e feminista que há em mim.

Mas até que ponto esse posicionamento gera entraves? Quais são os limites para tal? Como realizar pesquisas de campo, na contemporaneidade, sem estabelecer tais vínculos com nossos próprios processos de construção identitária? Seria possível?

Estas são perguntas que busquei cotejar, durante o doutoramento, em maior ou menor grau de profundidade, com o desejo de contribuir para uma discussão emergente – atrelada aos valores contemporâneos que colocam em disputa saberes que estão demarcados por diferentes marcadores sociais de diferença (MOUTINHO, 2014), tais como classe,

---

[1] Esse processo foi viabilizado com o meu ingresso, em 2018, no Programa de Pós-Graduação em Ciências da Comunicação, da Escola de Comunicações e Artes, da Universidade de São Paulo (Brasil), sob a supervisão da Profa. Dra. Maria Cristina Palma Mungioli. Posteriormente, em 2019, passei a ser Pesquisadora-Visitante na University of the Witwatersrand, tendo tido o acompanhamento da Profa. Dra. Nicky Falkof e do Prof. Dr. Neo Lekgotla laga Ramoupi, em Joanesburgo, assim como do Prof. Dr. Eduardo Lichuge, que me recebeu na Universidade Eduardo Mondlane, em Maputo. Também obtive financiamento por parte do Conselho Nacional de Desenvolvimento Científico e Tecnológico (CNPq), do qual fui bolsista e, por isso, pude autofinanciar os custos da pesquisa como um todo.

gênero e raça –, fundamentada na valorização de epistemologias construídas pelo Sul Global (SANTOS e MENESES, 2009), genuinamente decoloniais e decolonizadoras e que partem de uma pedagogia libertadora (FREIRE, 1996). Nesse sentido, percebo que minhas inquietudes ecoam, de diferentes modos e em diversas mentes, por vários lugares do mundo, como, por exemplo, nessa colocação que faz Spivak (2010, p. 165), quando afirma:

> O subalterno não pode falar. Não há valor algum atribuído à "mulher" como um item respeitoso nas listas de prioridades globais. A representação não definhou. A mulher intelectual como uma intelectual tem uma tarefa circunscrita que ela não deve rejeitar com um floreio.

O diálogo que proponho está intimamente ligado a esse chamado que faz a intelectual indiana, acima citada. Não rejeitarei esta tarefa que é poder falar e me comprometer com o que digo. Verbal e politicamente. Parto das inquietações que tenho tido a oportunidade de vivenciar – e, sempre que possível, potencializar a favor da ruptura com o histórico, e demarcadamente colonial, epistemicídio (CARNEIRO, 2005) –, me valendo da experienciação das diferenças, em um corpo branco latino-americano que circula entre corpos negros africanos, em prol de ações que viabilizem um sistema de equidade racial no campo da educação, no contexto brasileiro, do qual sou originária, mas em diálogo com as realidades sul-africana e moçambicana.

> O desafio, portanto, mais do que *dar voz* às mulheres silenciadas, é treinar os ouvidos dos demais para que a voz ao ser pronunciada seja escutada e valorizada, para tanto é necessário o combate às diversas desigualdades sociais, raciais, sexuais em sociedade (PRAZERES; MIGLIEVICH-RIBEIRO, 2015, p. 45).

Sou consciente de que minha voz, certamente, tem mais oportunidades de ser ouvida do que as de companheiras africanas, afrodiaspóricas e/ou transgêneras, por exemplo. É também por isso que considero necessária a reflexão, em primeira pessoa, que aqui trago, para que possa demonstrar como os caminhos de pesquisa que escolho percorrer fazem sentido a partir do lugar de fala que ocupo: o de uma mulher brasileira e feminista – lugares que historicamente são subjugados –, mas com privilégios por ser cisgênera e branca[2].

---

2 Todas as declarações de raça/cor, neste texto, deverão ser sempre compreendidas a partir da perspectiva do conceito de "raça social" e não de raça enquanto fenômeno biológico (GOMES, 2002). Ou seja, compreende-se, aqui, que todas as nações são formadas pela raça humana, no entanto, o que vale, nesta argumentação, é

> De minha parte, considero válido o branco antirracista, especialmente um estudioso da branquitude, viver o conflito da vantagem/privilégio racial que não concorda. Sem plano de solução *a priori,* sem mapas de fuga, sem o final feliz. (...) À medida que o branco pesquisador da branquitude, assim como negro pesquisador apresenta uma crítica e logo em seguida a solução, nossa tendência é considerar que a solução apresentada é única ou a melhor possível. E deixam de viver o processo doloroso que na minha hipótese, porém, também pode ser pedagógico, processo que pode ser a dor da humanização (CARDOSO, 2018, p. 12).

Cabe ressaltar o fato de que nem toda pessoa branca é completamente igual a outra. Existe uma hierarquia entre as próprias pessoas brancas, pois, quanto maior a brancura de alguém, maiores serão os privilégios de que este/a poderá usufruir em sociedade. Da mesma forma, também não existe invisibilidade branca. "É claro que a branquitude só é invisível para quem a habita. Para quem não, é difícil não ver a branquitude; ela parece em toda parte" (AHMED, 2004 apud FALKOF, 2016, p. 165, T.A.)[3]. A bem da verdade, a categoria "branco" surgiu, principalmente, para permitir que europeus se afirmassem como sendo diferentes daqueles então considerados "outros" (FRANKENBERG, 2004).

Nos últimos anos – visto que atuo e me considero uma ativista antirracista desde 2005 –, tenho percebido o quão realmente doloroso é dialogar sobre processos de construção identitária, já que os mesmos acarretam dores para quem se vê no lugar de pessoa que faz parte do grupo historicamente opressor e para quem se dá conta do quanto sofreu processos de opressão ao longo da vida.

Exatamente por isso, atuando como educomunicadora, nos processos que tenho a oportunidade de mediar, não são raros os momentos de lágrimas, silêncios profundos, bem como uma certa verborragia

---

o estabelecimento do entendimento sobre raça social, como sendo aquela que é engendrada no cotidiano da vida das pessoas e que determina, por exemplo, o racismo sofrido por pessoas de pertenças étnico-raciais não-brancas, o que, histórica e cientificamente, comprova-se que não ocorre com pessoas de pertenças étnico-raciais brancas.

3 A versão original do trecho citado é a seguinte: *"Of course whiteness is only invisible for those who inhabit it. For those who don't, it is hard not to see whiteness; it even seems everywhere".* Esta e todas as demais traduções presentes neste estudo são de minha autoria. Para identificá-las, será utilizada a sigla T.A. ao lado de cada uma das citações traduzidas e a versão original será disponibilizada em formato de nota de rodapé.

inesperada, de quem se vê em uma destas posições acima mencionadas. Destaco que existem princípios considerados fundamentais para a condução de práticas educomunicativas, conforme orientação do Núcleo de Comunicação e Educação, da Universidade de São Paulo, sendo: dialogicidade; cidadania ativa; alteridade; essencialidade da comunicação na educação; expressão comunicativa; conscientização social; colaboração; democratização do acesso aos meios de comunicação; e liberdade de expressão[4]. Segundo Soares (2011, p. 45), fundador do NCE-USP:

> (...) a Educomunicação, como maneira própria de relacionamento, faz sua opção pela construção de modalidades abertas e criativas de relacionamento, contribuindo, dessa maneira, para que as normas que regem o convívio passem a reconhecer a legitimidade do diálogo como metodologia de ensino, aprendizagem e convivência.

De uma forma geral, as pessoas que participam destas trocas educomunicativas aproveitam estes momentos para poder externalizar (BRUNER, 2001), por vezes, questões que jamais foram colocadas de modo público ou que ainda não tinham tido ressonância suficiente para chegar ao diálogo coletivo.

> A externalização produz um registro de nossos esforços mentais, um registro que fica "fora de nós", e não vagamente "na memória". É algo parecido como produzir um rascunho, um esboço, uma "maquete". (...) Esse registro nos liberta, até certo ponto, da tarefa sempre difícil de "pensar sobre nossos próprios pensamentos", embora frequentemente chegue ao mesmo objetivo. Esse registro incorpora nossos pensamentos e intenções em uma forma mais acessível a esforços de reflexão (BRUNER, 2001, p. 31).

Certamente, a cada registro externalizado, em uma roda de conversa educomunicativa, por exemplo, são muitas as possibilidades de reflexões coletivas em torno do que ali é apresentado. Neste momento, são também ricas as possibilidades que tenho para poder refletir sobre mim e sobre a trajetória que percorro, a partir das identidades que carrego. Nesse sentido, a assumpção acerca das dores que as opressões direcionam a ambos os lados – de quem oprime ou é oprimido(a) – só me foi possível de ser reconhecida porque pude olhar para mim e identificar os lugares sociais que tive o privilégio de assumir e quais eu buscaria

---

[4] Para aprofundar conhecimentos em torno dos princípios educomunicativos aqui apresentados, sugere-se acessar o portal de publicações mantido pela Associação Brasileira de Pesquisadores e Profissionais em Educomunicação (ABPEducom), da qual sou sócia-fundadora. O acesso pode ser realizado por meio do seguinte link: https://abpeducom.org.br/publicacoes/index.php/portal.

destituir, para, de fato, poder estabelecer uma práxis antirracista e que fizesse sentido em relação aos valores e às crenças que tenho.

> Ser branco/a aliado/a é assumir (...) o ponto de vista "do negro desde dentro", proposto por Ramos (1955), de forma colaborativa à sua agenda política. É lutar junto com os/as negros/as pelos direitos de redistribuição e de reconhecimento, isto é, pela justiça econômica, política e simbólica e pela igualdade racial (MALOMALO, 2017, p. 272).

O compromisso ético e político não é simples, e temo que não irá se tornar mais fácil em um futuro próximo, pois as mudanças precisam de gerações para serem realizadas e, para isso, precisamos, por exemplo, decolonizar modos de ser e estar no mundo, em uma perspectiva radical e radicalizante das marcas coloniais que nos habitam, sejamos descendentes de quem instituiu as metrópoles ou as colônias, pois "respiramos a colonialidade na modernidade cotidianamente" (MALDONADO-TORRES, 2007, p. 131).

As lógicas e os valores coloniais, advindos das antigas metrópoles europeias, ainda ecoam nos ares que respiramos, estejamos no Brasil (o país mais negro fora de África) ou no continente africano. Nesse ponto, é essencial ressaltar que essas experiências, ao atravessar o Oceano Atlântico, se restringem às realidades moçambicana e sul-africana, mais especificamente, das cidades de Maputo e Joanesburgo, respectivamente, por mais que eu tenha tido oportunidades de visitar outras partes desses países. Portanto, jamais poderia afirmar que conheço, em alguma medida, os 54 países que formam o continente-mãe da humanidade, segundo a Organização das Nações Unidas, apesar deste número poder chegar a 55, se reconhecermos o Saara Ocidental, que está em disputa com o Marrocos. Pelo contrário, mesmo tendo estado, nos últimos dois anos, na chamada África Austral[5], também não seria possível obter uma visão geral – e, por assim dizer, generalista – desta região em que escolhi viver, inclusive após o término do doutorado.

Desse modo, escrevo a partir das reflexões que me moveram e que fui movida a realizar, como aquela que é chamada de "mulungo"[6], mas

---

5 A África do Sul e Moçambique são países fronteiriços e pertencem à chamada África Austral, que é composta por mais dez países, sendo eles: Angola, Botswana, Lesoto, Madagáscar, Malawi, Ilhas Maurícia, Namíbia, Eswatini, Zâmbia e Zimbabwe.

6 O adjetivo "mulungo" é, frequentemente, a mim direcionado, em Moçambique e, por vezes, também na África do Sul. Apesar de sua origem não ter uma única versão, sabe-se que é comumente remetido a pessoas brancas, por ter, como fun-

que busca não reafirmar os valores que estão contidos nas entrelinhas deste adjetivo, em um processo alteritário para a produção de sentidos identitários (BAKHTIN, 2011). Por ter estado do lado de lá do Atlântico e também próxima do Índico, pude trocar afetos e conversas com quem vive nesses territórios, me dei conta de como o meu corpo – latino-americano, feminino e esteticamente reconhecido como "diferente", visto as características fenotípicas que carrego, como cabelos curtos e coloridos, tatuagens e roupas ocidentais – desperta nas pessoas que nasceram aqui uma curiosidade, um estranhamento, um chamado a olharem para mim e, talvez, enxergarem a si mesmas, pelas diferenças que temos. Como afirma Butler (2015, p. 40): "Meu corpo tem uma história da qual não posso ter recordações"[7].

Apesar de a cosmogonia ocidentalizadora demarcar as relações que, contemporaneamente, acontecem entre as pessoas que habitam comunidades africanas e afrodiaspóricas com uma força de quem diz: "vim para ficar", é possível perceber crescentes movimentos alternativos que demonstram a relevância e a urgência de construir narrativas e ações que possam radicalizar e transformar, de maneira simbólica e institucional, os saberes e fazeres de África e da Diáspora Africana dos dias de hoje. Prova disso são as discussões – talvez ainda bastante tímidas, mas presentes – na chamada academia, com base em propostas e reflexões realizadas por intelectuais do nosso tempo que se dispõem a propor a decolonialidade e a decolonização de maneira urgente (NDLOVU-GATSHENI, 2018).

Como afirma Freire (1981, p. 56), "na medida em que os seres humanos atuam sobre a realidade, transformando-a com seu trabalho,

---

damentação original, o significado de "aquele que sabe", ou "o ser supremo", assim como ser a mesma palavra usada para "deus", em várias línguas bantas. Segundo o dicionário virtual "Moçambicanismos", o termo parte da língua bantu IsiXhosa e sofreu alterações, ao longo do tempo, em outras línguas do mesmo tronco linguístico, como o Xichangana e Xirhonga (ambas faladas em Moçambique), entre outras. Também é divulgada a noção que esta palavra teria sido usada para remeter ao "senhor de escravos", passando, então, após o fim da colonização, a se referir a pessoas que exercem autoridade ou estão hierarquicamente acima de outras. Mais informações podem ser encontradas no seguinte endereço eletrônico: http://mocambicanismos.blogspot.com/2009/01/m.html.

7 É possível conferir mais aspectos da discussão que apresento durante entrevista que concedi, em maio de 2020, ao podcast #ConexãoÁfrica, realizado pelo pesquisador brasileiro Alexandre dos Santos, disponível na plataforma Spotify, por meio do link: https://n9.cl/zjb46.

(...) sua consciência é condicionada e expressa esse condicionamento através de diferentes níveis". Portanto, a partir do momento em que nos posicionamos, por meio de nossos escritos, de nossas narrativas e de nossas práticas marcadamente pedagógicas, utilizando as pesquisas acadêmicas e as oportunidades de trocas vivenciadas por meio de aulas e cursos que promovemos, nos responsabilizamos a pensar e a agir com base na consciência que possuímos acerca do mundo em que vivemos e em prol daquele outro mundo possível em que almejamos viver.

> Saberes localizados requerem que o objeto do conhecimento seja visto como um ator e agente, não como uma tela, ou um terreno, ou um recurso, e, finalmente, nunca como um escravo do senhor que encerra a dialética apenas na sua agência e em sua autoridade de conhecimento "objetivo". (...) De fato, levar em conta a agência dos "objetos" estudados é a única maneira de evitar erros grosseiros e conhecimentos equivocados de vários tipos nessas ciências (HARAWAY, 1995, p. 36).

Uma vez que o exercício acadêmico não está, suponho, dissociado da vida que levamos, em sua totalidade, ou seja, somos pessoas que dialogam com o entorno social a partir das perguntas que fazemos – a nós mesmas e às outras pessoas – e também nos apoiando nas respostas que buscamos ter condições de enunciar nas trocas (escritas, orais ou estético-corporais) que estabelecemos com e no mundo. Por isso, não creio que seja necessário que sejamos interpretadas como iguais, mas precisamos conquistar alguma legitimidade nas comunidades com as quais dialogamos, para poder realizar o exercício acadêmico de modo responsável, ético e transformador.

> No que se refere à perspectiva alteritária trazida por Bakhtin (2003), delineia-se que também o pesquisador é alvo da sua pesquisa, posto que se sabe um sujeito que não está a espreitar uma realidade que lhe é estranha, mas atua como um sujeito dotado de valores, que tem consciência de fundar uma discursividade só possível pela sua presença. Tal postura representa, por um lado, uma recusa à concepção de neutralidade muitas vezes almejada no campo da pesquisa e, por outro, a abdicação, por parte do pesquisador, de qualquer pressuposto hierarquizante entre o seu saber e o saber dos sujeitos com quem dialoga, posto que entende o fundamento de toda pesquisa é, necessariamente, o não saber. É porque não sabemos que pesquisamos (BIZZO; RIBES, 2009, p. 220).

Como jornalista de formação, pude perceber que não existe a idealizada isenção ou neutralidade no exercício desta e/ou de qualquer outra profissão que se pressuponha formadora de opinião. O que existe, outrossim, é a perseguição de uma pretensa neutralidade nos argumentos, na demonstração e na análise de fatos e, ainda, na apresentação de narrativas que compõem os discursos produzidos por quem ocupa essa posição. Mas, quando escrevemos ou falamos, carregamos nossos discursos de valores, crenças e conhecimentos que trazemos dentro de nossas mentes, o que é visível em uma análise crítica e mais aproximada da realidade que se apresenta.

Por esse motivo, é pertinente a afirmação de Kilomba (2019, p. 51), quando aponta o fato de que "(...) a academia não é um espaço neutro nem tampouco simplesmente um espaço de conhecimento e sabedoria, de ciência e erudição, é também um espaço de v-i-o-l-ê-n-c-i-a (sic)". Tomo a liberdade de acrescentar algumas impressões, que, por sua vez, reiteram o que afirma a autora, visto que esse espaço de variadas violências – concretas, simbólicas, psicológicas etc. –, que está presente na academia, me parece ser universal, pois é comumente encontrado em diferentes locais do globo terrestre.

> Esse exercício nos permite visualizar e compreender como conceitos de conhecimento, erudição e ciência estão intrinsecamente ligados ao poder e à autoridade racial. Qual conhecimento está sendo reconhecido como tal? E qual conhecimento não o é? Qual conhecimento tem feito parte das agendas acadêmicas? E qual conhecimento não? De quem é esse conhecimento? Quem é reconhecida/o como alguém que possui conhecimento? E quem não o é? Quem pode ensinar conhecimento? E quem não pode? Quem está no centro? E quem permanece fora, nas margens? (KILOMBA, 2019, p. 50).

Dando continuidade à reflexão, ouso afirmar que, ainda hoje, o conhecimento que tem maior legitimidade e escuta é aquele que advém dos cânones da intelectualidade mundial, personificados por uma maioria branca, ocidental, masculina e cisgênera, bem como de classes sociais economicamente favorecidas e historicamente tidas como detentoras de saberes que não poderiam chegar a ser produzidos pelas ditas margens. Estas, por sua vez, são compostas por indivíduos que estão no sentido oposto, ou seja, uma maioria não branca, que não está e/ou não se alinha com valores ocidentais, que não são do gênero masculino e/ou pessoas cisgêneras, e que ainda não fazem parte das classes sociais mais abastadas financeiramente.

A partir do que exponho, é possível identificar a relevância do conceito de interseccionalidade (CRENSHAW, 2002). Resultante de lutas e visões do chamado feminismo negro, desde o início dos anos de 1990, dentro de um quadro interdisciplinar, o conceito foi cunhado por pesquisadoras norte-americanas, canadenses, inglesas e alemãs. Por mais que tenha surgido, geograficamente, no Norte Global, apresenta uma relação bastante forte e conectada aos ideais do Sul Global – formado pelas regiões periféricas e semiperiféricas e por países do sistema-mundo moderno, que foram, outrora, denominados como sendo de Terceiro Mundo, após a Segunda Guerra Mundial (SANTOS, 1995).

Amparando-me nestes conceitos, escrevo e pesquiso não só porque tenho perguntas que não quero calar, como também porque defendo a existência e a necessidade de produções científicas que partam de representatividades diversas e que exemplifiquem, a partir da qualidade e da relevância de ideias expostas, a viabilidade de uma práxis acadêmica comprometida com "micro-revoluções", tanto dos modos de construir como de compartilhar conhecimentos. O que chamo de micro-revoluções se refere às mudanças culturais, políticas, simbólicas e sociais que temos a possibilidade de realizar quando reagimos, de maneira decolonial e decolonizadora, à sociedade em que vivemos e por nos comprometermos a colaborar para a revolução do que se apresenta, com base em reflexões e em práticas que busquem o bem comum e que estejam diretamente consoantes às lutas contemporâneas lideradas por aquelas socialmente ditas margens.

Nesse sentido, o pacto acadêmico, por mim realizado, é de buscar "falar com" e não "falar por". Minha contribuição intelectual só tem sentido quando ecoa saberes e valores que estejam sendo construídos e sentidos por outras pessoas com as quais estabeleço diálogos – em diferentes instâncias e níveis de profundidade – durante o processo da pesquisa. As narrativas que produzo surgem a partir e por meio de encontros de corpos e de mentes, para que as múltiplas vozes das sociedades contemporâneas sejam ouvidas e legitimadas, principalmente aquelas historicamente negligenciadas.

Para tanto, são inevitáveis e essenciais o compromisso e a constante mobilização pela, para e por meio da liberdade de ser quem se é. A humanidade é composta por seres em transformação, com organizações complexas e variadas e que ocupam diferentes posições no mundo, demarcadas por classe, gênero, raça e/ou nação.

> Querem a humanização dos homens mas, ao mesmo tempo, querem também a manutenção da realidade social em que os homens se acham desumanizados. No fundo, temem a liberdade. Ao temê-la, porém, não podem arriscar-se a construí-la na comunhão com os que se acham dela privados (FREIRE, 1981, p. 83).

Com base no que Freire (1981) aponta, acima, devo ressaltar que parto do princípio de que, sim, somos todas pessoas humanas, biologicamente. No entanto, para além do DNA que possuímos, nossas vivências e experiências são condicionadas por marcadores de diferença que trazemos conosco. Exatamente por isso que, para uma pessoa branca, como eu, poder atuar na posição de aliada, em prol da luta antirracista, por meio da pesquisa acadêmica e também fora da universidade, foi necessário um percurso contínuo – e ainda em processo – de reflexão crítica em torno de minha branquitude e dos lugares sociais que tenho o direito **garantido** de ocupar, dependendo de onde estou, seja em meu país ou em um país de África, por exemplo. Fiz questão de frisar o termo "garantido", pois tenho consciência de que os direitos que posso exercer nas sociedades atuais foram oportunizados a mim sem qualquer objeção histórica por causa da branquitude.

> Compreendo que o conhecimento, entendido de forma contextualizada; a ciência, enquanto uma forma de expressão do conhecimento; assim como a universidade, enquanto espaço de produção e circulação do conhecimento científico, são marcados pelas relações de poder. Reconhecendo que a branquitude se constrói nos contextos de poder, podemos indagar o lugar da ciência, e da própria universidade, como um lócus privilegiado de expressão da branquitude (LABORNE, 2017, p. 103).

Não é raro me perguntarem sobre o porquê de ter feito a escolha de contribuir para o ativismo antirracista ou ainda sobre me tornar uma pesquisadora-visitante na University of the Witwatersrand, em Joanesburgo, ou na Universidade Eduardo Mondlane, em Maputo. Quando esse questionamento acontece, por diversas vezes, é como se a pessoa que me dirige a pergunta não conseguisse compreender por que eu escolhi "caminhos mais difíceis" para mim mesma. Sendo uma pessoa branca, eu poderia, tranquilamente, ter usufruído de privilégios raciais e não os tornar um obstáculo em minha trajetória. E ainda poderia ter ido realizar a pesquisa de campo em solo europeu, onde, comumente, se encontram muitos/as pesquisadores/as do Brasil que buscam aprimorar suas pesquisas. Dessa forma, reificaria a tradição da produção científica em prol da legitimação da permanência de valores da branquitude, motores de promoção de conhecimento global.

Como resposta a essas indagações, creio que posso me valer do pensamento de hooks (2010, on-line), quando afirma: "se escolho dedicar minha vida à luta contra a opressão, estou ajudando a transformar o mundo no lugar onde gostaria de viver". Espero, dessa forma, poder viver em um mundo mais justo, em que a equidade – de raça, de gênero e de classe – possa se tornar tangível. Para isso, faço das ideias armas de luta e da realidade uma das pontes possíveis para a desconstrução das desigualdades que me rodeiam e que a mim são visíveis cotidianamente.

> (...) a branquitude como tema é uma emergência, uma questão-problema e uma expressão da nossa realidade social, um lugar racial da superioridade construída a partir da hegemonia racial em que há uma necessidade de olhar o indivíduo ou grupo branco identificando as sutilezas em que as classificações sociais reforçam desigualdades e hierarquias (CONCEIÇÃO, 2020, p. 82).

Quando ando por entre as pessoas e/ou acesso diferentes espaços, seja no Brasil, na África do Sul ou em Moçambique, trago comigo minha brancura (em termos de cor de pele) e minha branquitude (como construção ideológica opressora), que me possibilita adentrar qualquer lugar com a maior naturalidade possível. Meu corpo é automaticamente aceito, por mais que apresente características fenotípicas que não são consideradas "tradicionais". Além disso, por mais de uma vez, já recebi "elogios" de moçambicanos/as me dizendo que o meu Português era "tão bom" que soava como sendo de Portugal e não exatamente do Brasil. Também em Moçambique, fui convidada a acessar, mesmo não estando na posição de viajante (pois já estava na cidade há uma semana), a área de desembarque internacional do aeroporto para "salvar" um companheiro de viagem, negro e senegalês, de um eminente retorno à África do Sul, visto que não queriam lhe conceder o visto de turismo para entrar no país. Ainda persiste, nas mentalidades pós-coloniais, uma hierarquização que advém da figura do colonizador. Mesmo sem querer, minha fenotipia é lida como libertadora, sou vista como uma *"White savior" per se*.

A perversidade do colonialismo europeu foi tamanha que deixou marcas dessa violência humana e social que se perpetua até hoje no imaginário brasileiro e também no de outras sociedades colonizadas por povos europeus, inclusive em África, contribuindo para o exercício negativo da construção de identidade étnico-racial não branca. Um dos pontos mais cruéis é o fato de que as populações de origem europeia projetaram nas nações africanas e indígenas tudo que não queriam reconhecer em si mesmas. Ressalto que portugueses eram vistos, por britânicos e franceses, por exemplo, como menos capazes, menos inteligentes e que não dispunham de cuidados de higiene pessoal (QUIJANO, 2005).

Esta é uma das minhas buscas, dentro e fora da universidade: poder utilizar meus privilégios em prol do legítimo acesso de quem, historicamente, não o tem. Seja o acesso a espaços como os de restaurantes ou de lojas; ou a instituições, como empresas, escolas e a própria universidade. Espero poder escancarar as portas para quem quiser entrar, ocupar e assumir o seu espaço que é de direito, mas que o privilégio branco insiste em negar. Para isso, não preciso ser protagonista, mas aliada nesta revolução que, por sua vez, ecoa muito antes de ter chegado neste plano/mundo.

> Por conseguinte, não concordo com o ponto de vista tradicional de que o distanciamento emocional, social e político é sempre uma condição favorável para a pesquisa, melhor que o envolvimento mais pessoal. Ser uma pessoa "de dentro" produz uma base rica, valiosa em pesquisas centradas em *sujeitos* (KILOMBA, 2019, p. 83).

Esta pesquisa existe porque também faço dela instrumento para a revolução que almejo. O tema desta pesquisa se vale de quem eu sou e como busco interagir com o mundo que habito. Transformo-me a mim durante o desenvolvimento do trabalho. Ele se transforma com as mudanças que acontecem em mim. Somos separadamente, mas também em conjunto. Não me torno mais ou menos branca porque critico a ideologia da branquitude. Esse exercício intelectual não faz de mim nem mais ou nem menos capacitada para contribuir com os estudos críticos à branquitude, mas possibilita que eu o faça com base nas limitações e nas compreensões sobre o mundo, interagindo nele e por meio dele. É certo que ainda há o que melhorar, mas me coloco à disposição do processo, entendendo que a pesquisa colabora para aquisições e trocas que ainda devo fazer.

Assim como Hall (2013), que afirma ser "um intelectual engajado", pois almejava que seu trabalho "marcasse uma diferença, registrasse e compartilhasse debates, fizesse contribuições para mudar uma conjuntura, mudasse as disposições dos interesses ou de forças políticas" (HOLLANDA; SOVIK, 2013, p. 212), não dissocio das múltiplas identidades que possuo a de pesquisadora em constante transformação, que se permite mudar por meio das reflexões e da práxis que realizo e que também compreende o engajamento ativista como parte constitutiva do processo de desenvolvimento da pesquisa.

Para tanto, não é necessário refutar as normas acadêmicas que seguem em vigência e vigiar nossos percursos intelectuais. Só não se deve se deixar escravizar por essas mesmas normas. A ponto de corroborar com a manutenção de condutas metodológicas e/ou de discursos epistemológicos que neguem e/ou estejam na contramão de seus valores e cosmovisões. Como afirma Butler (2015, p. 13), "Uma coisa é dizer que o sujeito deve ser capaz de se apropriar das normas; outra é dizer que deve haver normas que preparam um lugar para o sujeito dentro do campo ontológico".

A pesquisa só existe porque é composta por diferentes sujeitos e sujeitas (KILOMBA, 2019). Entre elas e eles, eu também me vejo como sujeita desta pesquisa. No jogo ontológico que me propus a ser partícipe, por exemplo, naturalmente já não me reconheço a mesma pesquisadora que iniciou este processo, em 2018. Para isso, não segui um percurso metodológico pré-determinado, mas me dispus a (me) transformar (n)a pesquisa que realizo, inclusive a partir das normas a que tive acesso. Exemplo dessa mudança é a minha preocupação em produzir discussões acadêmicas que tenham maior representatividade de intelectuais que fujam dos estereótipos historicamente valorizados, daí a busca por equilibrar as citações que faço, para que tenham equilíbrio entre produções realizadas por mulheres, pessoas negras e de origens diversas (com especial enfoque no Sul Global). "A mudança de atitude é um componente chave da mudança de consciência, daí a importância de desenvolver uma atitude decolonial" (NDLOVU-GATSHENI, 2018, p. 77, T.A.)[8].

Sou intelectual do tempo em que vivo, não estou apartada da sociedade da qual faço parte, seja como cidadã local ou estrangeira. São as trocas que realizo com as pessoas que me rodeiam que me tornam a intelectual que sou. Meu percurso acadêmico é composto por cada um dos momentos *"maningue nice"*[9] que tive o privilégio de vivenciar pelas ruas de Maputo e em cada situação em que me aproximei ou senti

---

8 Originalmente, o trecho destacado foi escrito da seguinte forma: *"Changing of attitude is a key component of changing consciousness, hence the importance of developing a decolonial attitude"*.

9 *"Maningue nice"* é uma expressão bastante utilizada por pessoas nascidas em Moçambique, principalmente na capital Maputo. O termo *"maningue"* é encontrado na língua local IsiSena e significa "muito", em tradução livre para a língua portuguesa. Já *"nice"* pode ser traduzido como "bom, legal" da língua inglesa. Dada a proximidade do país com a África do Sul, é comum o uso de palavras em inglês na oralidade

falta do ideal de *Ubuntu*[10] por entre os viveres em Joanesburgo. Somos, todos, todas e todes, intelectuais do nosso tempo, em maior ou menor grau, a depender da posição social que ocupamos e da elaboração crítica que depreendemos do mundo enquanto "intelectuais orgânicos" (GRAMSCI, 1982) em contínuo processo de aprendizagem.

Sou consciente de que a discussão apresentada parte dos recortes que me foram possíveis realizar, com base nas leituras que fiz e nos diálogos que estabeleci, durante esta jornada acadêmica. Trata-se de uma narrativa singular, na medida em que falo a partir dos códigos que pude interpretar das experiências que somei enquanto estive fora do Brasil. Esse desafio é demasiado complexo, visto que sou transversalizada por uma série de questões que dizem respeito aos modos de ser quem sou em consonância com o que me proponho a pesquisar. Para tanto, faço escolhas discursivas e epistemológicas que buscam comprovar que o exercício intelectual só existe porque há quem pesquisa. Tal atividade só se realiza a partir do engajamento de quem se propõe a questionar a realidade, para então buscar compreendê-la. Ademais, estes escritos são carregados de mim mesma. Se me considero uma ativista, minha escrita também o será, inevitavelmente.

Minha existência é resultado das memórias que acumulo, dos afetos que troco, das sensações que sinto, das experiências que vivo, dos saberes que acesso, das narrativas que decodifico, das escrevivências (EVARISTO, 2017) com que entro em contato e das lutas que travo. A pesquisa acadêmica que realizo resulta da interação com o entorno. Estar em África me possibilitou profundas e variadas reflexões em torno dos viveres possíveis, nos bastidores e no palco acadêmico. Me fez enxergar a latino-americanidade que em mim existe, ou seria a amefricanidade que também habita em mim, já que sou brasileira e ativista antirracista? Como ensina Gonzáles (1984, p. 236): "(...) este barato chamado Brasil nada mais é do que uma América Africana, ou seja, uma Améfrica Ladina". Cruzar o Atlântico me deu mais um privilégio: tangenciar conceitos, com a garantia de poder enunciá-los com segurança e admiração suficientes para me colocar em risco. Inclusive, o

---

de Moçambique, incluindo neologismos advindos da junção dos idiomas herdados pela colonização nos dois países.

10 O termo *"Ubuntu"* pode ser traduzido por "Eu sou o que sou porque nós somos", em língua portuguesa. Para mais informações a respeito, sugere-se a leitura de texto intitulado "Filosofia do Ubuntu: valores civilizatórios das ações afirmativas para o desenvolvimento" (MALOMALO, 2014a).

de ser mal interpretada e, por essa mesma academia da qual faço parte, negligenciada.

No entanto, escrevo não para (com)provar que estou certa, mas para me posicionar, me comprometer com o que faço e dialogar sobre as escolhas que faço. Contar sobre meu processo de (re)descobrimento, por meio da pesquisa científica, é desafiador. Mas o que seria do engajamento e do ativismo intelectual se não fossem os desafios? São eles que movem a transformação de quem anseia por mudanças, e que situa o mundo em que vivemos. Para os experienciar é que pesquiso e, por pesquisa, entendo estar no e com o mundo, de mãos dadas, coração e mente abertos, com o intuito de colaborar para quem tem corpo, alma, espírito e sangue que corre por veias que também encontro em mim.

CONEXÃO ATLÂNDICA

PESQUISAR E VIVER EM JOANESBURGO, EM MAPUTO E EM SÃO PAULO

Figura 2: *Fotografia de muro com grafite, em São Paulo.*

Fonte: A autora (2021).

FLYING BACKWARDS

Myesha Jenkins

"OK, OK
I'm on the way
Borrow money
Get ticket
Sort paper
Rent house
Buy cosmetics
Arrange transport
Pack suitcases
Back home
To be a daughter"[11]

---

[11] Apenas nos poemas e trechos de prosas, originalmente escritas em língua inglesa, as irei manter, no corpo do texto, em seu formato original, a fim de salvaguardar as estruturas poética e linguística dos escritos. Portanto, a tradução livre, para língua portuguesa, será sempre apresentada em formato de notas de rodapé. No caso do poema *"Flying backwards"* ("Voar para trás"), lê-se: "OK, OK / Eu estou a caminho / Emprestar dinheiro / Obter bilhete / Organizar documentação / Alugar casa / Comprar cosméticos / Organizar transporte / Fazer malas / De volta para casa / Ser filha".

Nas sociedades contemporâneas, principalmente após as vivências estabelecidas com a aparição do Covid-19, que instaurou uma pandemia em todo o mundo, o termo "conexão" pode vir a ser resumido a apenas uma conotação relacionada às conectividades proporcionadas pelas tecnologias, ou seja, conectar é estar on-line, acessar um espaço virtual, seja para dialogar, estudar, trabalhar ou se entreter. No entanto, neste estudo, me proponho a expandir as significações possíveis em torno da palavra "conexão". Para mim, ela dá sentido a este trabalho, uma vez que, quando decidi sair do Brasil – ainda em um contexto pré-pandêmico – para realizar parte da investigação na África do Sul e, posteriormente, em Moçambique, o fiz porque desejava estabelecer conexões o mais qualificadas possíveis com esses territórios da África Austral e seus/suas habitantes.

Conectar, no amplo sentido do termo que apresento, para mim, vai muito além de se "logar" por meio da internet. Conectar é o mesmo que relacionar, afetar, comungar, conviver, dialogar, numa perspectiva integral e profundamente humana. É experienciar trocas interpessoais e com os lugares em que estou, de modo a me deixar afetar e – quem sabe – também deixar marcas de afeto – por onde passo e com quem convivo. Por isso, este estudo é resultado de uma conexão que qualifico como "atlândica". Uma conexão impulsionada pelo meu mover em direção a quem, do outro lado do oceano Atlântico, também se banha em suas águas, e numa projeção mais além, também me conectar, pela primeira vez na vida, com o balanço das ondas do Índico e com quem nele se vê reconhecido/a. Uma conexão que me parece ter sido tão frutífera, a ponto de ter, como um de seus legados, o trabalho aqui apresentado. O resultado da soma das conexões entre o lado de cá e de lá do Atlântico juntamente com o Índico, por isso, uma conexão atlândica.

> Quando as águas sobem, as águas estão conectadas. Estamos falando de oceanos conectados. E isso é o que precisamos fazer para recuperar nossa verdadeira humanidade, olhar para as águas como uma só. (...) desenvolver um vocabulário conceitual onde a natureza não seja o objeto da ação humana, mas a natureza seja vista em sua totalidade, em sua diversidade e o ser humano seja visto como parte de um universo natural maior (MENON, 2021, on-line, T.A.)[12].

---

[12] Em uma palestra, disponível on-line, pelo canal da *"Falling Walls Foundation"*, o intelectual indiano Dilip Menon apresenta uma discussão intitulada *"Breaking the Wall to a Paracolonial Paradigm"* (em tradução livre minha, "Quebrando o Muro para um Paradigma Paracolonial"). Como parte da sua apresentação, retirei o trecho citado, que, originalmente, pode ser lido da seguinte forma: *"When the waters rise, the waters are connected. These are connected oceans that we are talking about. And this*

Talvez este trabalho ainda esteja incompleto ou inconcluso, no entanto, a perspectiva é a de que a incompletude é permanente em qualquer atividade humana, e muito provavelmente, a prática intelectual é a que mais reforça essa característica. Por isso, acredito que, também nessa incompletude, é que me desfaço de qualquer pretensão de ser proprietária de saberes que sejam somente meus e/ou que me torne aquela que irá dar a última palavra sobre o que me permiti fazer e refletir durante a pesquisa. Pois "(…) somos quem somos por meio de um processo de interdependência e endividamento. Esse reconhecimento facilita o cultivo de uma disposição de humildade que permite ver e providenciar interconexões" (NYAMNJOH, 2021, on-line, T.A.)[13].

Certamente, nem só minha tese se fez neste cruzar de oceanos, mas eu também me fiz e me refiz juntamente com ela. Espero que todos, todas e todes com quem me conectei, ao longo desse processo, percebam-se como partes integrantes dela também. Com a abordagem educomunicativa a que me propus a empreender, não poderia ser diferente, pois uma de suas principais potências reside na propagação de educomunidades – termo sobre o qual irei discorrer ao longo do livro – que são compostas por pessoas (formadas por almas, corpos, espíritos e mentes) que trazem consigo um desejo de que partilho: transformar o chão que pisamos para que, a cada pegada, sintamos que estamos a progredir, a nos unir em prol do bem comum, a perceber que "é preciso uma aldeia inteira" para tornar realidade qualquer iniciativa. Para isso, é imprescindível educomunicar para o bem-viver (SOARES, 2019) e para a refutação dos valores da "euromodernidade" (NDLOVU-GATSHENI, 2017).

> Sob a euromodernidade, apenas os europeus afirmavam pertencer ao futuro. Para sustentar esse monopólio do futuro, os europeus não apenas colonizaram o espaço, as pessoas e o conhecimento, mas, mais importante ainda, o tempo. O tempo se bifurcou em dois – o pré-moderno e o moderno. Para sustentar esse sentido de tempo, a Euromodernidade inventou no-

---

is what we need to do in order to recover our true humanity, to look at the waters as one. (…) to develop a conceptual vocabulary where nature is not the object of human action, but nature is seen in its entirety, in its diversity and human beings are seen as part of a larger natural universe". Creio que o mesmo está diretamente conectado com a proposição que faço com o neologismo "atlândica". Para acessar a íntegra da palestra, acesse: https://www.youtube.com/watch?v=FR90nZFe4QQ.

[13] Originalmente, o trecho destacado foi redigido da seguinte maneira: "(…) *we are who we are through a process of interdependence and indebtedness. This recognition facilitates the cultivation of a disposition of humility that enables one to see and provide for interconnections*".

menclaturas como indígena, tribo, primitivo e negro, pois levou a distinguir aqueles que afirmavam ser modernos (estar no futuro) enquanto trabalhava ativamente para confinar outros seres humanos ao passado (primitividade/atraso). Aqui nasceu um mundo moderno em que aqueles que foram empurrados para as categorias de indígenas, primitivos, tribos e negros, foram questionados e rejeitados como seres humanos. Aqui também nasceu a dolorosa realidade de um povo que se definiu como um problema e um povo que por meio de iniciativas como o colonialismo foi exilado de seus saberes, culturas e até de si mesmo (NDLOVU-GATSHENI, 2017, p. 243, T.A.)[14].

Movida por esses pensamentos, esta publicação inicia com o capítulo "Ponto de partida: reflexões sobre ser ativista, educomunicadora e pesquisadora branca e antirracista ao cruzar o Atlântico". Mesmo sendo paulistana "da gema", como se diz no Brasil, uma das transformações em mim provocadas foi a de perceber que havia uma conexão atlândica profunda que acontecia também em mim, ao me mover, ao longo de cerca de dois anos, entre África do Sul e Moçambique. "Este exercício exige a adoção de uma postura ativa e engajada, capaz de combinar o discurso e a prática por meio das narrativas do investigador e do interlocutor, partilhando e articulando histórias sobre si, "nós" mesmos, e refletindo sobre suas e nossas experiências" (MARIANO, 2017, p. 83). Assim sendo, não tenho qualquer problema em enfatizar que esta é uma pesquisa engajada e ativista, como, talvez, todo processo investigativo poderia ser.

Joanesburgo e Maputo, por consequência, se tornaram parte de minha construção identitária no e com o mundo e, com e por essas cidades, é que decidi permanecer no berço da humanidade, em um momento em que a humanidade não sabia mais nem para onde ir. Passar grande parte da pandemia em África foi uma das melhores escolhas que fiz. Me senti protegida e acolhida o suficiente para permanecer naquela que se tornou minha segunda morada. Com isso, pude vivenciar diferentes momentos,

---

[14] A versão original pode ser lida como segue: *"Under Euromodernity only the Europeans claimed to belong to the future. To sustain this monopoly of the future, Europeans not only colonized space, people and knowledge, but more importantly time. Time became bifurcated into two - the pre-modern and the modern. To sustain this sense of time, Euromodernity invented such nomenclatures as indigenous, tribe, primitive and black as it drove towards distinguishing those who claimed to be modern (to be in the future) while actively working to confine other human beings to the past (primitivity/backwardness). Here was born a modern world in which those who had been pushed to the categories of indigenous, primitive, tribe and black, were questioned and rejected as human beings. Here was also born the painful reality of the people who became defined as a problem and a people who through such initiatives as colonialism were exiled from their knowledges, cultures, and even from themselves".*

alegres e tristes, movidos pela esperança ou pela ansiedade, mas que, ao fim e ao cabo, me conectaram a um continente pós-colonial[15], que, assim como afirma Mbembe (2019, p. 208), "é um encaixe de formas, signos e linguagem. Essas formas, signos e linguagens são a expressão do trabalho de um mundo que busca existir por si mesmo". Por conseguinte, pude existir e resistir conjuntamente com o mover nessas cidades em que vivi.

Nesse sentido, a pesquisa ora apresentada almeja possibilitar reflexões que colaborem para a promoção de diálogos interculturais em práxis educomunicativas que, como irei discorrer, ao longo do livro, são genuinamente decoloniais e decolonizadoras. Em relação a esse tipo de práxis, a esperança (FREIRE, 1992) é a de que se possa garantir o direito à equidade étnico-racial nas escolas em qualquer canto do globo. Considero as escolas como reprodutoras de práticas sociais que vemos em nossos cotidianos, ou seja, se temos racismo no Brasil ou em qualquer outra parte do mundo – ou se enfrentamos dificuldades em assumir privilégios raciais nesses países –, é essencial que educadoras e educadores reflitam criticamente sobre suas próprias construções identitárias – sob um ponto de vista individual e também coletivo, levando em conta que estes processos são alteritários por natureza (BAKHTIN; VOLÓCHINOV, 2011). "A educação não é um campo fixo e nem somente conservadora. Ao longo dos tempos é possível observar como o campo educacional se configura como um espaço-tempo inquieto, que é ao mesmo tempo indagador e indagado pelos coletivos sociais diversos" (GOMES, 2017, p. 25).

Por conseguinte, me restrinjo, nesta pesquisa, aos contextos narrados por educadoras e educadores de escolas públicas de ensino básico nas cidades de Joanesburgo (África do Sul), Maputo (Moçambique) e São Paulo (Brasil). Por meio de seus relatos e de suas contribuições

---

[15] Ressalto que compartilho das reflexões de Ngoenha (2018, p. 139), quando afirma: "O facto colonial desapareceu oficialmente, todavia permanece efetivamente entre nós, através de uma cultura que se opõe e se impõe às culturas autóctones. É esta oposição e imposição que estão na base da aspiração à liberdade. Se é verdade que a África rejeitou o colonizador, não é menos verdade que ela retomou por sua conta as diferentes iniciativas coloniais, no plano político, económico, cultural e religioso. A África conserva os Estados coloniais nas suas fronteiras, nas suas divisões administrativas, nas suas populações. E mesmo se lhe é atribuída a tarefa de edificar uma nação, a sua finalidade colonial de produção e distribuição de serviços não mudou. A independência não nos reconciliou com as culturas tradicionais". Portanto, ao longo do trabalho, buscarei apontar as complexidades que existem em relação à pós-colonialidade, bem como à decolonialidade e à decolonização, a fim de não apresentar uma leitura ingênua e/ou romântica de Áfricas contemporâneas.

(que foram por eles e elas devidamente autorizadas), busco identificar em que medida e de que forma a presença da crítica às diversas formas sobre como se apresentam as categorias de branquitude e as colonialidades são reveladas para, quem sabe, poder colaborar no seu combate, numa proposta coletiva e alteritária.

É importante frisar que me restringi a me conectar com autorias locais ou de intelectuais que, assim como eu, haviam desenvolvido pesquisas nessas localidades. Também me preocupei em garantir um acervo representativo e equilibrado, em termos de pertenças de cor/raça, identidades de gênero, faixas etárias e nacionalidades das/os autoras/es. Esse exercício ampliou os horizontes bibliográficos que apresento e espero que possa também propagar a importância de garantirmos a visibilização desses marcadores sociais de diferença (MOUTINHO, 2014) para que seja derrubada a pretensa idealização de neutralidade intelectual que parece ainda persistir no universo acadêmico contemporâneo, por mais contraditório que isso possa ser. Logo, este estudo parte do uso de lentes que enxergam e legitimam, sobretudo, as dinâmicas e as relações étnico-raciais, endossado por uma perspectiva interseccional (CRENSHAW, 2002).

> Não ver raça pouco faz para desconstruir estruturas racistas ou melhorar materialmente as condições às quais as pessoas de cor estão sujeitas diariamente. Para desmantelar estruturas injustas e racistas, precisamos ver raça. Precisamos ver quem se beneficia de sua raça, quem é desproporcionalmente impactado por estereótipos negativos sobre sua raça e a quem o poder e o privilégio são concedidos – merecidos ou não – por causa de sua raça, sua classe e seu gênero. Ver raça é essencial para mudar o sistema (EDDO-LODGE, 2019, p. 67).

Esta pesquisa também busca compreender quais são as contribuições que ainda podem ser dadas pela educomunicação – enquanto práxis decolonial e decolonizadora – nesses territórios interraciais por onde passei[16]. Para chegar a algumas conclusões a respeito dessa possibi-

---

[16] Esta reflexão não é a primeira a ser feita a partir da condução da práxis educomunicativa em África. Irei me restringir a três exemplos igualmente importantes e exitosos: 1. a associação juvenil de Burkina Faso, intitulada *EducommunicAfrik*(https://abpeducom.org.br/educomunicadores-criam-associacao-e-mobilizam-juventude-em-burkinafasso-africa/), inspirada pelos educomunicadores brasileiros Paulo Lima e Ismar de Oliveira Soares (https://www.agenciajovem.org/wp/educomunicacao-na-africa-conheca-as-iniciativas-da-abpe-em-burkina-faso/); 2. a pesquisa e as vivências realizadas em Guiné-Bissau, com a participação da também educomunicadora brasileira Maria Rehder (https://www.scielo.br/pdf/es/v39n145/1678-4626-es-39-145-962.pdf); e 3. a produção de programas de rádio na África

lidade, também me valho das narrativas dessas educadoras e desses educadores que cederam seus valiosos tempos para não apenas dialogar comigo e estabelecer conexões (inclusive de amizade que se perduraram). Foi essencial perceber o quanto minhas críticas à branquitude e às colonialidades estavam presentes também nos relatos dos/as brasileiros/as Raimundo, Sayuri, Tássia e Tupã; dos/as moçambicanos/as Dzovo, Mufuki, NBila e Teface; e dos/as sul-africanos/as Clegg, Ella, F.Talk, Paulista e Melissa (aqui nomeados/as por pseudônimos escolhidos por eles e elas livremente). Desse modo, busco fundamentar os pilares sobre os quais a pesquisa se assenta: no conectar-se, no falar com, no agir coletivamente. Porém, sem irromper na ingenuidade de comparar tais discursos, mas de olhá-los e refletir sobre cada um numa perspectiva pautada pela glocalidade (CANCLINI, 1995), a fim de que as experiências e os conhecimentos advindos das realidades sul-africana e moçambicana possam se interconectar com a brasileira.

> Não por acaso, esta é uma pesquisa de comunicação, pois esse é um terreno que possibilita desconstruir ideias e paradigmas historicamente dados e favorecer trocas e diálogos (WOLTON, 2006) em prol, por exemplo, da decolonialidade e da decolonização de identidades e de pensamentos e, como consequência, de currículos escolares e das línguas neles utilizadas (SEVERO; SITOE; PEDRO, 2014). "Comunicar não é passar por cima das identidades, é fazer com. Busca-se a partilha. Troca-se. Apoia-se na incomunicação. Constrói-se a coabitação" (WOLTON, 2006, p. 223). Para isso, ter como base a interrelação entre comunicação e educação a partir da práxis educomunicativa decolonial e decolonizadora, com o objetivo de desenvolver ecossistemas educomunicativos (SARTORI; SILVA, 2021) nos ambientes escolares, pode se configurar em um dos caminhos viáveis para estabelecer novas formas de ser e estar no mundo e construir práticas, teoricamente conceituadas, para o estabelecimento da equidade étnico-racial na educação global.

---

do Sul, intitulada por crianças participantes, como "Rádio *Kitoko*", da qual tive o privilégio de fazer parte, em parceria com a também educomunicadora brasileira Honi Rubik (https://www.criticaeducativa.ufscar.br/index.php/criticaeducativa/article/download/436/456/2617).

BRANQUITUDE
E (DE)
COLONIALIDADES

Figura 3: *Fotografia de muro com grafite, realizada em "Jewel City", em Joanesburgo.*

Fonte: A autora (2019).

DESCOLONIZÁMOS!

Ezra Chambal Nhampoca

"Descolonizámos o Land Rover; como diria Alberto Magaia!
Até o cão tinhoso matamos, como diria Luís Bernardo Hon'wana!
Descolonizámos os lugares, os restaurantes, as praias,
as universidades, os cheiros, as idas aos lugares antes interditos,
aos Varhongas, aos Vachangana, aos Makhuwa, aos Masena, aos Nyanja,
aos Vachopi, aos Makondes, entre outros. De facto descolonizámos...
Selamos a descolonização com o acto que pariu 24 de Julho, Dia das
Nacionalizações, mas continuamos a dizer, é proibido falar dialecto!
Que dialecto qual quê? Desde quando as línguas moçambicanas
são dialectos??? E na nossa ignorância, repetimos: é proibido falar
dialecto! Que tínhamos que matar a Tribo, para construir a Nação!
Enfim, descolonizámos a terra... Mas na nossa euforia, esquecemos de
descolonizar a mente! Então, NADA FEITO! E o POVO? Esse, olhando
de esguelha para o privilégio da elite continuadora do colonialismo
linguístico, gargalhou, como diria Mia Couto! - hahaha
E na sua rebeldia Bantu! Sentenciou, (re)colonizem vossas mentes, só vocês!
As nossas, essas nunca foram colonizadas e nossas línguas também. E porque
nós resistimos à colonização secular, nossas línguas também são este LUGAR
DE (RE)Existência! Elas (Re)existem, porque nós resistimos e resistiremos"!

Para quem tem olhos que a "enxerga", sabe que a branquitude transversaliza viveres e está interseccionada com outros marcadores sociais de diferença (MOUTINHO, 2014). Por isso, pessoas brancas devem manter uma vigilância contínua para não cair em armadilhas.

> A branquitude muda ao longo do tempo e do espaço e não é de forma alguma uma essência trans-histórica. Em vez disso, (...) é um produto complexo construído de relações locais, regionais, nacionais e globais, passadas e presentes. (...) E se a branquitude varia espacial e temporalmente, é também uma categoria relacional, aquela que se co-constrói com uma gama de outras categorias raciais e culturais, com classe e com gênero. Essa co-construção é, no entanto, fundamentalmente assimétrica, pois o termo "branquitude" sinaliza a produção e reprodução de dominação em vez de subordinação, normatividade em vez de marginalidade e privilégio em vez de desvantagem (FRANKENBERG, 1993, p. 242-243, T.A.)[17].

Para este estudo, tive o privilégio de estar nas cidades de Joanesburgo (África do Sul), Maputo (Moçambique) e São Paulo (Brasil). Por ter vivido nessas três capitais – obviamente sendo paulistana, a que mais tenho conhecimentos e reflexões a respeito é a paulista –, observei diferentes maneiras sobre as quais a branquitude se impõe e o faço a partir da noção de "interseccionalidade"[18].

> Os estudos da branquitude não tratam apenas do combate à desigualdade racial, mas de todas as menções de injustiça ao longo de gênero, classe, sexualidade e até sobre quem porta uma deficiência. Significa rebater o privilégio heterossexual do homem branco e não aceitar situações que re-

---

[17] A versão original da citação destacada pode ser lida a seguir: *"Whiteness changes over time and space and is in no way a transhistorical essence. Rather, as I have argued, it is a complexly constructed product of local, regional, national, and global relations, past and present. (...) And if whiteness varies spatially and temporally, it is also a relational category, one that is coconstructed with a range of other racial and cultural categories, with class and with gender. This coconstruction is, however, fundamentally asymmetrical, for the term "whiteness" signals the production and reproduction of dominance rather than subordination, normativity rather than marginality, and privilege rather than disadvantage".*

[18] Acerca do conceito de interseccionalidade, comungo da explicação de Crenshaw (2002, p. 177): "A interseccionalidade é uma conceituação do problema que busca capturar as consequências estruturais e dinâmicas da interação entre dois ou mais eixos da subordinação. Ela trata especificamente da forma pela qual o racismo, o patriarcalismo, a opressão de classe e outros sistemas discriminatórios criam desigualdades básicas que estruturam as posições relativas de mulheres, raças, etnias, classes e outras".

compensem a misoginia, o sexismo, a homofobia e a transfobia, além do racismo e da xenofobia (SUEYOSHI, 2013, p. 389, T.A.)[19].

Ainda sobre o título deste capítulo, também decidi, propositalmente, apontar para o fato de que, nesta parte do estudo, aponto como as colonialidades e as possibilidades de decolonização e de decolonialidades (por isso o uso do prefixo "de" entre parênteses) também estão intrinsecamente ligadas à crítica à branquitude, principalmente quando se tratam de sociedades interraciais como as que são abordadas neste trabalho. "A decolonialidade é, portanto, a energia que não permite o funcionamento da lógica da colonialidade nem acredita nos contos de fadas da retórica da modernidade" (MIGNOLO, 2011, p. 46, T.A.)[20]. Como consequência, receio cutucar feridas entreabertas, com a discussão que proponho, mas é tarefa urgente e que já vem sendo proposta por intelectuais que me antecederam e que contribuem para esta análise.

Apesar das diferentes proporções entre população negra e não negra nos territórios supracitados, ainda assim, como argumento, ao longo deste capítulo, é possível identificar e mapear, numa perspectiva de análise crítica à branquitude, o que nomearei como "categorias" por meio das quais a branquitude pode ser percebida. Este capítulo trata da branquitude e de suas categorias e também sobre como as colonialidades e as estratégias decoloniais e decolonizadoras se apresentam para uma eventual transformação da contemporaneidade global. As feridas entreabertas deixadas pelo processo de colonização são parte do presente das populações que, ou viveram sob esse domínio, ou nasceram já libertas dele, mas que ainda são oprimidas por suas consequências.

> De repente, o colonialismo é vivenciado como real – somos capazes de senti-lo! Esse imediatismo, no qual o passado se torna presente e o presente passado, é outra característica do trauma clássico. Experiencia-se o presente como se estivesse no passado. Por um lado, cenas coloniais (o passado) são época da reencenadas através do racismo cotidiano (o presente) remonta cenas do colonialismo (o passado). A ferida do presente ainda é a ferida do passado e vice-versa; o passado e o presente entrelaçam-se como resultado (KILOMBA, 2019, p. 158).

---

19 A citação foi originalmente escrita da seguinte forma: *"Whiteness studies is not just about combating racial inequality, but all the mentions of injustice along gender, class, sexuality, and even ability. It means pushing back against white male heterosexual privilege and not accepting situations that reward misogyny, sexism, homophobia, and transphobia, in addition to racism and xenophobia".*

20 A versão original da citação direta incluída no texto é a seguinte: *"Decoloniality is therefore the energy that does not allow the operation of the logic of coloniality nor believes the fairy tales of the rhetoric of modernity".*

No contexto de construção desses territórios pós-coloniais (PRAZERES; MIGLIEVICH-RIBEIRO, 2015)[21], vê-se a contínua desvalorização das contribuições de quem foi forçado/a a dar de seu sangue e suor para erguer tais nações e, em contrapartida, há um ainda recorrente domínio e uma supervalorização de quem teve o privilégio de dominar. Ou seja, de um lado, pessoas socialmente consideradas brancas em posição de poder e com garantia de oportunidades historicamente dadas (e que ainda usufruem de privilégios das categorias de branquitude a que têm acesso) e, de outro lado, pessoas socialmente lidas como não brancas que, por sua vez, foram historicamente relegadas à subserviência e tiveram suas trajetórias de luta e de resistência invisibilizadas pela branquitude.

> Sem dúvida, a colonização foi um ato de poder e dominação. Mas foi também um projeto de ter domínio sobre, ganhar para si, remodelar e aproveitar as diversas formas de diferença que encontrou e criou, enquanto destruía ou reprimia aqueles que resistiam ao exercício de sua vontade de poder (HALL, 2016, p. 53).

Vale ressaltar que, em diferentes proporções e sem nenhuma tentativa de comparação, as populações indígenas também sofreram e ainda sofrem – por serem representantes da população não branca em contextos como o do Brasil – com as mazelas sociais por pertencerem ao grupo das pessoas estruturalmente oprimidas. Por esse motivo, a colonização portuguesa realizada no Brasil, entre os anos de 1500 e 1815 – sem esquecer o acordo político e econômico que determinou a abolição da escravização só se deu em 1888 – foi empreendida a partir de uma invasão que ficou historicamente conhecida como "Descobrimento". Tal eufemismo está atrelado ao fato de que é preciso entender "a branquitude como um lugar estrutural de onde o sujeito branco vê os outros, e a si mesmo, uma posição de poder, um lugar confortável do qual se pode atribuir ao outro aquilo que não se atribui a si mesmo" (FRANKENBERG, 1993, p. 43-44).

> Chamar de 'descoberta' as primeiras invasões de terras habitadas por europeus é um exercício de poder eurocêntrico que já enquadra futuras narrativas do evento assim descrito. O contato com o Ocidente é visto como o alicerce da

---

[21] Ao utilizar a noção de pós-colonialidade ou de pós-colonialismo, comungo do que apontam Prazeres e Miglievich-Ribeiro (2015, p. 39), quando afirmam: *"Desse modo, o processo de formação da identidade/identificação no discurso pós-colonial entende que nos constituímos enquanto sujeitos que comportam várias performances dentro de si, não abandonamos totalmente o passado, nem nos tornamos totalmente o futuro, guardamos traços de ambos, sujeitos híbridos".*

historicidade de diferentes culturas. Uma vez descoberto pelos europeus, o Outro finalmente entra no mundo humano (TROUILLOT, 1995, p. 114, T.A.)[22].

Desse modo, os colonos europeus se autonomearam "descobridores, desbravadores" e, por conseguinte, estabeleceram processos de inferiorização de qualquer pessoa estrangeira, que não fosse racialmente lida como eles. Daí se autointitularam brancos e passaram a utilizar da branquitude para estabelecer domínio sobre quem estava na categoria de "colonizado/a". No entanto, os colonos sequer eram vistos, dentro de seu próprio continente de origem, suficientemente brancos, por também terem sido submetidos à dominação dos mouros por, aproximadamente, seis séculos.

No entanto, por mais que a população portuguesa possa ser considerada "menos branca" no continente europeu, o mesmo não se vê nos modos de compreensão desta sociedade em suas outrora colônias, como, por exemplo, Brasil e Moçambique. Nesses países, o que parece ocorrer é a supervalorização de uma, por vezes, almejada brancura, uma espécie de artifício que determina quem pode usufruir de poderes e de representatividades nas dinâmicas sociais de localidades com cosmovisões coloniais.

Exatamente por não haver uma homogeneidade da identidade branca (BASTOS, 2021), que, em grande parte das sociedades globais, o fenótipo designa o padrão preferencial de classificação racial, embora aspectos relacionados à origem familiar, à classe social, à tradição e à opção política influenciem esse processo de categorização. Dentro da lógica do colonialismo europeu, em diferentes territórios e empreendido por diferentes nações europeias, é possível perceber que o fenótipo contribuiu para categorizar pessoas em uma escala hierárquica de poder, em que as não brancas foram consideradas como populações a serem subjugadas e destituídas de direitos. Ressalto que também é preciso se atentar para como a branquitude se organiza de modo a manter seus privilégios também em África e isso se dá por meio da apropriação e da disseminação das colonialidades.

> Embora algumas das suposições que informam os principais entendimentos de branquitude se apliquem em contextos africanos, também existem grandes diferenças entre a branquitude em África e no Ocidente. A branquitude realmente carrega associações de dominação e supremacia assumida em África, como em outros lugares; na verdade, em África, **a bran-**

---

[22] A versão original pode ser lida a seguir: *"To call 'discovery' the first invasions of inhabited lands by Europeans is an exercise in Eurocentric power that already frames future narratives of the event so described. Contact with the West is seen as the foundation of historicity of different cultures. Once discovered by Europeans, the Other finally enters the human world".*

quitude e o colonialismo podem ser vistos como equivalentes, quase a mesma coisa. O colonialismo em África, em sua própria essência, foi uma performance triunfalista (embora combativa) da branquitude (TAGWIREI, 2014, p. 153, T.A., grifos meus)²³.

A perversidade do colonialismo europeu deixou marcas dessa violência que se perpetuam até hoje no imaginário social de sociedades pós-coloniais, contribuindo para o exercício negativo da construção de identidades étnico-raciais não brancas no mundo. Um dos pontos mais cruéis nesse processo é o fato de que as populações de origem europeia projetaram nas nações africanas e nas indígenas aquilo que não queriam reconhecer em si mesmas (QUIJANO, 2005). "No mundo branco, o homem de cor encontra dificuldades na elaboração de seu esquema corporal. O conhecimento do corpo é unicamente uma atividade de negação. É um conhecimento em terceira pessoa. Em torno do corpo reina uma atmosfera densa de incertezas" (FANON, 2008, p. 104).

A negação das negritudes, bem como a afirmação das mesmas consoante uma conotação pejorativa, foram armadilhas impostas pela branquitude. Foi também arquitetada por ela a defesa de que a miscigenação pudesse ser, em alguns contextos geográficos, a "saída" para o embranquecimento (sinônimo de ascensão social) das populações não brancas, do mesmo modo, que, em outros contextos, as negritudes foram lidas como um perigo a ser combatido, uma vez que não se poderia confiar em quem não possuía brancura, como no caso da África do Sul, também parte deste estudo.

> O "enegrecimento" dos escravos que os criatórios das ordens religiosas estimulavam era análogo em intenção ao "embranquecimento" dos bem-sucedidos a miscigenação tão apregoado só tornava o exercício eventualmente mais difícil, mas não o anulava. (...) a miscigenação apenas exigia um esforço adicional para fazer a condição legal e a cor da pele coincidir (CUNHA, 2012, p. 114).

Desse modo, é interessante perceber que, apesar da trajetória de uma colonização profundamente diferente da realizada por Portugal no Brasil e em Moçambique, territórios como a África do Sul ainda sofrem com os

---

23 A versão original do excerto destacado pode ser lida conforme segue: *"Although some of the assumptions informing mainstream understandings of whiteness apply in African contexts, there are also large differences between whiteness in Africa as against the West. Whiteness does indeed carry associations of dominance and assumed supremacy in Africa, as elsewhere; indeed, in Africa, whiteness and colonialism can fairly be seen as amounting to much the same thing. Colonialism in Africa, in its very essence, has been a triumphalist (though embattled) performance of whiteness".*

desdobramentos da colonização europeia, que impôs seu domínio sobre as populações sul-africanas não brancas – e principalmente negras e mestiças –, a ponto de (em um salto histórico amplo, apenas para garantir o raciocínio presente nesta argumentação) ter possibilitado e "legitimado" feridas sociais como a do apartheid sul-africano, o qual, por sua vez, ainda gera e reafirma aspectos que demonstram a dificuldade de cidadãos e cidadãs brancos/as racializarem seus cotidianos, mesmo tendo um dia a dia pautado pelos poderes de quem nasce branca/o no país.

> O regime de separação definiu formas de cidadania segundo critérios raciais, assentados numa noção de humanidade construída (e legitimada) de "acordo com as leis de Deus" tal como a compreendeu a Igreja Holandesa Reformada. Na *Rainbow Nation* [imagem utilizada na África do Sul para dar a ideia de uma nação arco-íris, diversa, que não se estabelece pela diferença racial], em sua recusa à ideia de raça, *Ubuntu* [palavra de origem bantu, com teor religioso na África do Sul, que traz a ideia de uma humanidade compartilhada e que orientou a Comissão da Verdade e Reconciliação pós-apartheid] aparece como categoria também religiosa, mas agora de origem africana. Essa categoria cria um elo, deslocando-se assim da ideia de diferenciação racial à de humanidade e, consequentemente, de reconhecimento igualmente diferenciado por parte do Estado (MOUTINHO, 2015, p. 82).

Reforço, neste ponto do texto, que compreendo que, no caso dos países abordados neste estudo, todos vivem em um período histórico conhecido como pós-colonial. No entanto, ainda parecem estar distantes de apresentar uma cosmogonia e uma cosmovisão decoloniais e decolonizadoras. Com base nessa realidade, compreendo que, para estabelecer um *modus operandi* decolonial e decolonizador, é preciso se reconectar com ideais e valores pré-coloniais (já havia produção de saberes ocorrendo antes da colonização) e romper com lógicas coloniais – subalternas e historicamente opressoras – para poder fazer valer diferenças sociais e culturais a fim de que se estabeleçam relações de poder não mais baseadas na binaridade colonial, em que ou se é opressor/a ou se é oprimido/a; ou se é colonizador/a ou se é colonizado/a; ou ainda se pode ser a si mesmo/a ou é considerado o/a Outro/a. Há padrões de poder e construção mentais resultantes da dominação colonial (QUIJANO, 2005). Colonialidades transversalizam os modos de ser e de estar no mundo. Heranças coloniais caminham de mãos dadas com a branquitude.

> Pensar neste conhecimento implícito como herdado é pensar em como herdamos uma relação com o lugar e com a colocação: em casa, as coisas não são feitas de uma determinada maneira, mas o doméstico "coloca as

coisas" em seu lugar. A branquitude é herdada pelo próprio posicionamento das coisas (AHMED, 2007, p. 155, T.A.)[24].

As formas da dominação colonial se apresentam diuturnamente em sociedades globais contemporâneas que sofreram com esse processo. "Para o grupo dominante, isso significa que as relações de dominância devem ser reproduzidas, tanto no nível macro quanto no micro, tanto na ação quanto na mente" (DJIK, 1992, p. 116, T.A.)[25]. As colonialidades são parte estruturante de processos identitários que sofrem com as consequências da colonização. É como se não pudéssemos viver de forma livre e independente, de fato. Como se houvessem amarras históricas que nos impusessem, quando fazemos parte de sociedades pós-coloniais, uma receita sobre o que significa ser alguém, como se reconhece quem tem poder e direito a exercê-lo, como se deve pensar e agir no mundo e tudo isso apoiando-se em valores contemporâneos diretamente ligados ao capitalismo, ao neoliberalismo, ao racismo, à xenofobia, à LGBTQIA+fobia, ao sexismo etc.

> Assim, apesar do colonialismo preceder a colonialidade, a colonialidade sobrevive ao colonialismo. Ela se mantém viva em textos didáticos, nos critérios para o bom trabalho acadêmico, na cultura, no sentido comum, na auto-imagem dos povos, nas aspirações dos sujeitos e em muitos outros aspectos de nossa experiência moderna. Neste sentido, respiramos a colonialidade na modernidade cotidianamente (MALDONADO-TORRES, 2007, p. 131).

Como comentei anteriormente, essas colonialidades coexistem com a branquitude e, como consequência, tornam privilégios o que deveriam ser direitos. Viver uma vida com o mínimo de dignidade, de segurança e de usufruto de direitos humanos básicos deveria ser considerado como uma vida com garantia de direitos. Entretanto, com a manutenção das colonialidades e da branquitude, tudo isso se torna privilégio. Como tal, passa a ser usufruído por uma parcela da sociedade e não por sua totalidade. Minha perspectiva é a da branquitude crítica (CARDOSO, 2010; 2020), que estabelece criticidade em torno de seus reflexos sociais, econômicos, políticos e culturais. A abordagem, utilizada, portanto, é realizada para verificar os modos de operar da branquitude nestas reflexões.

---

[24] A citação, em versão original, está descrita a seguir: *"To think of this implicit knowledge as inherited is to think about how we inherit a relation to place and to placement: at home, things are not done a certain way, but the domestic 'puts things' in their place. Whiteness is inherited through the very placement of things"*.

[25] Originalmente, o excerto foi escrito como segue: *"For the dominant group, this means that dominance relations must be reproduced, at the macro- as well as at the micro-level, both in action as well as in mind"*.

> Em última análise, o processo de alteração dos significados presentes e futuros da branquitude está inextricavelmente conectado ao processo de alteração dos significados de outras identidades raciais e culturais co-construídas. Esse processo, por sua vez, está vinculado ao esforço de transformar a ordem racial em termos materiais e discursivos e de alterar, talvez, mais do que qualquer coisa, a distribuição do poder. Claramente, esse projeto não é individual, mas coletivo. Nem fica apenas com ativistas brancos, mas também com ações coletivas de pessoas de uma variedade de locais na ordem racial (FRANKENBERG, 1993, p. 249, T.A.)[26].

Ser uma pessoa branca, ou seja, ocupar um lugar simbólico de poder e se valer da branquitude, em sociedades interraciais, não é algo estabelecido por questões apenas genéticas, mas sobretudo por posições e por lugares sociais que os/as sujeitos/as ocupam. Ademais, a branquitude precisa ser considerada "como a posição do sujeito, surgida na confluência de eventos históricos e políticos determináveis" (STEYN, 2004, p. 121). Nesse sentido, ser socialmente lida como uma pessoa branca tem significados diferentes compartilhados culturalmente em diferentes lugares. Quanto maior a brancura de alguém, maiores são os privilégios que poderá usufruir em sociedade. Da mesma forma, também não existe invisibilidade branca. "Ser branco em um mundo branco, no entanto, é ser estendido pelos contornos desse mundo. O mundo se abre, se revela como um lugar chamado de casa, um lugar de privilégios e imunidades, um espaço de conquistas, de sucesso, de liberdade de movimento" (YANCY, 2012, p. 45, T.A.)[27].

Ao passo que as colonialidades nos impedem de interagir integralmente livres, a pessoa branca, por ser interpelada pelas colonialidades, tem o privilégio de ser mais livre do que pessoas não brancas. As portas – seja dos restaurantes, das empresas, das escolas etc. – abrem-se com maior facilidade e frequência para quem tem a branquitude em seu benefício. Mesmo assim, há quem advogue por uma fragilidade branca tensionada pelos movimentos

---

[26] A citação, originalmente, foi escrita do seguinte modo: *"Ultimately, the process of altering present and future meanings of whiteness is inextricably connected to that of altering the meanings of other, coconstructed racial and cultural identities. That process is in turn linked to the effort to transform the racial order in both material and discursive terms and to alter, perhaps, more than anything, the distribution of power. Clearly, that project is not individual but collective. Nor does it rest with white activists alone, so much as with collective actions by people from a range of locations in the racial order".*

[27] Originalmente, a citação direta utilizada foi redigida da seguinte maneira: *"To be white in a white world, however, is to be extended by that world's contours. The world opens up, reveals itself as a place called home, a place of privileges and immunities, a space for achievement, success, freedom of movement".*

sociais que se organizam no combate à branquitude. Tal premissa não faz qualquer sentido, uma vez que a fragilidade branca pode ser compreendida como uma "sociologia da dominação, na forma como nós mantemos nossas posições e as protegemos. E não há algo único que cria isso, acredito que são vários fatores", conforme aponta D'Angelo (2021, p. 16). Dentre os fatores, a autora elenca quatro, sendo: o individualismo; a meritocracia; o binarismo entre o bem e o mal; e a superioridade internalizada (D'ANGELO, 2021).

Ao longo deste capítulo, busco refletir sobre as categorias pelas quais a branquitude se apresenta na África do Sul, no Brasil e em Moçambique, sendo que os fatores apontados por D'Angelo (2021) também fazem parte de meu repertório, mas não irei me ater apenas a eles. O mapeamento que realizei me proporcionou elencar 31 categorias, divididas entre os países, sendo que algumas se repetem entre eles, a saber (em ordem alfabética):

1. no caso do Brasil: branco-discurso, complexidade identitária, democracia racial, desumanização, diversidade, fragilidade, letramento racial, meritocracia, neutralidade, normatividade, outreidade, pacto narcísico, patologia social do branco, privilégios, poder, racismo estrutural, segurança, silenciamentos, superioridade e universalidade;

2. no caso da África do Sul: autovitimização, branquitude enquanto patologia social *versus Ubuntu* na prática, binaridade, contraposição individual/coletivo, distanciamento como estratégia para autoproteção, garantia de direitos, hipervisibilidade, normatividade, poder, pureza, segurança e *White Talk*;

3. no caso de Moçambique: binaridade, distanciamento, hegemonia, hipervisibilidade, inferiorização negra, normatividade, privilégios e supremacia branca.

> Irei discorrer sobre cada uma delas, nos próximos subitens deste capítulo, a fim de não apenas as apresentar, mas também discuti-las tendo como base os contextos locais de cada país pesquisado. Saliento, inclusive, que, para cada nação, utilizei exclusivamente citações bibliográficas de intelectuais locais ou que realizaram pesquisas nesses territórios, a fim de garantir maior representatividade e coerência para a discussão que realizo. O objetivo central é contribuir para o campo de estudos críticos da branquitude em interrelação com a educomunicação, sem deixar de levar em conta a minha pertença étnico-racial, pelo contrário, refletindo a partir dela (PIZA, 2005). Uma das minhas inspirações para essas escolhas reside nesse pensamento de hooks (2021, p. 111): "Se pessoas brancas nunca conseguirem se livrar do pensamento e da ação de supremacia branca, pessoas negras/de cor nunca poderão ser livres. É simples assim".

BRANQUITUDE ESTRUTURANTE DO BRASIL

Figura 4: *Fotografia de muro com grafite em homenagem à Marielle Franco, em São Paulo.*
Fonte: A autora (2021).

Carolina Maria de Jesus, **em Diário de Bitita**

"(...) O que eu admirava é que a dona Maria Leite não auxiliava os brancos, só os pretos, e nos dizia:
Eu sou francesa. Não tenho culpa da odisseia de vocês; mas eu sou muito rica, auxilio vocês porque tenho dó. Vamos alfabetizá-los para ver o que é que vocês nos revelam: se vão ser tipos sociáveis, e tendo conhecimento poderão desviar-se da delinquência e acatar a retidão.
Para nos envaidecer, ela dizia:
Eu gosto dos pretos. Eu queria ser preta e queria ter o nariz bem chato.
E sorria. Os negrinhos que já sabiam ler, liam para ela ouvir. Ela ouvia com profundo interesse.
Minha mãe era tímida. E dizia que os negros devem obedecer aos brancos, isto quando os brancos têm sabedoria. Por isso, ela devia enviar-me à escola, para não desgostar a dona Maria Leite."

O Brasil é um território majoritariamente afrodiaspórico e, originalmente, indígena, e tem na sua história o legado da escravização ainda muito presente, tendo em vista ter sido o último país a abolir este crime contra a Humanidade, no ano de 1888. É uma nação multicultural e com uma imensa diversidade étnica e racial, porém marcada pelas desigualdades de diferentes formas. Durante o período escravocrata, que durou mais de 350 anos, os números oficiais apontam para mais de quatro milhões de africanos/as escravizados/as por portugueses que, em boa parte, por sua vez, foram degredados/as, ou seja, haviam sido expulsos/as de seu país de origem por terem comportamentos indesejados na metrópole à época (CARDOSO, 2020).

O Brasil é constituído, atualmente, por uma maioria negra (somando-se pessoas autodeclaradas pardas e pretas) – cerca de 56% da população –, que coabitam o país com pessoas autodeclaradas brancas, que representam pouco mais de 40%, e as demais autodeclaradas amarelas (em torno de 1%) ou indígenas, conforme categorias do Censo Demográfico publicado, em 2010, pelo Instituto Brasileiro de Geografia e Estatística (IBGE).

No caso da população autodeclarada indígena, apesar de terem dado origem ao Brasil, a colonização portuguesa empreendeu políticas variadas para garantir seu quase extermínio. Ainda hoje, veem-se estratégias que buscam dar prosseguimento a esse plano. Dos cerca de três milhões de indígenas que habitavam a terra brasilis, em 1500, segundo a Fundação Nacional do Índio (FUNAI), foram contabilizadas pouco mais de 815 mil pessoas autodeclaradas indígenas no Censo de 2010 (menos de 1% da população total), que representam 305 diferentes etnias e falam 274 línguas indígenas. Ainda de acordo com o mesmo levantamento, apenas 17,5% da população indígena não fala a língua portuguesa.

> Desta forma, os relacionamentos que os portugueses estabeleceram com os povos indígenas faziam parte do projeto de dominação, na medida em que ocorreram por meio de relações hierarquizadas com fins exploratórios, pois a miscigenação com os índios, fosse pelas alianças firmadas ou pelo uso da força, não implicava no reconhecimento dos direitos dos nativos, mas sim na multiplicação da mão-de-obra colocada à disposição do colonizador, para o uso e o abuso dos corpos dos colonizados (BASTOS, 2021, p. 35).

Em uma sociedade pós-colonial (SCHWARZ, 1993), que já não mais vive sob o domínio da outrora metrópole portuguesa, a população brasileira é diversa inclusive em relação às formas como compreende e pratica ações que visam estabelecer equidade étnico-racial no país. Por mais que seja o território mais negro fora do continente africano, ainda é uma nação com índices alarmantes no que diz respeito ao aumento das violências, como: racismo, LGTBTQIA+fobia, sexismo, dentre outras mazelas resultantes da manutenção de processos coloniais que pautam discriminações – de diferentes ordens.

Sendo brasileira, sinto que sou parte de uma população que sobrevive (também) pelo consumo de infinitos memes (CALIXTO, 2017), que faz piada com a própria sorte, mas, que, ao fim do dia, só queria mesmo poder ter seus direitos básicos garantidos, mas que os vê sendo retirados, corriqueiramente, estruturalmente, visto o aumento de pessoas que vivem abaixo da linha da miséria ter se multiplicado, nos últimos anos, até a aprovação de medidas que visam garantir a manutenção de privilégios a quem historicamente os acessa. E quem são essas pessoas? Uma maioria de homens brancos cisgêneros, publicamente assumidos heterossexuais e cristãos, ricos, sexistas e patriarcais, velhos e herdeiros de um sistema colonial ainda vigente nas mentes e nos corpos de quem é oprimido por esse sistema.

> (...) o privilégio da brancura, principal base de apoio do racismo, estaria dessa forma alicerçado em um tripé de mazelas sociais que lhe dá sustentação por meios simbólicos e concretos, formado por: construção negativa de subjetividade individual e/ou coletiva; negação de direitos; e a descaracterização da discussão racial. Juntos, esses eixos se configuram como as principais barreiras a serem transpassadas cotidianamente para a efetivação de ações antirracistas que possam minimizar os efeitos de uma estrutura hierarquizada racialmente (JESUS, 2017, p. 71)

PODER E PRIVILÉGIOS BRANCOS

A partir do recorte proposto por este estudo, me atenho, portanto, a um dos marcadores sociais de diferença (MOUTINHO, 2014) que caracterizam o rol de opressões sofridas por quem não apresenta o perfil do poder conferido pela branquitude. O enfoque deste estudo é no marcador étnico-racial, uma vez que, no caso brasileiro, opera incessantemente a favor da garantia de direitos que deles nunca foi furtada: as pessoas brancas do país. Obviamente, assim como já ressaltado, quando a branquitude, enquanto um "símbolo da dominação" (MALOMALO, 2014), se impõe conjuntamente com outras estruturas que reificam privilégios, como classe social economicamente favorecida, identidades de gênero e orientação sexual normativas, dentre outros marcadores de poder, geralmente, o que se vê é o usufruto de uma série de direitos que deveria ser de qualquer pessoa, mas que passa a ser exercida por uma minoria que não é sequer representativa do Brasil. O que seriam direitos, para todos, todas e todes, por vezes, tornam-se privilégios para algumas pessoas que detêm, dentre outros fatores, o poder branco a seu favor.

> O branco pobre acessar seus direitos não significa obter privilégio. Podemos entender uma prática de privilégio concedido a uma pessoa como algo que não se encaixa na lei. (...) Podemos até sugerir que isto não é nem privilégio racial, nem vantagem racial, é apenas direito que o branco acessa enquanto ao negro é recusado. Lembrando sempre que no Brasil muitos direitos também são negados aos brancos pobres (CARDOSO, 2020, p. 92).

Como declama Larissa Luz, no início da canção "Ismália" (parte do álbum "Amarelo", lançado em 2019, pelo rapper Emicida), inspirada no poema de mesmo nome de autoria de Alphonsus de Guimaraens[28]: "Com a fé de quem olha do banco a cena / Do gol que nós mais precisava na trave / A felicidade do branco é plena / A pé, trilha em brasa e barranco, que pena / Se até pra sonhar tem entrave / A felicidade do branco é plena / A felicidade do preto é quase", é exatamente por não ter a possibilidade da plenitude racial a seu favor que populações não brancas, especialmente pessoas negras e indígenas, não podem alcançar a sonhada "felicidade plena". Ou ainda sequer acessar direitos básicos necessários para qualquer tentativa de sobrevivência em uma sociedade globalizada e demarcada por um capitalismo voraz que, inclusive, não existiria se não tivesse o racismo a seu serviço. Exemplo disso é o iminente aumento de pessoas em situação de rua, em cidades como São Paulo, que passou, nos últimos anos, a contar com um maior número de vagões de trens e do metrô repletos de pessoas a pedir por esmolas ou a vender produtos e/ou serviços. A capital paulista apresenta uma taxa de desemprego em 14,6%, próxima da nacional (14,7%)[29], de acordo com índices divulgados pelo IBGE, em outubro de 2021.

---

[28] Para conhecer a íntegra da letra da música "Ismália", de autoria de Emicida, acesse o link: https://www.youtube.com/watch?v=vnVF7PcrYp8.

[29] Para mais informações acerca do aumento do desemprego e suas consequências, na cidade de São Paulo, sugere-se a leitura de reportagem publicada, em outubro de 2021, no portal Causa Operária, conforme o link: https://www.causaoperaria.org.br/revista-do-dco/a-situacao-dos-trabalhadores-ambulantes-dos-metros-e-trens-de-sp/.

DEMOCRACIA RACIAL, COMPLEXIDADE IDENTITÁRIA, SILENCIAMENTOS E RACISMO ESTRUTURAL

Ainda que a nação brasileira tenha se formado a partir de um processo de colonização no qual europeus constituíram-se de forma hierárquica frente às populações indígenas que já se encontravam no território e às populações africanas que foram trazidas de forma forçada e em situação de escravização, é corrente a imagem de que o Brasil é uma localidade sem problemas de ordem étnico-racial, em que as pessoas conseguiriam viver de forma harmônica ou democraticamente saudável, o que ficou conhecido como "democracia racial" (FREYRE, 1951) no século XX. Vale lembrar que o termo "branquitude", sinônimo de identidade branca, foi pela primeira vez publicizado, na década de 1960, também por Freyre, no país, em contraposição à noção de negritude. No entanto, é inegável o pioneirismo de Ramos (1955), no sentido utilizado neste texto, sobre o qual irei discorrer mais adiante.

> Pode-se afirmar que Freyre transformou o oportunismo do sistema de dominação colonial em uma narrativa épica de fundação do país, a qual faltava aos brasileiros, sujeitos marcados pela vergonha do abuso ou pelo opróbrio da pretensa degeneração mestiça, ocasionada pela "contaminação" com os negros e indígenas tidos como primitivos. O autor imprime à figura do mestiço um otimismo biológico e cultural, insuflando um orgulho na nação, devido a sua suposta e progressista harmonia racial. Discurso que será tomado de uma forma quase que oficial para definir a identidade nacional bem como a situação do país a partir da década de 1930, o qual não eliminou, contudo, a ideia de uma superioridade branca; antes naturalizou as relações de desigualdade e a imposição do ideal de branqueamento, rumo ao alcance do predomínio da raça tida como mais avançada e superior (BASTOS, 2021, p. 62).

A ideia subjacente à democracia racial é a de que, estruturalmente, o Brasil é composto por uma população mestiça na cor e na cultura. Em outras palavras, a ideia de que a mestiçagem acaba por oferecer uma igualdade de tratamento entre todas as pessoas, independentemente de sua raça/cor. Contudo, na prática, o que é passível de ser percebido é que não há uma equidade nessa mestiçagem, pois, na sociedade brasileira, os grupos populacionais de ascendência europeia continuam a ser mais valorizados do que os de ascendência africana e/ou indígena. Assim, o problema da narrativa de democracia racial é seu fundamento em torno da negação das desigualdades étnico-raciais dentre as populações que compõem o Brasil, além de ser um discurso pautado, principalmente, entre as décadas de 1930 e 1950, pela intelectualidade brasileira (formada por pessoas brancas, cisgêneras e do sexo masculino, diga-se de passagem) e legitimada pelo discurso do Estado, à época, como no caso de Freyre (1951). Essa foi uma das correntes ideológicas que sustentou e ainda consegue dar suporte ao racismo no Brasil e que, ao invés de ajudar a enfrentar essas desigualdades, acaba aumentando a exclusão de populações de ancestralidades não eurocentradas, conforme apresento a seguir.

> Desde os primeiros tempos da vida nacional aos dias de hoje, o privilégio de decidir tem ficado unicamente nas mãos dos propagadores e beneficiários do mito da 'democracia racial'. Uma 'democracia' cuja artificialidade se expõe para quem quiser ver; só um dos elementos que a constituem irão detêm todo o poder em todos os níveis político-econômico-sociais: o branco. Os brancos controlam os meios de disseminar as informações; o aparelho educacional; eles formulam os conceitos, as armas e os valores do país. Não está patente que neste exclusivismo se radica o domínio quase absoluto desfrutado por algo tão falso quanto essa espécie de 'democracia racial'? (NASCIMENTO, 2016, p. 54).

Por ter contribuído para a identidade nacional, a democracia racial é reverenciada como característica do Brasil, um disfarce para uma estrutura hierarquizada racialmente, em que pessoas brancas são privilegiadas em detrimento da opressão de outros grupos étnico-raciais. "O mito da democracia racial atua como um campo fértil para a perpetuação de estereótipos sobre os negros, negando o racismo no Brasil, mas, simultaneamente, reforçando as discriminações e desigualdades raciais" (GOMES, 2005, p. 57). Estas teorias foram influenciadas por valores do positivismo, do darwinismo social e do evolucionismo. "A herança deixada pelo pensamento do século XIX se desdobrará, nas primeiras décadas do século XX, numa interpretação *sui generis* da realidade nacional a partir da leitura eugênica, isto é, a radicalização da ideia de hierarquia racial" (SILVA, 2015, p. 44).

> Nesse quadro destacamos que o projeto de modernidade nacional nasce imbricado a um projeto racial, no qual o negro é tomado como "elemento" que precisa ser corrigido, enquanto o branco é ressaltado como modelo de civilidade e progresso. O projeto de modernidade buscava construir tanto o povo quanto a nação sobre bases civilizadas – sendo "civilização" um termo chave para entender os discursos produzidos (SILVA, 2015, P. 79).

Essa realidade pode ser confirmada pelos indicadores sociais, econômicos, educacionais que apontam, até os dias de hoje, para uma desigualdade fundamentada no recorte racial (HASENBALG, 1979).

Dito de outra forma, no Brasil, o fato de uma pessoa ser socialmente reconhecida como "branca"[30] garante-lhe privilégios sociais (CARONE; BENTO, 2014), seja na distribuição de bens materiais e/ou simbólicos. Há uma dominância do padrão branco na vida cotidiana do povo brasileiro. Mesmo quando a pessoa branca tem condições econômicas desfavoráveis e/ou vive nas periferias brasileiras, ainda assim, seus privilégios raciais são assegurados. A essa estrutura ideológica, política e hegemônica que garante privilégios a pessoas que possuem maior grau de brancura, no Brasil e no mundo, dá-se o nome de branquitude (que aqui também pode se apresentar como sinônimo de branquidade – escolha feita, inclusive, com base nas discussões propostas por PIZA (2005) e JESUS (2012) em relação ao uso dos termos).

> (...) a branquitude é uma categoria histórica, relacional e com significados socialmente construídos, lidamos com uma variante de acordo com a época e o lugar, assim, uma pessoa branca na Bahia é possivelmente reconhecida negra no Sul ou Sudeste do Brasil; terceiro, a abordagem relacional entre classe e raça ainda assume uma confusão não só teórica, mas política. O branco da periferia é agregado de valores simbólicos relacionados a negritude, mas seus privilégios são notórios quando comparado ao preto que seja da periferia ou não. A branquitude não é irrestrita ou incondicional, é perpassada por outras categorias que a estrutura, ora de privilégios, ora de subordinação, contudo, seus méritos raciais são resguardados (LOPES, 2013, p. 144).

Os estudos críticos sobre a branquitude, no caso do Brasil, estão em constante e progressivo crescimento. Esses estudos emergiram no momento em que políticas públicas estavam a ser mais direcionadas para as populações não brancas do país, a partir dos anos 2000 (CARDOSO, 2020). Contudo, para que a estrutura racista – que baseia esta sociedade – seja realmente desfeita, é necessário que as pessoas autodeclaradas e socialmente reconhecidas brancas participem ativamente desse processo e que a educação seja construída de forma ampliada, garantindo a oportunidade de que se conheça, de fato, **todas** (grifos meus) as histórias brasileiras, a fim de combater a "consciência silenciada" (SILVÉRIO, 2002) das pessoas brancas do país.

---

[30] Conforme aponta Sovik (2004, p. 366), "ser branco exige pele clara, feições europeias, cabelo liso; ser branco no Brasil é uma função social e implica desempenhar um papel que carrega em si uma certa autoridade ou respeito automático, permitindo trânsito, eliminando barreiras. Ser branco não exclui ter sangue negro". Portanto, mesmo pessoas que podem se autodeclarar não-brancas, a partir do fenótipo que apresentam, podem vir a usufruir da estrutura de privilégios sociais delegada às pessoas socialmente lidas como brancas.

> Os pesquisadores brasileiros que se debruçam sobre o tema chamam a atenção, primeiramente, para o fato de que a branquitude no Brasil, assim como em outros contextos nacionais, não pode ser entendida como um padrão único visto a especificidade de nossa história nacional e, sobretudo, como as ideias sobre raça compuseram essa história. Desse modo, o estudo sobre a branquitude não deve ser pensado apenas na dualidade branco/negro; ao contrário, deve apreender os efeitos produzidos pelo processo de miscigenação e pela ideologia do branqueamento (SILVA, 2015, p. 39).

A identidade não é mais do que um estado de coisas flutuante e não se pode afirmar, seguramente, que a construção social que uma pessoa faz de si mesma é uma construção dela própria. Reconhecemo-nos a partir do que nos é alheio. Dentro do processo de colonização português, foi o colono quem se autorizou a nomear quem dele era diferente, para garantir a inferiorização de quem não viria a ser nomeado "branco/a". Um processo complexo de construção de identidade étnico-racial, desde o princípio.

> Com isso, o negro também é filho do colonialismo, mas um filho bastardo. Se o negro é um filho bastardo, a branquitude é uma filha legítima, porque há uma dimensão relacional nesse processo de estranhamento e de reificação. Ao mesmo tempo que é um processo relacional, há uma relação não simétrica entre ambos, porque, se é verdade que o branco que cria o negro, ao criar o negro, o branco também cria a si próprio. Esse é um ponto importante se pensarmos a relevância do tal do novo mundo na constituição, inclusive, do que conhecemos como Europa, do que conhecemos como ocidente. Há uma construção histórica a partir da negação de tudo que era outro e de tudo que era diferente (FAUSTINO, 2021, p. 71).

Como parte das reflexões possíveis em torno do que é ser uma pessoa branca, fundamentadas no colonialismo português no Brasil, há que se reiterar que os próprios invasores portugueses não eram necessariamente lidos como brancos de fato, com base em um prisma de pureza racial branca. Desse modo, dentre os/as habitantes do país, é também complexa a identificação deste pertencimento étnico-racial. No entanto, em nenhum grau, essa complexidade ausenta pessoas socialmente lidas como brancas do usufruto de privilégios étnico-raciais, nem mesmo quando passam a ser vistas como 'menos brancas' quando emigram do país para o Norte Global, por exemplo.

> O branco português torna-se branco, belo, inteligente, 'civilizador', desenvolvido no contato com outros 'mais-não-brancos' do que ele. No encontro entre os 'dois mundos' salienta-se a comparação fenotípica e cultural. (...) De forma geral, o branco não-branco, ou 'branco-Aqui' que colonizou ('civilizou') terra e gente, no futuro, seus descendentes tornar-se-ão brancos

brasileiros, quando o fenótipo permitir, principalmente. Os brancos não se tornarão identidades 'hifenizadas', como é o caso dos afro-brasileiros, quando se refere somente aos negros, apenas brancos, 'brancos-Aqui'. Porém em muitos espaços territoriais podem ser considerados não-brancos, como é o caso da Inglaterra, em que o 'branco-Aqui' (Brasil), pode ser considerado não-branco-Lá (Inglaterra) (CARDOSO, 2020, p. 30).

Há ainda um silenciamento, por parte de quem se autodeclara branco/a, a respeito do pertencimento étnico-racial de que usufrui socialmente. No entendimento de Carone e Bento (2014), a postura do silêncio manteria o grupo branco a salvo de análises e de avaliações, protegendo seus interesses. Nesse sentido, a autora afirma que o silêncio não se restringe ao não dito, mas também às questões apagadas e desmerecidas, em prol do exercício do poder, o que, muitas vezes, delega exclusivamente a pessoas não brancas a responsabilidade de problematizar o racismo. "Então, é importante, tanto simbólica como concretamente, para os brancos, silenciar em torno do papel que ocuparam e ocupam na situação de desigualdades raciais no Brasil. Este silêncio protege os interesses que estão em jogo" (BENTO, 2002, p. 29). Talvez essa seja uma das razões, inclusive, para a ainda difícil precisão nos dados relativos à autodeclaração de cor/raça no Censo Demográfico realizado pelo IBGE no país, o que implica na inadequação de políticas públicas voltadas a quem mais dela precisa: pessoas pretas, pardas e indígenas, conforme demonstrado no "Guia de Implementação Raça/Cor/Etnia", desenvolvido pelo Ministério da Saúde, em parceria com a Universidade de Brasília, em 2018[31].

Por outro lado, também ocorre um recorrente silenciamento em torno das relações étnico-raciais no Brasil, a ponto de pessoas que poderiam se autodeclarar pardas ou pretas optarem por utilizar uma espécie de eufemismo para amenizar suas negritudes. Ainda na música "Ismália", anteriormente citada, o rapper Emicida diz: "Ela quis ser chamada de morena / Que isso camufla o abismo entre si e a humanidade plena". Este tipo de recurso linguístico é também consequência da existência da branquitude no Brasil. Se, inicialmente, a mestiçagem não tivesse ocupado um lugar de expropriação e abusos provocados por quem detinha poder: homens brancos invasores, no caso[32]; ou ain-

---

[31] Para detalhes sobre o guia mencionado, acesse: https://bvsms.saude.gov.br/bvs/publicacoes/guia_implementacao_raca_cor_etnia.pdf.

[32] Como um dos resultados da mestiçagem no Brasil, foi criado o vocábulo "mulato/a", que vem sendo problematizado e combatido no país, principalmente por

da, se já não mais existisse uma idealização em torno de 'ser branco/a', talvez pessoas pardas e pretas se sentiriam ainda mais encorajadas a conclamar suas pertenças étnico-raciais. Esta tem sido uma das principais frentes de luta do movimento antirracista brasileiro, nas últimas décadas. Quem sabe, quando (e se) for autorizado um novo Censo, não possam ser vistos os frutos desta colheita?

> (...) a brancura se evidenciou como um valor, um ideal ético, estético, econômico e educacional que pessoas negras e brancas buscariam alcançar ao longo de sua trajetória de vida, fosse simbolicamente, por meio do cultivo de comportamentos atrelados à brancura, fosse corporalmente (...). Essas associações positivas entre brancura e valores davam sustentação à ideia de que ser branco era um privilégio que assegurava maior aceitação social ou vantagem (ALVES, 2012, p. 32).

Não sem motivo, ainda se veem casos de pessoas que usufruem da liberdade de usar seus cortes de cabelo da forma como querem, como afro, tranças e afins, e acabam por ser perseguidas nas mídias, em seus ambientes de trabalho ou em instituições de ensino, por exemplo. Basta uma busca rápida no Google por "casos de racismo envolvendo cabelos afro no Brasil" para acessar uma lista de resultados numerosa em torno de histórias com esse enfoque. A chamada "superioridade estética" é "um dos traços fundamentais da construção da branquitude no Brasil" (SCHUCMAN, 2012, p. 69). Por isso, a necessidade de se perceber que o racismo estrutural está de mãos dadas com a manutenção da branquitude. Como aponta Almeida (2018, p. 38): "Comportamentos individuais e processos institucionais são derivados de uma sociedade cujo racismo é **regra** e não **exceção**" (grifos do autor). Daí o fato de

---

quem consegue acessar a debates em torno da questão, promovidos por ativistas antirracistas. Tal discussão se deve pelo fato de que "o termo mulato, surgido no século XVI, bastante utilizado no século XIX, e ainda vigente em nossos dias, serviu e parece ainda operar para designar os descendentes da mistura e do "hibridismo" entre europeus e africanos (brancos e negros). Esse termo possui ao longo da história uma série de teorias sobre a etimologia da palavra, porém uma analogia advinda de uma observação referente ao cruzamento biológico e racial entre espécies de animais e que foi transposta para a espécie humana dividida nesses séculos por preceitos de raça biológica. Nesse caso, o cruzamento entre o cavalo/égua e o jumento/jumenta produzir uma espécie híbrida (a mula ou o burro) com deformações biológicas. Entre as principais deformações produzidas dessa mistura, destacou-se o fato de que a mula, como híbrida, não pode se reproduzir, ou seja, é estéril. Segundo essas teorias raciais, a mistura entre humanos de diferentes raças produziria o mesmo fenômeno de esterilidade, impedindo ou diminuindo o poder de reprodução dos mestiços humanos" (CONCEIÇÃO, 2020, p. 36).

nós, ativistas antirracistas, vermos racismo em tudo, porque, de fato, ele está em todos os espaços e recorta nossas vidas o tempo todo. Da mesma forma que a branquitude.

> Branquitude e racismo estrutural são pedaços da mesma engrenagem. Branquitude não é ter pele clara. Branquitude é se beneficiar do conjunto de violências, exclusões e aniquilamentos que produzem privilégio. Branquitude é também uma outra face, o outro nome da branquitude é privilégio, e um privilégio cruel, violento e que aniquila (WERNECK, 2021, p. 135).

A estrutura do sistema brasileiro é racista, classista e sexista, por excelência. Prova disso é que, também durante a pandemia, o desemprego entre jovens de 18 a 24 anos aumentou, chegando a uma média nacional de 27,1%, sendo que a maioria dessas pessoas são mulheres negras e pobres, conforme levantamento realizado pela OXFAM em 2021. É um ciclo alimentado pela branquitude, pelo patriarcado e pela má distribuição de renda que ecoa as bases colonialistas que são fundamentais para parte da população do país.

PACTO NARCÍSICO, NORMATIVIDADE, UNIVERSALIDADE E DESUMANIZAÇÃO

> Quem se vale da branquitude, no Brasil, também busca garantir sua permanência na estrutura de poder e de privilégios. É o caso de pessoas brancas conhecedoras do sistema racista em que vivem e que se organizam para imporem-se normativamente e protegerem-se de qualquer possibilidade de destituição de seus privilégios. A essas pessoas atribui-se o fenômeno do "pacto narcísico", definido por Bento (2021, p. 19) como "um pacto também de morte. (...) [Em] uma sociedade totalmente desumanizada e desfigurada por um grupo que quer se manter no poder a qualquer preço, cada vez mais assustado com a ampliação das vozes que apontam a branquitude". Com o crescimento de estudos críticos à branquitude e da práxis antirracista brasileira, a falácia de uma possível redenção branca parece não mais ecoar do mesmo modo que se ouvia no país, até finais do século XX, como pode-se perceber na indignação de Nascimento (2016), a seguir: Uma afirmação exemplar emitida pela ideologia racial brasileira: a presunção de que as pessoas de origem índia (sic) ou africana preferem ser reguladas de brancas e de que a benevolência da estrutura social em lhes conceder o privilégio da condição de 'branco' honorário constitui prova da ausência de preconceito ou discriminação racial! (NASCIMENTO, 2016, p. 91).

Com a ampliação das discussões críticas em torno da branquitude, no Brasil, tem se tornado cada vez mais comum (e já não era sem tempo) a percepção de que o país é racista SIM. Mas é longa a estrada a ser percorrida para seu aniquilamento, ao que se percebe. Talvez um dos enfrentamentos para tal esteja ligado à ideia de que, ao acabar com o racismo, também morre a ideia de raça e, dessa forma, a branquitude seria diretamente afetada em seus privilégios. "Com o fim do racismo, a categoria branco morre, vai ser descendente de judeu, vai ser descendente de português, outras formulações. (...) É o fim do racismo que acaba com a raça e não o fim da raça que acaba com o racismo" (SCHUCMAN, 2021, p. 64).

Nas lutas por equidade de gênero, por exemplo, se observa, historicamente, dificuldades para racializar discursos e práticas, como no caso do feminismo, tradicionalmente branco, e que costuma não apresentar uma visão crítica da branquitude. Mesmo com o Atlas da Violência 2019 tendo revelado que 66% das mulheres assassinadas no Brasil são negras; e que o assédio sexual é maior também entre as mulheres negras (52,2%), de acordo com dados de 2020, publicados pelo Fórum Brasileiro de Segurança Pública. Na verdade, por vezes, o feminismo "tradicional" reforça privilégios, quando não se questiona o modelo branco como referência. Ao não encarar a luta de forma interseccional, acaba por empreender uma práxis para a individualidade, a autonomia e a supremacia da mulher branca, não considerando a importância das demais racialidades (BECK, 2021). Tal conduta está diretamente ligada a uma percepção equivocada de universalidade branca.

> É a partir dessa estrutura que a branquitude opera. Não pensar sobre, não refletir sobre si e o outro diferente é a regra. A desigualdade é naturalizada, internalizada no cotidiano como normal. Como perceber o próprio privilégio se o que chama de privilégio é o que se entende como o justo? A desigualdade é a norma se a situação do não branco é de injustiça, logo a ideia de mérito é acionada como justificativa (MIRANDA, 2017, p. 63).

A normatividade imposta pela branquitude que estabelece um padrão de hegemonia, em que a pessoa branca nasce imbuída da possibilidade de jamais problematizar seus privilégios, pois sequer os vê como tal. São pessoas que parecem não estar atentas sobre a lógica de que tudo aquilo que elas fazem, dentro de suas rotinas diárias num *modus operandi* repetidor das gerações que as antecederam, não é necessariamente parte das realidades de pessoas de outros pertencimentos étnico-raciais. Como, por exemplo, o fato de que, no Brasil, até 1950, somente pessoas brancas podiam frequentar piscinas em clubes[33].

> A branquitude brasileira é esse recebimento, você herda, ao nascer, o mundo. Quando nascemos neste mundo, significados construídos ou a atribuição de sentidos ao que é ser branco recai sobre esse corpo. A ideia de beleza, a ideia de progresso, a ideia de civilização, de inteligência recai sobre esse corpo. Isso é o que eu herdei ao nascer no mundo racializado. Agora, também há a distribuição disso quando eu só considero bonito [o branco] e vou colocar na minha propaganda, no marketing da minha empresa só pessoas brancas de olho azul. Isso é: eu recebi e estou distribuindo também para os outros brancos. Esse é o jogo. Porque se fosse só a herança, e as pessoas não estivessem distribuindo entre si, em algumas gerações isso se findava (SCHUCMAN, 2021, p. 46).

Por esse motivo, é salutar compreender as tramas da branquitude como partes de um plano muito bem arquitetado, que vem sendo co-construído por várias gerações de – principalmente – homens brancos brasileiros, a fim de permanecerem nas lideranças da verticalização do poder (muito mal) distribuído no país. Desde os primórdios, tem sido a elite masculina e branca brasileira que protagoniza e alicerça a pirâmide social invertida do Brasil, em que uma minoria detém maior concentração de renda e desfruta de privilégios. Para tanto, seus representantes se apresentam à sociedade como mais humanamente representativos do Brasil que se almeja, em um espiral contínuo que parece desvelar um futuro em que o poder seja sempre mantido em mãos de homens brancos. Portanto, "não apenas a brancura, mas a cis heterossexualidade também é utilizada para demarcar o estatuto do que é considerado humano" (OLIVEIRA, 2020, p. 62).

Exatamente por se apresentarem como sendo "mais humanos/as", representantes da branquitude brasileira organizaram políticas de branqueamento da nação, entre 1904 e 1929, com ações afirmativas para recebimento de migrantes europeus no país, que passaram a ter cidadania assegurada desde que residissem no Brasil por mais de seis meses (DAVIS, 2020). Da mesma forma, "a tese do branqueamento foi legitimada cientificamente como o melhor caminho para o país" (SILVA, 2015, p. 84). Ademais, o medo de quem não é lido como branco/a também passou a se perpetuar nos imaginários dos/as cidadãs/os, pois, como aponta Sovik (2021, p. 113): "Se a perspectiva de perder os nossos privilégios desanima

---

[33] Para mais informações, veja reportagem do site Globo Esporte, de setembro de 2020, disponível no link: https://ge.globo.com/natacao/noticia/entenda-a-dura-realidade-da-natacao-que-historicamente-afasta-negros-das-piscinas.ghtml.

os brancos, é porque perdemos a noção do coração emocional das histórias que nos envolvem. Ou seja, nossa desumanização é evidente".

A mesma desumanização também abre brechas para a existência de ideias como a da "negrofilia" (SANTOS, 2019) – o medo potencializado em relações com o que advém das negritudes – e para a perseguição de praticantes de religiões de matriz africana no Brasil, como batuque, candomblé, quimbanda, umbanda, dentre outras. A sede da branquitude por exterminar o axé presente nessas cosmogonias religiosas faz com que, por exemplo, a educação brasileira praticamente não ceda lugar para discussões em torno de seus princípios, com o argumento da laicidade, porém crucifixos estão presentes em unidades escolares do país. Tratam-se de símbolos da colonização, liderada pelo catolicismo, em especial jesuíta, no caso de São Paulo.

> Segundo a oratória de Vieira, as águas do batismo cristão possuíam as diversas virtudes justificativas no escravizamento do africano e, mais ainda, tinham um poder mágico de erradicar sua própria raça – um desraçado limpo e branco! O racismo óbvio implícito e explícito no conceito dessas águas místicas que tornariam africano num branco-europeu, estado considerado pela igreja como limpo e patentemente superior ao negro-africano, imediatamente destrói certas alegações de que o cristianismo e, especificamente, o catolicismo, eram inocentes nesse assunto de racismo (NASCIMENTO, 2016, p. 64).

Por conseguinte, da mesma forma que se desumaniza, também é possível re-humanizar pessoas brancas, a fim de que possam, em algum momento de suas vidas, se tornar antirracistas (CARDOSO, 2020) ou, ao menos, passarem a ser sensíveis o suficiente para desconsiderar ideários que buscam a supremacia a qualquer custo.

OUTREIDADE, SEGURANÇA, NEUTRALIDADE E SUPERIORIDADE

Para que essa re-humanização de pessoas brancas aconteça, parece-me ser necessária uma criticidade que possa, por exemplo, derrubar a divisão – herdada do colonialismo europeu, ainda premente na sociedade brasileira – que segrega sujeitos/as entre "eu" e "outros/as". A noção de "outreidade" (CONCEIÇÃO, 2020), problematizada por meio de um prisma decolonial, delegou a homens brancos e europeus se autonomearem, conforme seus interesses, e por consequência, identificarem quem deles se diferenciava também de acordo com suas vontades, estas, por sua vez, calcadas na busca pelo poder e na subordinação de quem pudesse ser alocado na categoria "outro/a".

> Como círculo vicioso, a norma e a raça fabricarão, de maneira distinta, a outreidade – outros corpos, como corpos abjetos, carregados de anormalidade, de moralidades e perigos, como podemos observar na história da deficiência, da sexualidade (da homossexualidade como desvio ou como doença), na história da produção da loucura, da infância, do feminino e do gênero. Estes, todos, foram, em alguma medida, penetrados em certo sentido pela raça e pelo ideal de brancura. Todos esses sujeitos, independentemente da cor, são, em algum grau, um anteprojeto da brancura (CONCEIÇÃO, 2020, p. 29).

Este "anteprojeto da brancura" (CONCEIÇÃO, 2020) segue sendo arquitetado, a ponto de o Brasil ainda ser um país com altos índices de violência contra mulheres, principalmente, as transgêneras e as travestis. Quando não têm seus corpos – majoritariamente negros – executados, sofrem diversos outros tipos de perseguição, como é o caso da vereadora eleita Erika Hilton, mulher trans negra mais votada na cidade de São Paulo, que chegou a ter que solicitar proteção da escolta da Guarda Civil Municipal para se sentir um pouco mais protegida[34]. Afinal, "(...) negros e homossexuais que, via de regra, são retratados como os outros, o contraponto de uma suposta normalidade representada pelo homem branco cisgênero heterossexual que se coloca como o eu" (OLIVEIRA, 2020, p. 31).

No entanto, este é mais um retrato das incoerências e das complexidades da contemporaneidade brasileira, pois esta mesma Guarda Civil representa um dos poderes que mais mata e pouco protege corpos como o de Erika. Pelo contrário, o genocídio da população negra – prioritariamente executado por profissionais militares ou que têm ligação com a área de segurança – segue sendo um dos principais caminhos utilizados por quem quer manter os valores da branquitude intactos no país. Inevitavelmente, me vem à cabeça outro trecho de "Ismália", cantado por Emicida, da seguinte forma: "80 tiros te lembram que existe pele alva e pele alvo / Quem disparou usava farda (Mais uma vez) / Quem te acusou nem lá num tava (Banda de espírito de porco) / Porque um corpo preto morto é tipo os hit das parada: Todo mundo vê, mas essa porra não diz nada".

O silenciamento e a naturalização do extermínio frequente de, principalmente, jovens negros e pobres, do sexo masculino, entre 15 e 29

---

[34] Para mais detalhes, leia reportagem da Agência Brasil, publicada em janeiro de 2021, disponível no link: https://agenciabrasil.ebc.com.br/geral/noticia/2021-01/vereadora-de-sp-faz-boletim-de-ocorrencia-por-sofrer-ameaca-na-camara.

anos de idade, e moradores de regiões periféricas das capitais do Brasil, são nefastos. É o que denuncia, dentre outras organizações, a Anistia Internacional, durante a campanha "Jovem Negro Vivo"[35], que aponta a injustiça e a impunidade como principais fatores dessa estrutura genocida (NASCIMENTO, 2016) em que se vive no país. Uma vez que esses corpos representam os "outros", a marcha fúnebre segue, a fim, mais de uma vez, de assegurar que os corpos do(s) "eu(s)" – brancos – possam seguir vivos. O que, de fato, acontece. A população idosa brasileira, por exemplo, é majoritariamente branca, com expectativa de vida maior em relação a outros grupos étnico-raciais, como aponta estudo realizado pelo Centro de Políticas Sociais da Fundação Getulio Vargas (FGV Social), tendo, inclusive, morrido menos de Covid-19 na pandemia[36].

A segurança de corpos brancos, no Brasil, é exponencialmente maior em relação a outros corpos de pertenças étnico-raciais historicamente oprimidas. Prova disso, na área da saúde, mulheres brancas sofrem menos com a violência obstétrica e as políticas públicas focadas em populações não brancas apresentam maiores dificuldades para aprovação e implementação, como apontam diferentes relatórios realizados pelo DATASUS, órgão do Sistema Único de Saúde brasileiro[37]. Além disso, o Estatuto da Igualdade Racial[38], que apresenta normativas para aplicação de políticas com foco nas relações étnico-raciais para políticas afirmativas na saúde e em outras áreas, só entrou em vigor em 2010, após diversos recortes e cerca de vinte anos de luta para sua aprovação. Essa ação tardia é prova da branquitude enquanto um problema estrutural e que age fortemente para a manutenção de privilégios das pessoas brancas. No intuito de promover ações que buscam não assegurar a segurança e os direitos das populações não brancas no sistema brasileiro.

---

[35] Mais informações sobre a campanha "Jovem Negro Vivo" podem ser encontradas no site: https://anistia.org.br/campanha/jovem-negro-vivo/.

[36] O relatório completo da pesquisa pode ser acessado via link a seguir: https://cps.fgv.br/covidage.

[37] Para conhecer os dados do DATASUS, basta acessar o link: https://datasus.saude.gov.br/.

[38] A íntegra do Estatuto da Igualdade Racial está disponível no link: https://www2.senado.leg.br/bdsf/bitstream/handle/id/496308/000898128.pdf?sequence=1.

O repúdio a políticas de proteção às populações não brancas está conectado à ideia de neutralidade racial presente nas artimanhas da branquitude brasileira. Digo isso porque, como uma raça que prefere, geralmente, não ser nomeada por seus e suas representantes (COROSSACZ, 2017), há quem defenda a generalização das políticas públicas a fim de não haja qualquer recorte étnico-racial, por exemplo. Como se a execução da máquina pública pudesse ser realizada sem diferenciar ninguém, apoiando-se na ideia de que, pelo fato de que todo ser humano é biologicamente igual, reforçar os diferentes pertencimentos étnico-raciais levaria a uma desnecessária e perigosa – de acordo com quem acredita nessa premissa – segregação étnico-racial. No entanto, esta assumpção parece propositalmente negar o princípio de que, quando não se olha para as especificidades dos seres humanos – diferentes entre si – em uma perspectiva sociopolítica –, usa-se como única fonte quem está no topo da pirâmide social em termos de acesso a poder, ou seja, pessoas brancas. Todavia, observar as dinâmicas raciais apenas por esse prisma, como se a brancura fosse símbolo da neutralidade racial, é armadilha da branquitude. Armadilha que é utilizada por um grupo que não quer se enxergar criticamente, pois não lhe é conveniente. Esta definição é intitulada por Cardoso (2020) como "branco Drácula".

> O vampiro, o branco que pouco narra ou simplesmente não fala a respeito de si. O branco cuja imagem não reflete no espelho. Portanto 'não se enxerga', 'não se observa literalmente'. (...) O branco Drácula é diferente do Narciso, por não enamorar ninguém nem por si mesmo, levando-se em conta que ele é percebido somente pelos Outros. Aquele que não é semelhante, não é belo (CARDOSO, 2020, p. 162).

Segundo Passos, durante painel virtual intitulado "Programa Entrevista – Branquitudes", veiculado pela Globoplay, em 2021, "a falsa neutralidade oferece como privilégio à população branca a base dos princípios dos direitos humanos, o direito da dignidade humana e do ir e vir". O pensamento de que a pessoa branca não pertence a nenhum grupo racial a leva a ter, além da falsa ideia de neutralidade, uma vida de conforto racial. Esse ideal de que a pessoa branca deve ser o ser humano de referência está diretamente ligado à construção da sociedade moderna. Sendo representante do continente europeu, explorava e colonizava países de outras partes do globo, se constituiu a ideia de que a população branca europeia deveria ser a "norma padrão" da definição de cultura, de sociedade, de estética e de conhecimento. Por isso é necessário que haja o reconhecimento racial e de privilégios pela própria pessoa branca, talvez assim será possível a desconstrução desse pensamento racista de que o(a) branco(a) é o modelo de referência.

Na guisa desse pensamento, a defesa do marcador de classe aparece como resposta a qualquer combate à desigualdade, no Brasil, como se fosse possível minimizar ou resolver problemas de ordem étnico-racial apenas por meio da implementação de políticas focadas na equidade social. Para isso, há quem recorra a indicadores reais que apontam para o fato de que mais de 70% das pessoas negras brasileiras, por exemplo, são consideradas pobres, de acordo com o IBGE. O mesmo também se ouve dizer por quem acredita que atender a demandas específicas relacionadas ao marcador de gênero seria percorrer, no caso da educação, uma pressuposta trilha pedagógica em prol da "ideologia de gênero" (REIS; EGGERT, 2017). Essa política, por sua vez, potencialmente motivaria, segundo seus e suas opositores/as, pessoas cisgêneras e heterossexuais a se "converterem" para a transgeneridade e/ou para outras orientações sexuais que fugissem à heteronormatividade. Lógicas que demonstram a dificuldade de algumas pessoas brancas em se posicionarem a partir do prisma da diferença, uma vez que não pressupõem sequer que tenham raça.

Para não incorrer em injustiças, trago à baila a noção de superioridade racial pertencente às lógicas da branquitude. Quando o que está em jogo é manter privilégios – racialmente demarcados – aí sim há pessoas brancas que recorrem e frisam que são diferentes, ou melhor, especiais e, por isso, devem ser tratadas de acordo com essa interpretação. Tanto é que, na esteira desse pensamento, habita, no imaginário de muitos/as brasileiros/as, uma diferenciação e apartamento do continente onde o Brasil se localiza. Não se reconhecer como parte da população latino-americana também está relacionado à branquitude, como ensina Davis (2020, p. 33): "A aversão à negritude e aos indígenas, portanto, foi fator fundamental no nascimento das nações latino-americanas; especialmente aqueles que se empenharam em promover imagens de modernidade e que, ironicamente, os levaram a abraçar a europeidade de seus ex-colonizadores"[39].

---

[39] A tradução livre do texto, originalmente escrito em espanhol, pelo também latino-americano e pesquisador de relações étnico-raciais no Brasil, pode ser lida da seguinte forma: *"La aversión por la negritud y lo indígena, por tanto, fue un factor fundamental en el nacimiento de las naciones latinoamericanas; especialmente aquellas*

Como parte dessa pressuposta superioridade racial, é possível observar a influência da branquitude no processo de gentrificação (FERREIRA, 2021), principalmente das capitais brasileiras, em que pessoas pobres e negras vivem distantes de centros urbanos, em locais onde as infraestruturas básicas da vida (saúde, educação, lazer etc.) são menos ofertadas e sofrem por ter que utilizar um transporte público de baixa qualidade, que dificulta seu acesso às oportunidades de trabalho, além de outras necessidades.

> Questionar a ideia que se esconde atrás da sentença "morar longe" é essencial para a compreensão da específica e turbulenta relação entre o racismo que estrutura a cidade e a resistência da população negra a realizar o ideal de subalternidade que a branquitude historicamente teima em nos impingir (GONÇALVES, 2020, p. 51).

Nesta hierarquização (PIZA, 2009) que estabelece melhores condições de moradia e de diversos outros aspectos de qualidade de vida a pessoas brancas, majoritariamente pertencentes às classes econômicas mais favorecidas pelo capitalismo, também se vê que, até mesmo quando a pessoa branca está em situação de alta vulnerabilidade social, em situação de rua, por exemplo, ainda assim acessa privilégios, como o de ser vista e chegar a poder ser convidada a se tornar modelo (em um dos casos que ficou conhecido como o do "Mendigo Gato de Curitiba", que tomou as redes sociais brasileiras, há alguns anos)[40]. Por outro lado, são comumente pessoas brancas as que posam ao lado de pessoas em situação de alta vulnerabilidade social (majoritariamente indígenas e negras) para mostrarem, em suas redes presenciais e virtuais, o quanto são empáticas e colaboram com os cuidados de quem mais precisa. Essa figura é publicamente conhecida como *"White Savior"* (ou, em português, "Branco/a Salvador/a") e é relativamente comum de ser encontrada em projetos de assistência social pelo Brasil[41].

---

que se esforzaban por promover imágenes de modernidad y que, irónicamente, les llevó a abrazar la europeidad de sus antiguos colonizadores".

40 Além de ter trabalhado como modelo, Rafael Nunes também pretende seguir a carreira de gastronomia, além de ter conseguido obter tratamento contra sua dependência química. Detalhes do caso podem ser lidos no link da reportagem do portal G1, publicada em agosto de 2015: http://g1.globo.com/pr/parana/noticia/2015/08/mendigo-gato-desiste-do-sonho-de-ser-modelo-e-investe-em-gastronomia.html.

41 A discussão acerca de voluntariado *"White Savior"* foi parte de um dos episódios do webprograma "Diálogos pra NÃO passar em branco", idealizado, produzido e mediado por mim, em parceria com a Dra. Ana Helena Ithamar Passos, e pode

É a superioridade racial branca que estabelece a presença majoritária de pessoas brancas em cargos de poder e de liderança, nas mais diferentes instituições (LABORNE, 2014), bem como delega a uma maioria feminina e negra as profissões de empregadas domésticas e de babás, no Brasil. Ainda é comum ver famílias brancas e, possivelmente, ricas, que desfilam pelas ruas com essas profissionais, vestidas de uniforme branco, a caminhar atrás da patroa e do patrão, como ilustra a performance "A Babá Quer Passear", da artista brasileira Ana Flávia Cavalcanti[42]. Da mesma noção de superioridade racial branca advêm discursos racistas que, desde a colonização portuguesa, acreditam que pessoas indígenas e negras são menos comprometidas com o trabalho, por exemplo. Por isso, a branquitude, corriqueiramente, acredita que são elas que ferem o princípio da meritocracia quando acessam espaços por meio de políticas afirmativas. "Na sociedade moderna, a imagem do branco resultado do colonialismo é de 'senhor', leia-se de empresário e de trabalhador. Entenda-se, trabalhador livre. O termo trabalhador cabe ao branco e passa a ser estranho ao negro" (CARDOSO, 2020, p. 93). Por mais que a reparação histórica, pós-abolição da escravização, ainda esteja inconclusa, quem usufrui da branquitude costuma defender a meritocracia para evitar promover equidade e justiça.

MERITOCRACIA, DIVERSIDADE, FRAGILIDADE E BRANCO-DISCURSO

Com base na ideologia da meritocracia (BENTO, 2021), poderia-se pressupor que basta alguém se dedicar a algo, se esforçar o suficiente, para poder chegar onde almeja. Enquanto escrevo, penso que as bases que fundamentam esse neologismo podem ter influenciado, por exemplo, a letra da música "Lua de Cristal", da apresentadora brasileira Xuxa, quando afirma: "Tudo que eu fizer / Eu vou tentar melhor do que já fiz / Esteja o meu destino onde estiver / Eu vou buscar a sorte e ser feliz"[43]. Sendo uma mulher branca, loira e rica, famosa por guiar

---

ser visualizado no link: https://www.youtube.com/watch?v=Hpdvc2ZcfBw&t=1s. Incentivo também, se possível for, assistir aos demais diálogos disponíveis no canal do YouTube da Afroeducação, para que se possa acessar uma abrangente e diversa gama de discussões em torno dos impactos da branquitude no Brasil e no mundo.

42 Sugere-se a visualização do vídeo que compila a performance citada, disponível no link: https://vimeo.com/233871499.

43 A letra completa da canção citada de Xuxa pode ser ouvida no vídeo a seguir: https://www.youtube.com/watch?v=7lxjC6OlEwo.

multidões nos anos 80, líder de um grupo de dançarinas, conhecidas por Paquitas[44], que, historicamente, foi ocupado apenas por mulheres jovens, brancas, loiras e magras – consideradas, no país, como detentoras do padrão de beleza brasileiro –, Xuxa é, para mim, um notório símbolo de como a branquitude se arma de discursos como o da meritocracia para ser norma-padrão a ser seguida. Mesmo as famílias de crianças brancas (maioria presente na plateia de seus programas), quando pobres, talvez não questionassem sua branquitude suficientemente para perceber a tela branca que invadia suas casas semanalmente. "Ou seja, nesta fala a condição socioeconômica é evocada como um argumento para justificar o afastamento da percepção da sua brancura e/ou do lugar da branquitude. Por ser[em] de periferia, (...) estaria[m] isento[s] de pensar sobre os privilégios de ser[em] branco[s]" (PASSOS, 2019, p. 161).

> A meritocracia pode ser compreendida como o tutano do liberalismo. Aqui, o indivíduo é apresentado como um ser livre de condicionantes sociais. Ele é capaz de se parir e, do nada, torna-se ser. Racismo, misoginia, transfobia, xenofobia são termos estranhos àqueles/as que acreditam que o esforço individual é a medida de todas as coisas, e o mercado de trabalho seria o lugar de veridição, aquele que fará o julgamento final das qualidades que cada um possui. A crítica à meritocracia não faz sentido caso não traga para o centro do debate o mercado capitalista, local de produção reiterada das desigualdades (BENTO, 2021).

Como água e limão, quando se pretende fazer uma limonada, meritocracia e diversidade parecem apoiar-se uma na outra para garantir que valores e premissas da branquitude brasileira sejam mantidos. Isso tudo para garantir, paralelamente, que o capitalismo se mantenha firme e as ideias neoliberais possam ganhar cada vez mais adeptos/as, até mesmo dentre representantes das classes econômicas menos favorecidas. Segundo pesquisa realizada, em 2018, em empresas de 12 países – incluindo o Brasil – pela consultoria McKinsey[45], os re-

---

[44] Sugiro, fortemente, assistir o curta-metragem brasileiro "Cores e Botas", dirigido por Juliana Vicente, que apresenta discussão sensível e crítica em torno da branquitude das Paquitas, por meio do link: https://www.youtube.com/watch?v=Ll8EYEygU0o.

[45] A pesquisa original e completa, intitulada *"Delivery through diversity"* (em tradução livre, "Entrega por meio da diversidade"), está disponível no link a seguir: https://www.mckinsey.com/~/media/mckinsey/business%20functions/people%20and%20organizational%20performance/our%20insights/delivering%20through%20diversity/delivering-through-diversity_full-report.pdf.

sultados financeiros destas instituições podem aumentar em mais de 30% quando há diversidade étnica e cultural sendo representada. No entanto, essa não é uma consequência vista apenas em empresas, mas um artifício que vem sendo utilizado em todas as esferas da sociedade, inclusive nas mídias, com aumento expressivo de comerciais e peças da chamada publicidade contra-intuitiva (BATISTA; LEITE, 2011; LEITE, 2014; LEITE; BATISTA, 2019), por exemplo.

> Na comunicação publicitária contraintuitiva o indivíduo alvo de estereótipos e preconceito social é apresentado no patamar de protagonista e/ou destaque do enredo publicitário, em posições que antes eram restritas e possibilitadas apenas a determinados perfis, geralmente indivíduos brancos. Outro ponto que as comunicações de marcas que utilizam a estratégia contraintuitiva salientam é a busca em promover uma mudança na estrutura cognitiva do indivíduo que interage com tais produções, nos espaços dos consumos, operando uma provocação para atualizar, deslocar suas crenças (LEITE; BATISTA, 2019, p. 52).

Apesar da urgência, legitimidade e essencialidade das comunicações contraintuitivas, conforme exposto anteriormente, percebe-se haver, por outro lado, situações e discursos, no Brasil, em que essas práticas são realizadas apenas para fazer jus a um pretenso discurso de supervalorização da diversidade, a fim de que se possa, por exemplo, contrariar perspectivas e iniciativas que entoem, com muito mais veemência, a necessidade de haver, no país, maior valorização das diferenças e não necessariamente da diversidade. O princípio da defesa das diferenças, em oposição ao da diversidade, está calcado no histórico temor, principalmente por parte de ativistas e de intelectuais críticos à generalização proposta por teorias e práticas que invocam a diversidade apenas, uma vez que esta pode ser escamoteadora das especificidades e das complexidades presentes em diferentes grupos que são, por sua vez, demarcados por classe, gênero, raça, dentre outros marcadores, de várias maneiras, e que podem se tornar esvaziados quando colocados num mesmo "balaio".

> Ao falar em diversidade sempre se corre o risco de enfocar as diferenças, esquecendo-nos de que a definição do diferente depende em grande parte da construção de uma norma ou padrão que serve de medida para os demais grupos. Esse silêncio em relação à norma cria uma zona neutra sobre a qual pouco se tem a dizer e permite que alguns sejam considerados mais iguais que outros (ALVES, 2012, p. 30).

Dessa forma, a presença apenas da diversidade, em vez dos múltiplos olhares em torno das diferenças, também incorre na hipervalorização da norma, que, em um país racista como o Brasil, inevitavelmente, está diretamente estruturada pela branquitude. Talvez por isso, mesmo quando unidades educacionais passam a adquirir brinquedos que não apenas reforcem as estereotipias brancocentradas, ainda assim estas não deixam de ocupar o lugar da norma. E o problema vai mais além, conforme explicam Cardoso e Dias (2021, p. 9): "(...) assim que se requer lugar de desprestígio, evidencia-se a existência das crianças negras. Assim, revelam-se as práticas cotidianas de branquitude produzidas na instituição nas interações entre professoras e crianças". Por isso, não são raros os casos de bonecas negras que são utilizadas para exemplificar ações negativas ou que apenas ficam esquecidas nas prateleiras e, por vezes, são lembradas em novembro, quando é celebrado, em diversas cidades brasileiras, o Dia da Consciência Negra.

Além disso, há defensores/as da branquitude que também costumam esbravejar que dar atenção "demais" (em suas palavras) para as diferenças seria motivo para reforçar as divisões entre as pessoas, principalmente quando o enfoque são as relações étnico-raciais. Todavia, considerar as diferenças de pertenças étnico-raciais não é aumentar a segregação. Pelo contrário: é ponto-base para que a realidade seja considerada como ela verdadeiramente é (discriminatória negativamente e opressora a determinados grupos étnico-raciais). A meu ver, apenas a partir da valorização das diferenças é que se poderá operar mudanças positivas em prol da equidade, para o estabelecimento de justiça e não de igualdade simplesmente. Exemplo dessa realidade são as experiências de muitos casais interraciais que vivem no Brasil e que precisam racializar suas vidas, por vieses diferentes – a partir dos lugares que ocupam – para dar vazão ao afeto que comungam. Jogar as diferenças étnico-raciais para "debaixo do tapete" ou negar que elas existam pode, inclusive, ser estratégia de dominação por parte do/a parceiro/a que detém a branquitude a seu favor, a fim de exercer poder sobre o/a parceiro/a que não usufrui de privilégios demarcados racialmente (SCHUCMAN, 2018). Entretanto, saliento que nem todas as relações afetivas entre pessoas de diferentes pertencimentos étnico-raciais se dão por esse prisma, inclusive apresentei uma palestra – que, infelizmente, não foi registrada – em um evento intitulado *"Love Troubles"*, realizado na University of the Witwatersrand, em Joanesburgo, em 2020. Nessa palestra, elenquei quatro possíveis razões, por parte de pessoas brancas, para se relacionarem afetivamente com pessoas não brancas, tais como: 1. usufruir da superioridade étnico-racial – socialmente determinada – sobre o/a parceiro/a; 2. não ser consciente das diferenças étnico-raciais impostas pela sociedade e, por isso, não racializar o relacionamento; 3. enxergar no/a parceiro/a um/a sujeito/a hipersexualizado/a e, por isso, considerá-lo/a mais atraente; 4. amar a negritude, conforme aponta hooks (2010) e, dessa forma, estabelecer uma relação positiva com a pessoa não branca.

Outro fator de risco que estabelece uma ponte simbólica possível com a supervalorização da diversidade e o esvaziamento das diferenças é a narrativa da potencial fragilidade branca, utilizada por quem se vale da branquitude. Clássico exemplo dessa postura é a noção de racismo reverso que ecoa nos imaginários de diferentes brasileiros/as, que acreditam que uma pessoa que não seja branca, mesmo com a historicidade presente no Brasil, possa vir a sofrer uma espécie de racismo às avessas. Essas pessoas, por vezes, dizem não apenas se sentir amedrontadas ao falar sobre raça, em diferentes momentos e situações cotidianas, como também pressupõem que, ao fazê-lo – principalmente quando rodeadas de pessoas de outras pertenças étnico-raciais – poderão se tornar alvos de perseguições e/ou interpretações indevidas. Para piorar, parte dessas pessoas defende a ideia de que pessoas de grupos socialmente minorizados tendem a ser mais agressivas e radicais.

> Representar o outro como arauto do mal serviu de pretexto para ações racistas em diferentes partes do mundo. A agressividade pôde ser dirigida contra esse inimigo comum (a outra raça), sentida como ameaça, ainda que na maioria dos lugares ela não tivesse nenhum poder. Os sujeitos perdem a capacidade de discernir entre o que é deles e o que é alheio, e então tudo vira falsa-projeção, exterioridade. (...) É um tipo de paranóia que caracteriza frequentemente quem está no poder e tem medo de perder seus privilégios. Assim, projeta seu medo e se transforma em caçador de cabeças (BENTO, 2002, p. 42).

Este medo que se apresenta como parte metonímica da branquitude pode ser explicado não só para buscar se igualar às diferentes vivências presentes nas comunidades brasileiras (quando conveniente), como também para ilustrar seus modos de vida mais racionais, organizados e/ou civilizados. Por isso, quando ativistas – em sua maioria negros/as e periféricos/as – de movimentos que se opuseram à permanência nas cidades de monumentos históricos que ilustram figuras históricas que compactuaram com opressões e, por consequência, com a branquitude (como ocorreu em várias partes do mundo e no Brasil), essas pessoas passam a ser lidas como vândalas, chegando a ser presas, por mais que "o fato desses monumentos existirem é um atestado de uma história contada a partir da perspectiva da branquitude", conforme aponta Araújo, em um dos webprogramas "Diálogos pra NÃO passar em branco", realizados por mim, em parceria com Passos, em 2020[46]. Talvez por isso, a escritora Carolina Maria de Jesus, no célebre "Quarto de Despejo: diário de uma favelada", ao escrever sobre o dia 13 de maio (Dia da Abolição da Escravatura no Brasil), afirma: "Mas os brancos agora são mais cultos. E não nos trata com desprêso. Que Deus ilumine os brancos para que os pretos sejam feliz" (JESUS, 1960, p. 28).

Para que mantenham suas felicidades plenas, as pessoas brancas, de um lado, precisam compactuar com a estrutura que a branquitude lhes presenteia cotidianamente e, inversamente, pessoas negras e indígenas – historicamente oprimidas – devem aprovar a subjugação também imposta pela mesma branquitude. Um jogo perverso de um país estruturado por cosmovisões europeias e colonialistas. Por isso, acreditar e defender a noção de "racismo reverso" é uma das principais falácias do imaginário brasileiro.

> Para haver racismo reverso, precisaria ter existido navios branqueiros, escravização por mais de 300 anos da população branca, negação de direitos a ela. Brancos são mortos por serem brancos? São seguidos por seguranças em lojas? Qual é a cor da maioria dos atores e apresentadores de TV? Dos diretores de novelas? Da maioria dos universitários? Quem detém os meios de produção? Há uma hegemonia branca criada pelo racismo que confere privilégios sociais a um grupo em detrimento de outro (RIBEIRO, 2018, p. 41).

Com base na hegemonia branca é que os discursos, principalmente do senso comum e popular brasileiros, apresentam uma série de estereotipias e de lógicas racistas de norte a sul do país. O branco-discurso (JULIO, 2021) é uma estrutura discursiva que se configura a partir da hegemonia branca como parte integrante da linguagem, também expressão de branquitude. O intuito, ao que se percebe, é homogeneizar discursos, fundamentados em preconceitos. "A reprodução de frases como 'é praticamente da família' ou 'a coisa tá preta' e 'amanhã é dia de branco' são expressões do branco-discurso pois apresentam algumas estruturas discursivas como: racismo, afirmação da branquitude, negação do racismo e, por último, invisibilização da branquitude" (JULIO, 2021, p. 101).

---

[46] A íntegra do programa citado pode ser visualizada no seguinte link: https://www.youtube.com/watch?v=qekg2H5f1o4.

Ao naturalizar ditos como os anteriormente mencionados, somando-se ao não ditos que também são carregados de sentidos (ORLANDI, 2013), pois, como já citado, os silenciamentos também são parte estruturante da branquitude e vice-versa (BENTO, 2002), pessoas brancas corroboram para a manutenção do racismo estrutural e estruturante que caracteriza as cosmovisões hegemônicas presentes no Brasil. E ainda, às vezes, atribuem à brincadeira ou à piada a possibilidade de falar o que querem, como, onde e para quem quiserem, uma vez que não se percebem a si mesmos/as na engrenagem da branquitude que transversaliza modos de ser e estar de quem habita o país.

> Nem mesmo a legislação antirracista e a luta do movimento negro contemporâneo conseguem superar as distorções sociais, base e combustível da piada e do seu efeito – o riso debochado que projeta e promove de maneira sutil e irreverente o mal-estar e a violência, mesmo sendo ela simbólica (FONSECA, 2012, p. 135-136).

Talvez por isso o branco-discurso (JULIO, 2021) siga em processo de auto-autorização para sua perpetuação, mesmo em um momento histórico em que parece haver um maior número de espaços e de pessoas – inclusive brancas – que se propõem a dialogar sobre racismo e/ou outras práticas correlatas de opressão.

> Assim, ao consumir o negro, o branco estaria em situação de diminuição da ansiedade egóica diante do julgamento social de não estar engajado com as lutas do antirracismo. Ele também satisfaz a necessidade de controlar o outro, tornando algo familiar. Essa incorporação do objeto não será suficiente para superar práticas racistas se o ego branco não reconhece e supera privilégios narcisistas de branquitude dele (SANTOS, 2019, p. 946).

Para que não se confirme essa necessidade egóica de pessoas brancas "consumirem" as negritudes, em um processo antropofágico que reifica a branquitude, é urgente estabelecer novas práxis que sejam genuinamente decoloniais, de(s)colonizadoras e antirracistas. Sendo o Brasil um país que carrega uma história e uma contemporaneidade povoadas pela branquitude estruturante, conscientizar-se e agir em prol da disseminação de contra-narrativas e de práticas anti-hegemônicas são emergências. Para isso, a branquitude precisa ser lida como patológica (RAMOS, 1955).

PATOLOGIA SOCIAL DO BRANCO E LETRAMENTO RACIAL

Ramos (1955) pode ser considerado o primeiro intelectual brasileiro a refletir sobre branquitude e avançar no sentido de identificar a contribuição da população branca como protagonista na criação e na manutenção do racismo no Brasil. O autor – vanguardista negro a refletir sobre a sociedade brasileira – defende a premissa de que existe uma patologia social da pessoa branca no país, por esta não se ver também como fruto de uma sociedade miscigenada (completamente diferente de uma democracia racial) e ainda refutar possibilidades de questionar sua própria brancura. A brancura, por sua vez, é definida como "uma sobrevivência que embaraça o processo de maturidade psicológica do brasileiro, e, além disso, contribui para enfraquecer a integração social dos elementos constitutivos da sociedade nacional" (RAMOS, 1955, p. 231).

Como um analista de sua época, Ramos escreveu o excerto citado em 1955, em que define "brancura" como o que venho nomeando como sendo "branquitude", ao longo deste texto. Para ele, a "brancura", resultante da patologia social do sujeito/a branco/a, é por ele nomeada um "processo", ou seja, uma trajetória social que, conforme explica, estrutura sua própria sobrevivência, mas, paralelamente, também se apresenta como parte de uma construção identitária imatura psicologicamente e que colabora para a existência das desigualdades e afasta possibilidades do estabelecimento de equidade étnico-racial, ainda almejada durante o século XXI.

> Para Ramos, a extinção da patologia social do branco se daria de duas formas: 1) através de um trabalho de reeducação e discussão sobre essa patologia, e 2) uma articulação entre as gerações, na medida em que as gerações se afastassem da escravidão. (...) Desta maneira, reconhecemos na obra de Guerreiro Ramos uma inovação, no que diz respeito aos estudos das relações raciais no Brasil. Ela carrega a semente do que hoje entendemos por estudos críticos sobre branquitude no Brasil (PASSOS, 2019, p. 50).

Ao refletir criticamente sobre a patologia social das pessoas brancas, a fim de buscar compreender mais sobre a branquitude brasileira, também se pode depreender que há pessoas brancas que, em algum momento de suas vidas (pelas mais diferentes razões), conseguem dar um passo e enxergam-se a si mesmas, não por um viés narcisista (CARONE; BENTO, 2014; CARDOSO, 2020), mas por uma lente que decodifica o cotidiano de forma a conscientizar-se sobre seus privilégios raciais, podem vir a contribuir para as lutas em prol da equidade étnico-racial no país. Mas esse não é um processo que ocorre da noite para o dia. Apenas a leitura de um texto ou de uma *thread* provocada por uma *hashtag* sobre o assunto; a participação em uma conversa a respeito; ou ainda a utilização de um "quadradinho preto" no Instagram, após mais uma morte violenta de um homem negro nos Estados Unidos da América (como o que aconteceu com George Floyd, em 2020)[47], jamais serão suficientes para tornar sujeitos/as brancos/as, de fato, críticos/as sobre sua própria branquitude e, menos ainda, os/as tornarão ativistas antirracistas instantaneamente.

Para compor o rol de "branco[s] consciente[s]" (CARDOSO, 2020) e, consequentemente, diferenciar-se do "branco[s] sem muito discernimento sobre" (CARDOSO, 2020), é essencial discordar, refutar, abrir mão de privilégios que foram a essas pessoas ofertados como presentes que são dados ao nascer e dos quais se usufrui ao longo da vida, sem prazo de validade ou risco de ser furtado/a. "Os/as brancos/as anti-racistas são sujeitos que, tomando consciência da sua identidade racial relativa à sua superioridade, renunciam aos seus privilégios, portanto ao seu racismo" (MALOMALO, 2017, p. 266).

Nesse sentido, é salutar ressaltar que não se trata de uma trajetória linear, horizontal *per se*, em que aqueles/as que se entendem como pessoas "do bem" poderão vir a percorrer sem tropeços, erros e incoerências. Pelo contrário, trata-se de "um caminho a percorrer e, como tal, podem haver falhas, imperfeições, frustrações. O que importa para nós é apostar e continuar a praticar a vigilância epistemológica e ética" (MALOMALO, 2017, p. 266). Para haver vigilância, é necessário ter consciência. Uma vigilância que deve ser diária, pessoal, política, ideológica e compromissada com nada mais do que a verdade e a justiça. Para tal, talvez a única aposta seja a educação.

Por esse motivo, defendo a educação libertadora e transformadora (FREIRE, 1996) e, em razão do urgente combate da patologia social que codifica a branquitude, o chamado aqui presente é também pela educação antirracista. Por isso, considero bastante favorável a compreensão e a defesa de um conceito importado dos EUA: a noção de "letramento racial" (TWINE; STEINBUGLER, 2006) – em versão traduzida do ori-

---

[47] Informações sobre esse protesto virtual ocorrido como parte do movimento *"Black Lives Matter"*, em todo o mundo, podem ser lidas na seguinte reportagem, publicada em junho de 2020, pela CNN Brasil: https://www.cnnbrasil.com.br/tecnologia/instagram-as-escuras-o-que-voce-precisa-saber-sobre-o-blackout-tuesday/.

ginal, em inglês, disseminado, no Brasil, como *"racial literacy"*. No entanto, não focarei nas produções originais estadunidenses, mas, sim, comporei a análise configurada em interpretações de intelectuais brasileiras a respeito do termo, uma vez que me ative, ao longo de toda esta discussão, a apenas autorias brasileiras ou de intelectuais que vivenciaram e desenvolveram suas pesquisas no Brasil. Para tanto, referencio Passos (2019, p. 117), quando afirma:

> Em outras palavras, o desenvolvimento da *racial literacy* estaria mais ligado a um projeto político de negociação de identidades, a partir do prisma de uma afro-educação que não seja essencializante. É necessário um treinamento na questão racial para uma aquisição cultural e social de símbolos de negritude, no esforço de construção de uma linguagem antirracista e uma posição ativa no combate a uma sociedade estruturada pelo racismo (PASSOS, 2019, p. 117).

Portanto, para empreender uma práxis que encaminhe sujeitos/as brancos/as a percorrer vias que os/as levem a estabelecer um processo de letramento racial, é necessário que tais pessoas ampliem suas redes; furem suas bolhas sociais – por vezes essencialmente compostas por pessoas também brancas –; acessem conteúdos relacionados às negritudes; passem a utilizar lentes que também as façam perceber que, sim, infelizmente, há racismo em (quase) tudo e, por isso, não há como escolher quando ser uma pessoa branca ativista e quando poder escolher deixar de ser. Da mesma forma que pessoas de outros pertencimentos étnico-raciais, no Brasil, jamais têm o privilégio de escolher não sofrer racismo, o mesmo se aplica a quem quer contribuir para a luta antirracista. Trata-se de uma luta de todos os dias, de dia todo. E a via é de mão dupla: ao passo que se enxerga e combate o racismo, a pessoa branca também deve se perceber e refutar os privilégios ofertados pela branquitude. Um caminho complexo (mas possível e "pra ontem"), que aponta para práticas como as descritas a seguir (SCHUCMAN, 2012, p. 103):

1. um reconhecimento do valor simbólico e material da branquitude;
2. a definição do racismo como um problema social atual, em vez de um legado histórico;
3. um entendimento de que as identidades raciais são aprendidas e um resultado de práticas sociais;
4. a posse de gramática e um vocabulário racial que facilita a discussão de raça, racismo e antirracismo;
5. a capacidade de traduzir e interpretar os códigos e práticas racializadas de nossa sociedade; e

6. uma análise das formas em que o racismo é mediado por desigualdades de classe, hierarquias de gênero e heteronormatividade.

A crítica à branquitude, no Brasil, ao que se espera e ao que parece, é uma jornada sem volta, seja no meio acadêmico, seja nos cotidianos presenciais e virtuais de quem habita o país. É preciso seguir com atenção e amorosidade, para não perder de vista a meta central: desconstruir os valores da branquitude que impregnam as vidas brasileiras. Por isso, outro cuidado também pode ser primordial: não transformar esta luta em moeda comercial. Nascimento (2016) atenta para a possível redução das culturas africanas à condição de folclore, pois, quando estas passam a ser apropriadas pelas classes dominantes, o que se costuma ver é pura comercialização. Por mais que eu seja apreciadora do brilhantismo presente na canção "Ismália", citada mais de uma vez neste texto, também me espanta a marca de roupas criada por Emicida e seu irmão, Fióti, conhecida como Laboratório Fantasma[48], comercializar a luta – inclusive a vender camisetas com o termo "*Ubuntu*" –, por valores que, geralmente, estão na casa de dois a três dígitos. O esvaziamento da filosofia *Ubuntu* tem sido tamanho, a ponto de o termo também dar nome a um cartão de crédito de uma instituição chamada Social Bank[49]. Seria a neoliberalização da luta antirracista?

---

[48] Para conhecer o catálogo dos produtos comercializados pelo Laboratório Fantasma, acesse: https://www.laboratoriofantasma.com/.

[49] Mais informações sobre a instituição mencionada podem ser vistas no link a seguir: https://socialbank.com.br/.

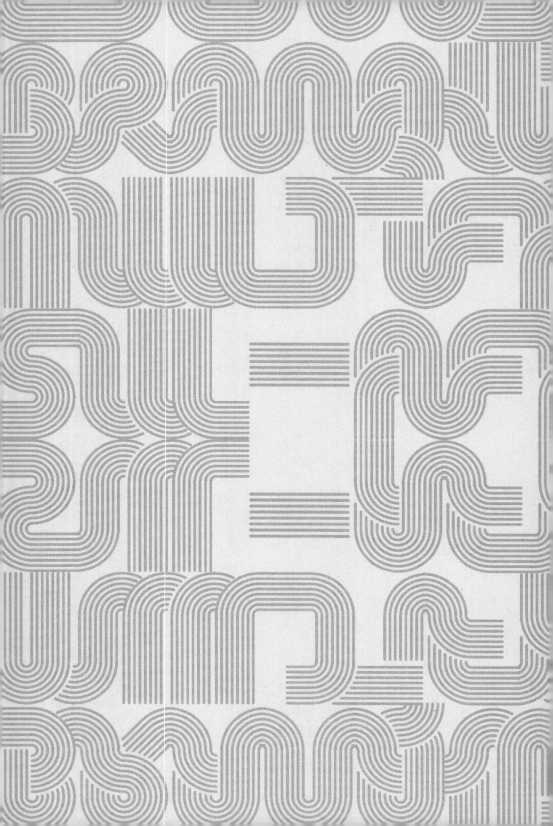

DA BRANQUITUDE ESCANCARADA À BRANQUITUDE MULTIFACETADA SUL-AFRICANA

Figura 5: *Fotografia de muro com grafite, em Joanesburgo.*

Fonte: A autora (2021).

MORNING FLOWERS

Afurakan

"*Nothing grows here except skyscrapers.*
Neon flowers that rise and whither with the daily sun.
Watered by acid rain, pain and human strain.
With night, day and season all but the same.
Basement roots, elevator stems, petals are papers.
A garden of buildings where the harvest is not for everyone.
Welcome to Johustleburg"[50].

---

[50] A tradução livre do poema *"Morning Flowers"* ("Flores da Manhã") está apresentada a seguir: "Nada cresce aqui, exceto arranha-céus. / Flores de néon que nascem e se esvaem com o sol diário. / Regada por chuva ácida, dor e tensão humana. / Com a noite, o dia e a estação, tudo igual. / Raízes do porão, hastes do elevador, pétalas são papéis. / Um jardim de edifícios onde a colheita não é para todos/as. / Bem-vindo/a a *Johustleburg*".

BRANQUITUDE ESCANCARADA: DAS VÁRIAS FORMAS DE PODER BRANCO DURANTE O APARTHEID

No dia 08 de junho de 2020, o fundador e líder do partido de oposição sul-africano EFF (*Economic Freedom Fighters*), Julius Malema, fez um discurso à frente da embaixada dos Estados Unidos, na capital Pretória, como parte de uma marcha realizada pelo partido em decorrência do assassinato do afroamericano George Floyd por um policial branco estadunidense, naquele mesmo ano. Malema direcionou seu discurso à população branca do país, em uma convocação à aprendizagem de línguas tradicionais sul-africanas e ao reconhecimento do cotidiano de populações negras nas chamadas *townships*, as quais, em um contexto brasileiro, seriam nomeadas de favelas[51].

Como parte de sua construção discursiva, histórica e socialmente vista como radical, Malema afirmou: "Que mais brancos se dirijam às *townships* e vivenciem nossa dor, vejam nossa miséria para entender nossa raiva porque estamos muito zangados e não nos desculpamos por isso" (T.A.)[52]. E acrescentou: "Comecem [pessoas brancas] a aprender nossos idiomas. Nós sabemos tudo sobre vocês, mas vocês não sabem nada sobre nós. Todos os dias, um homem branco diz: 'Eu sou um africano, nasci aqui'. Mas vocês não conhecem uma língua africana. Vocês deviam se envergonhar! Língua é a sua identidade" (T.A.)[53].

Ao conclamar a população branca a conhecer os cotidianos vividos pelas populações não brancas que vivem nas *townships* sul-africanas e a aprender outros idiomas, para além do inglês e do afrikaans, Malema ilustra o cenário étnico-racial do país e exemplifica meios de combater

---

[51] Reportagem escrita por Zingisa Mvumvu, publicada no segundo maior website da África do Sul, *"Times Live"*, intitulada *"Speak African languages, visit townships: Malema to white South Africans"*, apresenta detalhes do discurso de Julius Malema, acessível no seguinte endereço: https://www.timeslive.co.za/politics/2020-06-08-speak-african-languages-visit-townships-malema-to-white-south-africans/.

[52] A versão original, em inglês, da frase dita por Julius Malema, apresentada na referida reportagem, é a seguinte: *"Let more white people go to the township and experience our pain, see our misery to understand our anger because we are very angry and make no apology about it"*.

[53] O texto original, em inglês, do trecho citado por Malema, conforme reportagem aqui apresentada, é o seguinte: *"Start learning our languages. We know everything about you, yet you know nothing about us. Every day a white man says, 'I am an African, I was born here'. But you do not know an African language. Shame on you! Language is your identity"*.

a permanência da branquitude, a fim de romper estruturas de poder branco ainda vigentes e que têm, em sua origem, o colonialismo e as injustiças raciais criadas durante o período que ficou conhecido como apartheid. Este período da história sul-africana apresenta o que nomeio de "branquitude escancarada", já que, durante o mesmo, foi nítida a utilização de uma série de discursos e de práticas de supremacia branca, que forçavam a opressão contra a maioria da população sul-africana, pelo simples fato de não apresentarem características que os e as colocassem como sendo parte do grupo populacional branco do país, por mais que este também apresentasse diversidades intragrupais (DAVIES, 2009) e, em uma perspectiva global, tivesse sua brancura questionada, pois não deixavam de ser africanos/as (FALKOF, 2016), vistos, principalmente por populações europeias, como não tão brancos/as assim ou não brancos/as suficientemente.

Retomando o discurso de Julius Malema, o ativista político aponta a língua como motor de construção identitária e que pode ser utilizada para as transformações sociais do território. Como afirma Davies (2009, p. 131, T.A.), após ter realizado pesquisa sobre a população africâner na chamada Nova África do Sul: "(…) somente alcançando um equilíbrio entre essas dimensões estruturais e subjetivas interconectadas é que se pode buscar uma compreensão adequada das políticas de identidade pós-apartheid"[54].

As diversidades linguísticas no continente africano são um ponto central para a valorização de políticas e de condutas – pessoais e institucionais – que correspondam às cosmogonias e às cosmovisões da maioria dos cidadãos e das cidadãs deste que é considerado o berço da humanidade. No entanto, tal valorização não é uma realidade observada em grande parte dos países que compõem o continente africano. Na África do Sul, por exemplo, o inglês e o afrikaans são, até os dias atuais, os idiomas mais utilizados para ensinar e aprender nas escolas públicas (HUNTER, 2019), tamanho é o poder das línguas herdadas pela colonização britânica e holandesa e a ainda vigente estrutura que privilegia muito do que foi construído como parte da identidade africâner.

> No centro da ideia da África do Sul surgiram e subsistiram várias formas de identidades. Estas variaram de identidades de base histórica e cultural

---

[54] Na versão original, o excerto apresenta-se como: "(…) *only by reaching a balance between these interconnected structural and subjective dimensions can a proper comprehension of post-apartheid identity politics be sought*".

comumente referidas como identidades étnicas que foram reinventadas e reificadas sob o colonialismo do apartheid; identidades baseadas no mercado comumente conhecidas como classes nascidas de processos de espoliação, acumulação primitiva, camponesa, proletarização, aburguesamento e compadrio; identidades de gênero nascidas de várias formas práticas de socialização que foram reforçadas por ideologias coloniais/do apartheid de domesticidade feminina; identidades políticas inventadas colonialmente, como preto versus branco; cidadãos vs. súditos; nativos vs. não-nativos e civilizados vs. povos primitivos (NDLOVU-GATSHENI, 2018, p. 205, T.A.)[55].

Como aponta Ndlovu-Gatsheni (2018), assim como qualquer outro país do globo terrestre, a África do Sul é formada por variadas construções identitárias, demarcadas por classe, gênero e raça, em uma perspectiva interseccional. São hierarquias sociais que estabelecem opressões, em diferentes níveis, entre pessoas de diferentes pertencimentos étnico-raciais e/ou identidades de gênero e onde há marcas de opressão, inclusive, intrarraciais, como, por exemplo, quando se observa que "as mulheres brancas só podem acessar os privilégios da branquitude por meio de um portão vigiado por homens brancos" (WESTHUIZEN, 2017, p. 141, T.A.)[56], que, por sua vez, parecem ter o poder de avaliar se as prerrogativas da heteronormatividade masculina branca hegemônica.

A África do Sul apresenta, em sua composição, construções identitárias que se originam do processo de colonização europeia e das interações provocadas pelo apartheid, uma realidade *sui generis* deste território. O apartheid (termo, em afrikaans, que substituiu o então pejorativo uso de 'segregação') foi um sistema fundamentado no poder e na supremacia brancos, que colaborou para a reificação da branquitude dentre dezenas de grupos étnicos sul-africanos, e especialmente o africâner. Essas construções são marcadas por relações de poder em que, historicamente, aqueles e aquelas que descendem de populações

---

[55] O trecho citado, em sua versão original, é o seguinte: *"At the centre of the idea of South Africa emerged and subsisted various forms of identities. These ranged from historical and cultural-based identities commonly referred to as ethnic identities that were reinvented and reified under apartheid colonialism; market-based identities commonly known as classes born out of processes of dispossession, primitive accumulation, peasantization, proleterianization, embourgeoisement and compradorialization; gendered-identities born out of various practical forms of socialization that were reinforced by colonial/apartheid ideologies of female domesticity; colonially-invented political identities such as black vs. white; citizens vs. subjects; natives vs. non-natives and civilized vs. primitive people".*

[56] Em sua versão original, a frase pode ser lida da seguinte forma: *"white women may only access the privileges of whiteness through a gateway guarded by white men".*

europeias e apresentam características que os e as veem como pessoas brancas, usufruem de privilégios e exercem poder sobre os cerca de 90% restantes de habitantes do país, considerados negros/as, *coloured* (mestiços/as) e indianos/as). Mas identificar-se como uma pessoa branca não foi obra do acaso, conforme aponta a afro-americana que desenvolveu pesquisa sobre branquitude sul-africana, quando afirma:

> As pessoas brancas não se tornaram brancas apenas por meio de interpretações populares das leis de segregação; as pessoas brancas se tornaram brancas através do monitoramento e da manipulação de seus corpos. Nas colônias de povoamento, práticas como assassinato não-seccionado, tortura, estupro, espancamento de casal em suas residências, falsificação eleitoral, leis anti-miscigenação, anti-imigração e campanhas de imigração somente para brancos, perfil racial, políticas somente em inglês e mudança de nome contribuíram para uma reescrita massiva da identidade branca e da linguagem branca e novos entendimentos do corpo branco no espaço. Tais práticas servem para conter o corpo branco por meio de políticas protecionistas. Mas todas essas políticas têm corolários biológicos e dependem em grande parte dos discursos científicos e biológicos sobre limpeza, superioridade e capacidade (HERARD-WILLOUGHBY, 2015, p. 96, T.A.)[57].

Com extensão que se dá desde o Cabo da Boa Esperança, ao sul, até o Rio Zambeze, ao norte, o fato de o país ter sido demarcado pela colonização europeia e pelo apartheid culminou na constituição de um território com diversos agrupamentos étnico-raciais – assim como pode ser visto também nos quatro outros países com que a África do Sul faz fronteiras (sendo Namíbia, Zimbábue, Botsuana e Moçambique) e em grande parte do continente. Contudo, aquela que ficaria conhecida por "nação arco-íris", conforme sonhou Nelson Mandela, manteve a binaridade entre pessoas declaradas brancas e pessoas de outros pertencimentos raciais como característica marcante do território. A sonhada

---

[57] A versão original do excerto citado é a seguinte: *"White people did not become white solely through popular interpretations of segregation laws; white people became white through monitoring and manipulation of their bodies. In settler societies, practices such as unsectioned murder, torture, rape, beating couple with residential redlining, electoral gerrymandering, antimiscegenation laws, anti-immigration, and white-only immigration campaigns, racial profiling, English-only policies, and name changing that have all contributed to a massive rescripting of white identity and white language and new understandings of the white body in space. Such practices serve to contain the white body through protectionist policies. But all of these policies have biological corollaries and depend to a great extent on social scientific and biological discourses about cleanliness, superiority, and capacity".*

diversidade de cores e de valores de Madiba, infelizmente, passou a ser apenas uma utopia, ao que parece.

Muitas foram as manobras, os deslocamentos e as formas de opressão desta que nomeio como "branquitude escancarada" contra as populações negras sul-africanas. A raiz desse processo está em ações de holandeses e ingleses (colonizadores entre os anos de 1652 e 1910), e posteriormente, de bôeres (descendentes dos colonos holandeses), que prosseguiram com as políticas coloniais, chegando ao ápice do apartheid. Durante o período de colonização britânica (1815-1910), por exemplo, foram aprovadas legislações como o Ato do Trabalho Nativo (*The Native Labour Act*), em 1911, que criminalizou o abandono do emprego apenas de trabalhadores negros; a Lei da Terra Nativa (*The Native Land Act*), de 1913, que restringia o acesso de pessoas negras à terra, forçando-as a trabalhar como empregadas das brancas; a Lei de Área Urbana dos Nativos (*The Native Urban Areas Act*), em 1923, que forçou pessoas negras que viviam nas cidades a irem para as periferias.

Vários atos se seguiram, até a institucionalização do apartheid, em 1948, com a reorganização sul-africana em bantustões, a partir da consequente aprovação da Lei de Autoridades Bantu (*The Bantu Authorities Act*), em 1951, que delimitou sul-africanos/as negros/as a agrupamentos tribais simplificados, à época, então organizados, conforme orientação governamental, em: Xhosa, Tswana, Venda, Schangaan, Swazi, Ndebele, Zulu e Sotho do norte e do sul. Esta ação foi uma das respostas dadas pelo governo vigente às demandas surgidas durante um congresso com entidades e figuras públicas, realizado em agosto de 1950, no país. Os encaminhamentos deste encontro foram organizados em torno de propostas ainda mais brutais de segregação racial – se comparadas com as aprovadas durante a colonização –, como: substituição de cargos ocupados por pessoas não brancas por brancas pobres; casos de assédio contra mulheres brancas deveriam ser punidos com pena de morte; a polícia deveria ter o direito de atirar e de matar, em situações de perturbação à sociedade; e, ainda, estudantes considerados/as nativos/as deveriam ser expulsos/as da escola quando completassem 16 anos, a não ser que pudessem pagar pelos estudos.

Infelizmente, é possível identificar essas proposições em atos concretos e leis aprovadas, ao longo do apartheid, como, por exemplo, a promulgação da Lei de Imoralidade (*The Immorality Act*), em 1957, que proibia relações sexuais entre pessoas brancas e negras; e a Lei de Educação Bantu (*The Bantu Education Act*), em 1953, que restringia o estudo oferecido a estudantes negros/as a conteúdos que fossem identificados como sendo mais adequados para eles/as, o que significava negligenciar ensinamentos sobre conteúdos que fossem considerados exteriores às suas próprias culturas, na interpretação de um governo formado exclusivamente por pessoas brancas e que tinha interesses políticos em dar fim à educação fornecida por missionários e igrejas que, na leitura dos legisladores da época, estavam criando agitadores em potencial. Houve aprovações da Lei de Supressão da Bruxaria (*The Witchcraft Suppression Act*), em 1957, destinada a criminalizar *sangomas* (líderes espirituais) e praticantes de medicina indígena; da Lei de Autogoverno Bantu (*The Bantu Self-Government Act*), em 1959; proibição de casamentos interraciais, em 1968; da Lei de Cidadania de Territórios Negros (*The Black Homeland Citizenship Act*), em 1970; dentre outras que se seguiram até a década de 1990.

A partir das décadas de 1960 e 1970, houve inúmeros movimentos de resistência que reivindicavam melhores condições de vida para populações não brancas sul-africanas, com vistas à promoção de políticas de equidade, como quando centenas de estudantes da região periférica de *Soweto* saíram às ruas para lutar contra a aprendizagem obrigatória de afrikaans nas escolas. Neste dia, a morte de Hector Pieterson, nos braços de um de seus educadores, se tornou um marco ilustrativo do poder criminoso que o regime ainda tinha em relação às populações, principalmente, não brancas.

A década de 1980 também foi marcada por um processo de resposta da população branca no poder ao iminente declínio do apartheid. Foi neste período que a sociedade branca tornou-se ainda mais militarizada por meio do recrutamento de homens brancos que pudessem se tornar cadetes paramilitares em escolas brancas e a integração de "disciplinas" obrigatórias em escolas africânderes, como a de defesa da juventude (*Jeugweerbaarheid*) e a de defesa espiritual (*Geestesweerbaarheid*) (WESTHUIZEN, 2007). Em 1983, vale destacar, como estratégia que já buscava responder às críticas internacionais que o governo vinha recebendo (com recorrentes cortes e alterações nas relações com outros países), foi criado um parlamento tricameral. Após esta reestruturação constitucional, representantes indianos e mestiços passaram a compor o parlamento juntamente com africânderes, também chamados de bôeres, já que, em afrikaans, este último termo significa "agricultor" e, para muitos brancos sul-africanos, esta identidade era um motivo de orgulho e de nostalgia em relação ao histórico de vida bucólico deste grupo (WESTHUIZEN, 2017).

Inclusive, tendo como base essa lógica campestre das vivências bôeres no país, os espaços urbanos também foram impactados por essa hipervalorização do imaginário pastoril e que corresponde aos medos e valores desta população, como, por exemplo, as práticas coloniais, a segregação étnico-racial, a culpa e o poder brancos. A cidade de Joanesburgo, apesar de cosmopolita, é resultado desse processo que também pauta o que Mbembe (2008) irá nomear como sendo uma "cidade racial".

> Por construir a habitação como reclusão e segurança, o imaginário pastoril da cidade racial funcionou como uma forma de amenizar os medos de cidadã(o)s brancos(as) e incutir neles(as) uma moralidade de conformidade social em troca de privilégios raciais. Mas o dualismo entre dentro e fora também serviu de base para rejeitar o outro racial e, de fato, para legitimar uma separação do mundo (MBEMBE, 2008, p. 47, T.A.)[58]

A racialização é central para compreender as especificidades de um grupo populacional tão peculiar como os africânderes, uma vez que se trata de uma identidade construída em um jogo de forças simbólico, ligado, de um lado, à potência de uma população que resistiu ao poder britânico e teve bravura suficiente para ressignificar tradições e valores herdados de seus ascendentes holandeses; e de outro, vistos como um povo carregado por uma fraqueza identitária tamanha a ponto de ter construído um sistema – racialmente demarcado – para oprimir todos os outros povos que fossem diferentes de si e institucionalizou políticas de segregação racial que demonstram o quanto temem e se sentem enfraquecidos em um continente e em um país majoritariamente negros.

São dois lados de uma mesma moeda. Uma complexidade que caracteriza a branquitude presente nos modos de existir de pessoas de origem africâner. E que, em alguma medida, se dissocia da branquitude apresentada por pessoas de origem inglesa, também presentes na tessitura que dá vida às cosmovisões brancas sul-africanas. No caso da identidade africâner, percebe-se a existência de um componente central para sua compreensão: a criolização. Há uma inegável relação de trocas identitá-

---

[58] A versão original deste excerto pode ser lida conforme segue: *"Because it constructed dwelling as both seclusion and security, the pastoral imaginary of the racial city functioned as a way of assuaging white citizens' fears and instilling in them a morality of social conformity in exchange for racial privileges. But the dualism between inside and outside also served as a basis to reject the racial other, and indeed to legitimize a separation from the world"*.

rias formuladas por uma histórica convivência forçada entre populações africanas nativas, indígenas e europeias, que deu origem a africânderes e, por isso, estes/as podem ser considerados/as crioulos/as.

> Além do capital cultural compartilhado – principalmente a língua crioula, o afrikaans (que eles desenvolveram em conjunto, embora recebessem créditos desigualmente) – esses dois grupos [africânderes e *coloured*] compartilham uma boa porcentagem de seu patrimônio genético, com pesos diferentes entre "branco" e "marrom" (STEYN, 2004, p. 148, T.A.)[59].

No entanto, apesar de pessoas consideradas *Coloured*, ou mestiças, no país, comumente falarem afrikaans, é muito mais raro encontrar africânderes que saibam falar ou compreender qualquer outra língua sul-africana nativa, sendo elas: isiNdebele, isiPedi, Sesotho, siSwati, Xitsonga, Setswana, Tshivenda, isiXhosa e isiZulu que, somados ao inglês e ao afrikaans, representam os onze idiomas oficiais do país após 1994, uma vez que o fim do apartheid ampliou o rol de línguas oficiais que, até então, eram apenas as herdadas dos colonizadores. Uma potencialização do poder branco sobre as mentes e corpos sul-africanos.

> A língua é um meio de organização e conceituação da realidade, mas também é um banco para a memória gerada pela interação humana com o meio social natural. Cada idioma, por menor que seja, carrega sua memória do mundo. Suprimir e diminuir as línguas dos colonizados significava também marginalizar a memória que eles carregavam e elevar a uma universalidade desejável a memória carregada pela linguagem do conquistador (RAMOUPI, 2014, p. 57, T.A.)[60].

Tal estratégia de dominação e de imposição do poder branco fundamenta-se na individualidade branca em contraposição à coletividade não branca sob o olhar do poderio branco sul-africano. "Os brancos eram individuais, específicos e humanos, em contraste com a massa sem rosto e sem nome de negros, cujas mortes não foram registradas por nada, exceto números", como aponta Falkof (2016, p. 176, T.A.), com destaque

---

[59] A versão original do trecho destacado apresenta-se da seguinte forma: *"In addition to shared cultural capital —most notably the Creole language, Afrikaans (which they jointly developed, though were unequally credited for) — these two groups share a good percentage of their genetic pool, weighted differently towards 'white' and 'brown'"*.

[60] A citação, na língua original, pode ser lida a seguir: *"Language is a means of organising and conceptualizing reality, but it is also a bank for the memory generated by human interaction with the natural social environment. Each language, no matter how small, carries its memory of the world. Suppressing and diminishing the languages of the colonized also meant marginalizing the memory they carried and elevating to a desirable universality the memory carried by the language of the conqueror"*.

às políticas de extermínio de populações negras durante o apartheid e o processo de colonização do país. Parte dessas políticas foram ações sanitaristas que buscavam associar pessoas negras à falta de higiene e asseio e, por isso, a necessidade de separá-las das pessoas brancas, vistas como mais bem educadas e com menor risco de apresentar doenças.

Sendo publicizados como pessoas individuais a partir do poder que tinham para nomear a si próprios/as seres individuais, portanto diferentes do restante da população sul-africana, majoritariamente negra, os/as bôeres – a partir das experiências acumuladas durante o apartheid – puderam exercer poder e opressão sobre todos e todas que consideravam inferiores a eles/as e tais práticas apresentavam recortes interseccionais, em termos não apenas de raça, mas também com operadores fundamentados em diferenças de classe e de gênero. Dentre essas características que se tornaram fundantes para a identidade africâner, estavam ideias que reforçavam estereotipias como a do "patriarca forte e inabalável e a mãe leal da nação" (FALKOF, 2016, p. 17, T.A.)[61], noções fundamentais para a perseguição de qualquer pessoa que não se enquadrasse nesses arquétipos, bem como para criação de um sistema que protegesse a fragilidade e o potencial engano que viesse a ser cometido, nesse percurso, pois tratava-se de um grupo que, em suas próprias leituras e divulgação pública de ideias e valores, buscava – em suas palavras – apenas fazer o bem para a nação. Porém, diga-se de passagem, este bem deveria ser colocado em prática acima de tudo e de qualquer pessoa que não se encaixasse nesse plano pressupostamente divino.

Como ressalta Moutinho (2015, p. 91), pesquisadora brasileira que desenvolveu pesquisa acadêmica na África do Sul, a construção de identidade africâner e suas consequentes ações apoiavam-se em uma "missão divina de instituir um reino de deus na terra, com base no racismo militarizado, em um sexismo igualmente belicoso, na violência e na desigualdade". Apoiando-se em um discurso fundamentalmente religioso e higienista, pessoas brancas protagonizaram discursos e práticas que convergiam a seus próprios interesses e instituíram uma lógica controversa entre muitos e muitas africânderes, que buscam, até hoje, se desvencilhar da história de horror e de segregação que carregam as trajetórias vividas por quem viveu durante o apartheid.

---

[61] Na versão original, pode-se ler: *"the strong, unflinching patriarch and the loyal mother of the nation"*.

Nesse sentido, é possível identificar estratégias, protagonizadas por pessoas brancas sul-africanas, com o intuito de retirar qualquer responsabilidade de seus ombros sobre o que foi o apartheid. De acordo com a pesquisadora branca sul-africana Westhuizen (2017, p. 49, T.A.): "A negação da responsabilidade branca pelas injustiças passadas é usada para negar a culpabilidade pelo racismo atual. Trata-se de uma branquitude despreocupada, que se livrou da culpa e sentiu 'alívio' por não oprimir mais pessoas negras"[62]. Além dessa dificuldade em se autorresponsabilizar pelo legado provocado por seu grupo étnico-racial, principalmente bôeres que não viveram durante o apartheid buscam se eximir de uma possível culpa ancestral e questionam a existência de uma "africanidade única" (WESTHUIZEN, 2017). E mais: usam, estrategicamente, discursos não racialistas para impor uma espécie de democracia racial em um país que está longe de ser encarado como tal.

Salienta-se que esta manobra é perversamente utilizada por pessoas brancas que queiram se valer de uma eventual valorização da anti-colonialidade ou do não racialismo (movimento protagonizado por pessoas negras sul-africanas, formulado entre 1930 e 1940, com base em princípios socialistas, que ecoavam a urgência da libertação negra, por meio da realização de práxis populistas e africanistas) para impor discursos que corroboram a não existência do racismo, por exemplo. Essas mesmas situações podem ser encontradas em território brasileiro, a partir da supervalorização – por parte, principalmente, de pessoas brancas –, do mito da democracia racial e, nos Estados Unidos, por meio da supervalorização de um sistema pretensamente denominado como *color-blind*.

Dessa forma, as pessoas brancas não precisam reconhecer seus privilégios raciais nem se posicionar contra um racismo que, potencialmente, "não existe". Conforme pôde ser observado em uma pesquisa comparativa entre os contextos raciais sul-africano e estadunidense, a adoção destas ideologias pela comunidade branca "combina a negação da hierarquia racial com uma posição-chave na agenda negra sem, o que é importante, exigir o afastamento de princípios democráticos ou igua-

---

[62] Na versão original, o excerto destacado pode ser lido como se segue: *"Denial of white accountability for past injustice is deployed to deny culpability for present-day racism. This is a happy-go-lucky whiteness, having shrugged off guilt and feeling 'relief' at no longer oppressing black people"*.

litários" (ANSELL, 2006, p. 335, T.A.)[63]. A pesquisadora estadunidense, Ansell (2006), em um dos seus artigos produzidos a partir das experiências acumuladas junto à população sul-africana, registra a existência de uma "acomodação retórica ao não-racialismo" (*rhetorical accommodation to non-racialism*). Segundo ela, "essa combinação permite que a [pessoa] branca reivindique o alto nível moral de estar 'além da raça', enquanto recusa o sacrifício dos benefícios acumulados do privilégio racial herdado pelo passado" (ANSELL, 2006, p. 346, T.A.)[64].

Todavia, apesar de qualquer tentativa de romper com a herança colonial e demarcada pelo apartheid, não há como negar que as relações vividas por quem empregou a segregação e por quem por ela foi oprimido(a) deixaram marcas profundas na África do Sul, que ainda ecoam pelos modos de vida presentes na contemporaneidade do país. Mesmo com a eleição democrática de Nelson Mandela como presidente do país, e com a insistente e resiliente demanda pela aplicação das prerrogativas da Carta da Liberdade (*Freedom Charter*)[65], ainda existem divergências em relação à efetividade de políticas de direitos humanos que realmente atendam a todas as necessidades de qualquer cidadã ou cidadão do país, independentemente de sua pertença étnico-racial. E um ponto é devastadoramente central: "(…) o fim do apartheid não levou ao fim da branquitude"(FALKOF, 2016, p. 196, T.A.)[66].

---

[63] O trecho destacado, em sua versão original, pode ser lido a seguir: *"combines denial of racial hierarchy with a position to key items on the black agenda without, importantly, requiring departure from democratic or egalitarian principles".*

[64] A versão original do excerto pode ser lida como segue: *"Such a combination allows white to claim the moral high ground of being 'beyond race' while refusing sacrifice of the accumulated benefits of racial privilege inherited from the past".*

[65] Para conferir a íntegra das prerrogativas da Carta da Liberdade sul-africana, sugiro a leitura do documento, em inglês, disponível no site do partido no poder desde o fim do *apartheid*, o Congresso Nacional Africano (CNA) ou *African National Congress* (ANC), disponível no link: https://web.archive.org/web/20110629074215/http://www.anc.org.za/show.php?id=72.

[66] A frase citada, em sua versão original, pode ser conferida a seguir: *"(…) the end of apartheid did not lead to the end of whiteness".*

BRANQUITUDE MULTIFACETADA: DAS VÁRIAS FORMAS DE PODER BRANCO CONTEMPORÂNEO

Com base na afirmação da autora branca, judia e sul-africana Falkof (2016) de que, em seu país de origem, houve o fim do apartheid, mas não o fim da branquitude, irei me debruçar, neste ponto do livro, nas perspectivas da branquitude presentes na realidade contemporânea da África do Sul, a partir da noção que nomeio como "branquitude multifacetada". Minhas percepções se fundamentam em situações vivenciadas *in loco*, enquanto pesquisadora-visitante da University of the Witwatersrand, em Joanesburgo, bem como em visitas a Cidade do Cabo, a Durban, a Mpumalanga e a Pretória, entre 2019 e 2021.

Compreendo a branquitude contemporânea, em nível global, como uma ideologia que sistematiza e organiza as relações sociais entre pessoas de diferentes pertenças raciais, conforme hierarquias que garantem poder e privilégios a pessoas brancas, estejam elas onde estiverem. Portanto, defendo a noção de que vivemos, atualmente, em um jogo perverso em que a branquitude se apresenta de diferentes formas e em variados graus estabelece-se em nossas vidas, a fim de manter o poder branco-cultural, política, histórica e socialmente construído por meio de redes de apoio e de proteção entre pessoas brancas, de um lado, e de opressão que recaem sobre pessoas não brancas, de outro.

Conforme salienta Sibanda (2012, p. 19, T.A.): "Logo, se a branquitude deve ser um fim desejável em si mesma, ela deve ter uma negritude não desejável oposta, e se a opressão negra deve ser justificada, a superioridade branca deve ser revelada"[67]. Parte da população branca sul-africana, por exemplo, utiliza mecanismos que buscam garantir um certo protecionismo de seus valores e de seus interesses, bem como a manutenção de seus privilégios historicamente adquiridos por meio dos processos de colonização e de apartheid.

Nesse sentido, apesar de ter superado esse sistema de opressão, a África do Sul (assim como outros países em que as relações interraciais estruturam os modos de existir das pessoas que neles habitam) é um dos exemplos de territórios em que a branquitude é multifacetada, portanto passível de ser observada nas microrrelações estabelecidas in-

---

[67] A versão original da citação pode ser lida como se segue: *"Ergo, if whiteness is to be a desirable end in itself then it must have an opposite non-desirable blackness, and if black oppression is to be justified white superiority must be revealed"*.

ternamente nas famílias ou entre amigos e amigas, motor de desigualdades que gerenciam e mantêm o racismo estrutural e institucional. Ressalto que compreendo as formas como a branquitude se apresenta nas vidas contemporâneas com base em perspectivas que levam em conta tanto um recorte individual quanto coletivo, conforme a definição de racismo individual e institucional que cito a seguir.

> O racismo institucional é a normalização da supremacia branca em instituições, leis, políticas e práticas que produzem acesso racialmente diferencial a empregos, organizações, serviços, espaços, riqueza e assim por diante. (...) Não apenas o racismo institucional é primário, mas o racismo individual e institucional também operam independentemente um do outro. (...) A política de formação individualizada atua como uma cortina de fumaça que deixa o racismo institucional incontestado (MILAZZO, 2016, p. 8, T.A.)[68].

No caso sul-africano, apesar de ser um país formado por uma maioria quantitativa de população negra e que se apresenta como um modelo a ser seguido por todo o restante do continente, por ser uma potência econômica e exemplo de resistência aos horrores da segregação racial, ainda se percebem, na contemporaneidade, desafios para a convivência entre pessoas brancas e não brancas que foram perpetuados a partir da colonização e do apartheid. Eles estão ligados ao que nomeio "branquitude multifacetada".

Ressalto que nenhuma das facetas que serão apresentadas deve ser vista unicamente pertencente à realidade sul-africana. Em uma perspectiva *glocal* (CASTELLS, 1996), em que as ações locais apresentam ressonâncias globais e vice-versa, é nítida a presença de uma dissonância entre as conotações presentes na construção de identidade étnico-racial branca (em suma, historicamente positiva e autoafirmada) em comparação às outras pertenças étnico-raciais no mundo (resumidamente, compreendidas com foco em processos de consecutivas dúvidas e opressões, além de dificuldades em se posicionar e autoapreciar num "mundo branco"). Além disso, saliento que não existe qualquer hierarquia e/ou ordem de importância em relação às facetas expostas a seguir.

---

[68] A versão original da citação é a seguinte: *"Institutional racism is the normalisation of white supremacy in institutions, laws, policies, and practices that produce racially differential access to jobs, organisations, services, spaces, wealth, and so forth. (...) This is racism. Not only is institutional racism primary, but individual and institutional racism also operate independently from one another. (...) The politics of individualised training act as a smokescreen that leaves institutional racism unchallenged".*

BINARIDADE, CONTRAPOSIÇÃO INDIVIDUAL/COLETIVO, AUTOVITIMIZAÇÃO, NORMATIVIDADE E *WHITE TALK*

Para iniciar a reflexão em torno das facetas possíveis para o estabelecimento de poder branco na contemporaneidade global, bem como a partir da realidade observada na África do Sul, começo pela questão da binaridade. No contexto sul-africano, a binaridade entre negritude e branquitude é vivida nos cotidianos de uma região marcada pela supervalorização do "ser branco" em detrimento à recorrente opressão sofrida por pessoas não brancas, em especial a população negra. Por esse motivo, é possível encontrar espaços, em Joanesburgo, por exemplo, em que só se veem pessoas brancas, mesmo sendo representantes da minoria da população local. Também se observa, por vezes, desejos de "viver como branco" (RATELE, 2010) para poder desfrutar de privilégios e de poder.

Outra faceta possível da branquitude que se soma à binaridade é a busca por contrapor relações individuais e coletivas a favor da manutenção da branquitude. Uma espécie de branquitude visível para quem quer enxergá-la e invisibilizada por quem dela se beneficia. Isto acontece por meio de narrativas que buscam essencializar a prática e excepcionalizá-la – de modo a identificar que não se trata de uma realidade geral da nação, mas sim de uma situação localizada e pessoal –, portanto, não representativa da realidade geral ou de determinados grupos populacionais.

> Discursos de imparcialidade e justiça, juntamente com representações estereotipadas de negros, fornecem aos sul-africanos brancos um léxico estratégico e flexível para construir imagens de si próprios como vítimas. Este argumento é focado em indivíduos em desvantagem, não em grupos (WAMBUGU, 2005, p. 64, T.A.)[69].

Essa contraposição entre uma ação pessoal, de um lado, em oposição a uma conduta do grupo, de outro, remete à outra faceta possível da branquitude: pessoas brancas nascidas na África do Sul que se reconhecem vítimas, visto que, por vezes, herdaram do apartheid interpretações negativas em torno de suas identidades brancocentradas, como a de uma pessoa sul-africana de origem africâner ou de outras ascendências, mas que, na coletividade, é lida na totalidade, como parte de um grupo de

---

[69] A versão original desta citação pode ser lida conforme segue: *"Discourses of fairness and justice together with stereotypical depictions of blacks provide white South Africans with a flexible and strategic lexicon for constructing images of themselves as victims. This argument is focused on individuals who have been disadvantaged, not groups. This would involve a majority of blacks, but crucially, would also include some whites"*.

pessoas brancas possivelmente racistas e opressoras. "No entanto, essa variabilidade na conceituação da discriminação facilita um posicionamento dos brancos de acordo com os resultados que desejam: uma construção de 'brancos inocentes'" (WAMBUGU, 2005, p. 66, T.A.)[70].

A dinâmica social anteriormente apresentada é consequência de uma outra faceta da branquitude: a normatividade, uma vez que aquela só consegue se apresentar, em diferentes formatos, exatamente por também ser naturalizada e transformada em norma. Ela recorta e está presente em tantos aspectos da vida cotidiana que passa a não ser mais enxergada pelo senso comum. Sua hegemonia é tamanha que se pode viver, sendo uma pessoa branca privilegiada, a vida toda e simplesmente não reconhecer essa condição de privilégio racial – e isto é passível de ser observado em qualquer sociedade interracial. A falta de reconhecimento determina uma inatividade e uma perspectiva acrítica em relação à existência da branquitude normativa. No caso da África do Sul, há pessoas brancas que utilizam discursos voltados ao não racialismo (ANSELL, 2006) e a um ideário voltado à utopia de uma "nação arco-íris", para garantir meios de se proteger, uma vez que suas fragilidades são muitas e, por isso, tendem a basear seus discursos em imaginários que buscam se contrapor às ainda recorrentes opressões sofridas por populações negras sul-africanas.

> Infelizmente, os ideais da supremacia branca permeiam a sociedade sul-africana de tal forma que a resistência à igualdade e o respeito às diferenças raciais sofrem em ambos os lados do espectro racial. Existe resistência para abandoná-lo e pouca ou nenhuma resiliência para lutar por ele. Apesar de mais de duas décadas de democracia e dos esforços oficiais para repensar a política racial, a branquitude na África do Sul continua a exalar um senso de normatividade. Isso foi recentemente coberto por uma atitude defensiva – uma combinação ambivalente e perigosa que resiste ao invés de ajudar o processo de reconciliação enquanto aprofunda as divisões raciais (RESANE, 2021, p. 3, T.A.)[71].

---

70 O trecho utilizado pode ser lido originalmente da seguinte maneira: *"Nonetheless, this variability in the conceptualization of discrimination facilitates a positioning of the whites according to the outcomes they desire: a construction of 'innocent whites'"*.

71 A citação direta apresentada está no original com a seguinte redação: *"Sadly, the white supremacist ideals pervade South African society in such a way that resistance to equality and respect of racial differences suffer on both sides of race spectrum. There is resistance to abandoning it and little or no and resilience to fight for it. Despite more than two decades of democracy, and official efforts to rethink racial politics, whiteness in South Africa continues to exude a sense of normativity. This has recently been overlaid with defensiveness – an ambivalent and dangerous combination that resists rather than assists the process of reconciliation while deepening racial divisions"*.

Além disso, há também casos de pessoas que buscam impor a ideia de que sofrem um "apartheid reverso" na atualidade[72]. São estas pessoas que, geralmente, se defendem de qualquer possibilidade de acusação sobre um potencial imaginário racista que carregam consigo mesmas, uma vez que conseguem enxergar situações em que afirmam terem sido discriminadas e/ou perseguidas, pelo fato de serem brancas e viverem em um país majoritariamente negro e que, segundo elas, possui habitantes que odeiam pessoas brancas. Esta prática foi analisada por Steyn e Foster (2008), a partir do conceito de *"White Talk"*.

> O *White Talk* declara as medidas equivalentes antes mesmo de a balança as pesar: posições moralmente desiguais são tratadas como se todas as partes tivessem responsabilidade igual; o dano causado às psiques brancas por seu racismo cria um status de vítima igual para os perpetradores como as feridas profundas infligidas aos negros sul-africanos pelo apartheid e colonialismo (STEYN; FOSTER, 2008, p. 29-30, T.A.)[73].

Com base na noção de *White Talk*, seria possível, na visão de pessoas brancas sul-africanas, equalizar suas dores em relação às feridas que carregam as pessoas negras sul-africanas adquiridas a partir do apartheid e do colonialismo. Em uma tentativa de autovitimização, as pessoas brancas tendem a minimizar situações de opressão sistêmicas e estruturais que negros/as sofreram, a fim de que também sejam vistas como sofredoras nestas situações, uma vez que vivenciavam – e ainda vivenciam – dificuldades por serem brancas. No entanto, ao fazer isso, colocam em pé de igualdade dinâmicas de segregação que sequer poderiam ser lidas de modo comparativo, quanto mais equivalentes.

---

[72] A noção, presente no senso comum, de um possível "apartheid reverso" pode ser vista em textos e artigos de opinião na internet, como, por exemplo, nesta publicação do *"Shout Out UK"*, em que está presente entrevista realizada, em 2018, com Ca'reen Johnson Govindasamy, de ascendência indiana e que vive na África do Sul (https://www.shoutoutuk.org/2018/09/11/the-perversity-of-reverse-apartheid-in-south-africa/) e neste vídeo publicado pelo canal *"Euronews"*, em 2013: https://www.youtube.com/watch?v=_C2R12xQDDE.

[73] A citação utilizada pode ser lida, em sua versão original, a seguir: *"White Talk declares the measures equivalent before the scales have even weighed them: morally unequal positions are treated as if all parties carry equal accountability; the damage caused to white psyches by their racism creates an equal victim status for the perpetrators as the deep wounds inflicted on black South Africans through apartheid and colonialism"*.

SEGURANÇA E GARANTIA DE DIREITOS

Talvez um dos ápices desse discurso vitimista em torno das opressões sofridas por pessoas brancas na África do Sul possa ser representado por discursos ocorridos sobre um possível "genocídio branco" no país[74]. Esta foi a nomenclatura utilizada por algumas pessoas e, inclusive, pelo ex-presidente dos Estados Unidos, Donald Trump[75], que buscavam repercutir as mortes ocorridas em fazendas lideradas por famílias brancas sul-africanas, tendo como vítimas, principalmente, homens brancos e, como suspeitos dos crimes, homens negros, moradores de diferentes regiões rurais do país. No entanto, com base no reconhecimento de dados e de estatísticas em torno destas mortes, é notória a falsa aplicabilidade do conceito de genocídio, em primeira instância (por não ser um número expressivo de mortes), bem como de um genocídio branco, mais especificamente, uma vez que estes assassinatos envolveram pessoas de diferentes raças sociais e que, por sua vez, estão em disputa por território, em um contexto histórico em que as populações brancas ainda se situam na posição de detentoras de grande parte das terras da nação e uma reforma agrária ainda não foi realizada no país.

É salutar ressaltar que as disputas de território, infelizmente, não são apenas marcadas por conflitos entre os chamados proprietários de terras (numa perspectiva capitalista e neoliberal) e aqueles e aquelas que realmente deveriam ser donos e donas destas mesmas terras, uma vez que são herdeiros e herdeiras das populações que já estavam na África do Sul antes do processo de colonização, ou seja, as pessoas africanas, nativas e negras. O que se vê, atualmente, é também uma crescente e violenta rivalidade entre pessoas sul-africanas e aquelas nascidas em um dos outros 54 países do continente. Trata-se de uma recorrente disputa por pertencimento em um país que tem status elevado em relação ao restante do continente-mãe. Para além de uma xenofobia presente nos discursos e nos cotidianos de quem vive na África do Sul, contra qualquer pessoa estrangeira, há ainda

---

[74] Para mais informações acerca deste tema, sugiro a leitura de artigo publicado por Pogue (2019), disponível em https://pulitzercenter.org/stories/myth-white-genocide, e também da dissertação de mestrado de Barraclough, publicada em 2021, conforme o link: https://open.uct.ac.za/handle/11427/33636.

[75] Um dos textos, disponibilizados on-line, que repercutem esse caso pode ser lido no site do *"Southern Poverty Law Center"*, por meio do link a seguir: https://www.splcenter.org/hatewatch/2018/08/23/dangerous-myth-white-genocide-south-africa.

a recorrência de uma noção chamada de afrofobia (TAGWIREI, 2019)[76], em que o ódio e a perseguição são disseminados entre pessoas de origens africanas diversas, que pode resultar em uma competitividade amparada em valores neoliberais. No entanto, como aponta Gqola (2016, p. 66, T.A.): "quem estava seguro contra ataques xenófobos: aqueles cujas identidades reuniam passaportes da América do Norte ou da Europa, que viviam em áreas de classe média e ricas e eram (às vezes) brancos"[77].

Como pode-se perceber a partir do trecho que destaquei, no contexto sul-africano analisado pela pesquisadora sul-africana Gqola (2016), existem excepcionalidades para quem costuma ser alvo de atos de xenofobia e, não por acaso, há a existência de uma variante ligada à branquitude que contribui para uma eventual proteção da pessoa branca. Mesmo sendo uma pessoa estrangeira, vivendo em um país em que os índices de xenofobia são altos, pode-se ter a proteção de sua branquitude (ARAUJO, 2020). Isto demonstra mais uma caracterização do privilégio e do poder brancos: a segurança.

De uma maneira geral, a população branca sul-africana também é favorecida em relação ao acesso a direitos humanos básicos, como pode ser observado em documentos criados com base nas estatísticas demográficas locais. Entre elas, os casos de xenofobia e de racismo são os mais apontados, na sociedade sul-africana, acompanhados de violências de gênero, conforme aponta o Plano de Ação Nacional para combate ao Racismo, à Discriminação Racial, à Xenofobia e Intolerâncias Relacionadas (*National Action Plan to combat Racism, Racial Discrimination, Xenophobia and Related Intolerance*), publicado em março de 2019[78]. Em um país de maioria feminina (que corresponde a 51,1 por cento da população nacional), as mulheres negras são as que sofrem com uma maior taxa de desemprego e pobreza (36,5 por cento delas estão desem-

---

[76] Para conhecer detalhes em torno de ocorrências de afrofobia na África do Sul, indico a leitura do artigo publicado pelo pesquisador zimbabuano Tagwirei (2019), disponível no link a seguir: https://theconversation.com/south-africa-a-new-narrative-could-tackle-anti-migrant-crisis-123145.

[77] A versão original do trecho citado pode ser lida da seguinte forma: *"who was safe against xenophobic attack: those whose identities brought together passports from North America or Europe, who lived in middle class and affluent areas, and were (sometimes) White"*.

[78] Para mais informações em torno do Plano de Ação supracitado e demais iniciativas relacionadas ao combate ao racismo, à xenofobia e outras violências na África do Sul, aconselho o acesso ao link: https://www.justice.gov.za/nap/index.html.

pregadas, de acordo com a Pesquisa Trimestral sobre Força de Trabalho (*Quarterly Labour Force Survey*), publicada em 2020). De uma maneira geral, são, especialmente, as negras, pobres e que vivem em áreas rurais, as mulheres que mais são socioeconomicamente oprimidas, ao mesmo tempo que assumem a responsabilidade de cuidar das necessidades emocionais, físicas e financeiras de seus filhos e de suas filhas, conforme aponta o Plano Estratégico Nacional para Violência baseada em Gênero e Feminicídio (*National Strategic Plan on Gender-Based Violence and Feminicide*), publicado em 2020. São elas que também são as mais atingidas por uma taxa de feminicídio altíssima. Este tipo de violência é cinco vezes mais frequente do que a média global. A maioria das mulheres, provavelmente, irá sofrer algum tipo de violência baseada em gênero, ao longo de suas vidas, conforme demonstram as organizações que lutam contra atos desse tipo, motivo pelo qual o governo federal instituiu um comando central para o combate à violência baseada em gênero (*Gender-Based Violence Command Centre-GBVCC*)[79].

Com base nos dados e nas reflexões até aqui apresentadas, ouso afirmar que experienciei uma África do Sul que é, historicamente, pós-colonial (pois não mais vive sob o jugo do colonialismo), mas que ainda não descolonizou seus imaginários e seus viveres. De tal forma que os dados apresentados invariavelmente demonstram a retirada de direitos, principalmente, das pessoas negras do país. Talvez por isso haja uma gratidão em relação ao partido político que governa a nação, a ponto de nunca ter sido eleito qualquer outro partido para presidência que não o Congresso Nacional Africano – CNA (*African National Congress* – ANC), desde a redemocratização. Mesmo com acusações relacionadas à corrupção dentre políticos do partido, há milhares de pessoas que defendem as práticas e os valores do partido e de seus representantes. Nesse contexto, o Aliança Democrática – AD (*Democratic Alliance* – DA), maior partido de oposição ao CNA, é visto como um dos possíveis representantes de interesses das populações branca e *Coloured*, o que compele eleitores/as a continuarem fiéis ao partido, que supostamente resguarda interesses das/os negras/os.

De acordo com levantamento realizado pela "*StatsSA*", publicado em 2020, a taxa de desemprego na África do Sul é de quase 40 por cento para pessoas negras e de pouco mais de oito por cento para pessoas brancas. Essa riqueza branca está diretamente ligada a desigualdades que afetam,

---

[79] Para conhecer as ações realizadas pelo "*GBVCC*", sugiro conhecer o link: http://gbv.org.za/.

também a longo prazo, a qualidade de vida de pessoas negras. A expectativa de vida na África do Sul é de cinquenta anos para pessoas negras e de mais de setenta anos de idade para pessoas brancas. Mesmo compreendendo que a população negra é majoritária, portanto, mais facilmente afetada pelas desigualdades, o abismo entre esses grupos populacionais é visível.

A dinâmica desigual, favorecida pela branquitude na África do Sul, também é percebida em relação aos cargos em posição de poder ocupados por quem tem trabalho no país. De acordo com o vigésimo relatório anual, divulgado pelo Departamento de Emprego e Trabalho nacional, realizado pela Comissão para Equidade de Emprego (*20th Commission for Employment Equity*)[80], no ano de 2019, os cargos considerados de liderança (*Top Management*) foram ocupados por 65,6 por cento de pessoas brancas (denominadas como *White*), seguidos por 15,2 por cento de pessoas negras (denominadas como *African*); 10,3 por cento de pessoas de origem indiana (denominadas como *Indian*); e 5,6 por cento de pessoas mestiças (denominadas como *Coloured*). Além dessa organização racialmente apresentada, o relatório aponta que 75,6 por cento desses mesmos cargos são ocupados por pessoas do gênero masculino, contra 24,4 por cento ocupados pelo gênero feminino.

O referido relatório também apresenta dados relacionados à população economicamente ativa sul-africana, que vai em uma direção praticamente oposta à realidade demonstrada pelos cargos de liderança. Esse grupo populacional é formado por 42,7 por cento de pessoas negras do gênero masculino (denominadas como *african male*) e por 4,9 por cento de pessoas brancas do mesmo gênero (denominadas como *white male*), portanto vê-se que, por mais que a população negra masculina seja majoritária e corresponda a grande parte do grupo economicamente ativo no país, esse dado não garante sua representatividade em posições de poder, como os cargos de liderança anteriormente apresentados. A crença de que a existência de uma maioria negra determina a representação em posição de poder não se cumpre, uma vez que outra faceta da branquitude é a da garantia que tais lugares sejam continuamente ocupados por quem dela se beneficia, ou seja, a população branca. Mesmo com o aumento da população branca considerada pobre, ainda assim, é ela quem detém mais condições de acessar direitos e de acumular riquezas.

---

[80] A íntegra do relatório pode ser acessada no documento disponível no link a seguir: http://www.labour.gov.za/DocumentCenter/Reports/Annual%20Reports/Employment%20Equity/2019%20-2020/20thCEE_Report_.pdf.

HIPERVISIBILIDADE, DISTANCIAMENTO COMO ESTRATÉGIA PARA AUTOPROTEÇÃO E PUREZA

O fato de haver pessoas brancas em situação de pobreza também costuma ser parte das escusas utilizadas por pessoas brancas em relação à não permanência de valores da branquitude na realidade sul-africana pós-apartheid. Conforme afirma Herard-Willoughby (2015, p. 49, T.A.): "(...) a existência de brancos pobres tem sido amplamente usada para deslegitimar os direitos de voto de negros, direitos à terra e remediações legais que buscam minimizar a atuação da minoria branca e todos os seus efeitos"[81]. Esse é o tipo de valorização que tende a aparecer apenas quando é oportuno para pessoas brancas, no sentido de aliviarem a culpa que carregam por serem potencialmente promotoras históricas dessas desigualdades. Inclusive, em relação à busca desse alívio, destaco que, vivendo em Joanesburgo, e estando em diálogo com pessoas de variadas pertenças étnico-raciais, pude perceber a ocorrência de práticas assistencialistas (como doação de comida e de roupas) sendo feitas exclusiva e/ou prioritariamente para pessoas brancas em situação de rua, principalmente quando estas práticas partem de pessoas também brancas. Esta, por sua vez, é outra faceta da branquitude: a hipervisibilidade. Uma pessoa branca pedindo esmolas, nos faróis da cidade, é muito mais notada do que os diversos corpos negros que, infelizmente, representam a maioria da população em situação de rua.

Mesmo a existência de uma elite negra sul-africana é usurpada pela branquitude. "Na verdade, as elites negras são uma isca, desviando a atenção de onde a maior parte da riqueza do país ainda se encontra: a África do Sul branca de classe média e alta" (STEYN; FOSTER, 2008, p. 42, T.A.)[82]. Talvez por isso corpos negros são alvo de opressões e de ataques que colocam em risco suas próprias vidas, como demonstram os altos índices de violência policial. A força policial sul-africana (*South African Police Service – SAPS*) pode ser compreendida como mais violenta do que a polícia estadunidense, por exemplo, de acordo com levantamentos realizados por organizações que lutam para combater este tipo

---

[81] A versão original do trecho destacado foi escrita da seguinte forma: *"(...) the existence of poor whites has been widely used to delegitimize black voting rights, land rights, and legal remedies to correct for white minority rule and all of its effects"*.

[82] Lê-se, originalmente, o seguinte: *"In effect, black elites are a decoy, drawing attention away from where the bulk of the country's wealth is still to be found: middle- and upper-class white South Africa"*.

de violência no país[83]. Outro exemplo é a ocorrência do massacre de *Marikana*, em 2012, quando o Serviço de Polícia da África do Sul abriu fogo contra uma multidão de mineradores (majoritariamente negros) que estavam em greve – exigindo aumento salarial – na mina de platina *Lonmin*, na província de *North West*. Na ocasião, a polícia matou trinta e quatro mineiros e deixou setenta e oito gravemente feridos. Após o ataque a fogo aberto, duzentos e cinquenta mineiros foram presos[84]. Um exemplo de como a segurança, determinada pela hipervisibilidade da branquitude, colabora para menor letalidade de corpos brancos.

Para fugir de possíveis situações de violência, a população branca sul-africana se aglomera em bairros conhecidos como suburbs. Tais zonas, mais comuns nas grandes cidades, são parte de estruturas de autodefesa e de proteção de uma minoria branca populacional. Inclusive, essas localidades, historicamente, também foram mudando de lugar, à medida que índices de violência aumentaram e/ou com base no fluxo de pessoas negras em determinadas regiões destas cidades. Há uma crença, por parte da população branca sul-africana, no sentido de que estará mais protegida em áreas onde a concentração de seu grupo étnico-racial é maior. Por consequência, isso significa viver em bairros onde, proporcionalmente, a densidade demográfica de pessoas negras é menor. Tudo isso para garantir que suas zonas de conforto raciais não sejam atingidas e possam seguir com discursos e práticas que remontam às suas potenciais fragilidades raciais.

> Muitos brancos na África do Sul vivem em um ambiente social que os protege e os isola do estresse racial. Este ambiente isolado de proteção racial cria expectativas brancas para o conforto racial enquanto, ao mesmo tempo, diminui a capacidade de tolerar o estresse racial que leva à fragilidade branca (RESANE, 2021, p. 4, T.A.)[85].

---

[83] Para mais informações a respeito deste dado, sugiro a leitura da análise publicada no site *"GroundUp"*, em 2015, conforme link a seguir: http://www.groundup.org.za/article/saps-twice-lethal-us-police_3016/.

[84] Detalhes e mais informações sobre o Massacre de *Marikana* podem ser conferidos no portal *"South African History Online"*, disponível no link: https://www.sahistory.org.za/article/marikana-massacre-16-august-2012.

[85] A citação direta, em versão original, pode ser lida da seguinte forma: *"Many white people in South Africa live in a social environment that protects and insulates them from race-based stress. This insulated environment of racial protection builds white expectations for racial comfort while, at the same time, lowering the ability to tolerate racial stress which leads to white fragility"*.

Essa divisão racial das cidades é extremamente notável, até mesmo quando se visita a África do Sul como turista. Exemplo disso é o fato que, em plataformas digitais como Airbnb, a grande maioria das ofertas de moradias para locação é de propriedade de pessoas brancas e, ainda, grande parte das pessoas negras que se vê nos perfis criados nesta plataforma corresponde a funcionários/as contratados/as por pessoas brancas que sequer vivem no país. Uma realidade que demonstra um fluxo migratório constante e crescente de população branca sul-africana que decide migrar para países como Austrália e Reino Unido, dentre outros[86], uma vez que não mais se encaixam nas possibilidades de existência de um país pós-apartheid, por mais que este, por sua vez, ainda mantenha estruturas que privilegiam este grupo. Creio que seja possível apreender, segundo esta realidade, uma nova faceta da branquitude: o distanciamento como estratégia de autoproteção.

Ressalto que também existem pessoas negras, indianas ou *coloured* que gostariam de poder migrar para outros países e, dessa forma, preservarem-se de relações raciais ainda dolorosas e em processo de ressignificação, no entanto, até mesmo o direito de migrar é privilégio, em sociedades como a África do Sul, o que também pode ser visto em outras nações que vivem sob o jugo do capitalismo e do racismo estruturais e estruturantes, principalmente aquelas pertencentes ao Sul Global.

> Os jovens sul-africanos brancos que partem nas atuais circunstâncias muitas vezes tiveram as melhores oportunidades que o país pode oferecer, uma educação que os prepara para o emprego em muitos outros países, e optam por sair de uma situação onde podem não obter mais o privilégio automático de branquitude na competição por emprego. Além disso, uma vez estabelecidos em outras partes do mundo ocidental, eles automaticamente fazem parte da classe branca privilegiada, onde desfrutam de vantagens sobre os negros nessas sociedades (STEYN; FOSTER, 2008, p. 31. T.A.)[87].

Não é sem motivo que a maioria de pessoas brancas sul-africanas, quando decide se manter no país, além de viver em bolhas geográficas que

---

[86] Informações acerca desse fluxo migratório disponíveis no link a seguir: https://www.thesouthafrican.com/news/how-many-white-south-africans-emigration-population-stats-july-2021/.

[87] A citação direta, originalmente, pode ser lida a seguir: *"The young white South Africans leaving under current circumstances have often had the very best opportunities the country can offer, an education that equips them for employment in many other countries, and choose to move away from a situation where they may no longer get the automatic privilege of whiteness in competing for employment. Moreover, once settled in other parts of the western world, they are automatically part of the privileged white class where they enjoy advantage over the black people in those societies".*

preservam seus ideais e valores, também tende a não compartilhar espaços que apresentem uma maior diversidade étnico-racial, ou sequer frequenta comunidades rurais tradicionalmente negras, como os *"Zulu kraals"*, por exemplo. "O *'Zulu kraal'* ou a 'fazenda' são lugares que a maioria dos brancos nunca experimentou pessoalmente, a não ser em seus carros, mas que existem em sua imaginação como a fonte e o veículo do 'modo de vida tradicional africano'"[88] (BALLARD, 2004, p. 67, T.A.). Inclusive, o termo *"kraal"* remonta à ideia de um ambiente distante e opostamente localizado em relação aos *suburbs* onde estão as pessoas brancas sul-africanas. Os subúrbios, por sua vez, são espaços urbanos em que não há planejamento urbano que motive as pessoas a andarem pelas ruas, portanto a maior parte dos/as moradores/as se desloca em carros e, quando estão a pé, parecem não buscar viver em comunidade, visto que comumente sequer cumprimentam quem passa. Ao que parece, esses bairros são uma espécie de "pequena Europa" ou um "pequeno Norte Global". Trata-se de um universo paralelo, formado por grandes habitações (com casas, por vezes, que chegam a ter quadras de esporte e piscinas, além de jardins e garagens com diversos veículos), que busca fazer oposição inversamente proporcional aos *shacks* (habitações que seriam nomeadas como "barracos" no Brasil) presentes nos bairros pobres das cidades sul-africanas. E mais: há uma disputa nestes espaços para que não estejam próximos fisicamente de assentamentos informais ou de *townships*[89]. Talvez por isso moradores/as dos *suburbs* façam dos seus carros equipamentos de autoproteção, ao terem que furar a bolha branca que habitam.

> A maior ofensa dos assentamentos informais, ao que parece, é trazer 'África' para o subúrbio — 'África' é a última coisa que os residentes formais desejam em um subúrbio, já que trabalharam tão arduamente para se elevar acima do continente em que estão localizados (BALLARD, 2004, p. 67, T.A.)[90].

---

88 Para a versão original, sugere-se a leitura a seguir: *"The 'Zulu kraal' or the 'farm' are places which most whites have never personally experienced, other than from their cars, but which exist in their imaginations as the source and vessel of the 'traditional African way of life'"*.

89 Sugiro o conhecimento de material fotográfico aéreo produzido por Johnny Miller, que demonstra essa separação entre *townships* e *suburbs* na África do Sul, disponível no link: https://www.bbc.com/news/in-pictures-45257901.

90 Originalmente, a citação pode ser lida da seguinte forma: *"The major offence of informal settlements, it appears, is bringing 'Africa' into the suburb—'Africa' being the last thing formal residents want in a suburb since they have worked so earnestly to rise above the continent upon which they are located"*.

De acordo com Resane (2021, p. 4, T.A.), "Os sul-africanos brancos não foram preparados para viver como uma minoria em uma sociedade desracializada"[91]. Assumo que esta é uma das possibilidades de explicação para esta divisão racial que habita mentes e corpos de sul-africanos/as em geral, mas mais ainda corpos e mentes brancas do país. Receio que seja também uma possível razão para a organização social de amigos/as e de casais que se reúnem dentro do espectro racial do qual fazem parte, o que dificulta a existência de grupos interraciais nos espaços públicos e internamente nas famílias sul-africanas (DALMAGE, 2018). Uma das lentes de interpretação que considero possíveis, neste tipo de situação, se situa em uma busca por uma branquitude intacta. Nesse sentido, é mais seguro – para a pessoa branca – se relacionar com apenas pessoas do seu mesmo grupo étnico-racial, uma vez que reconhece a potencial fragilidade de sua brancura. Portanto, mesmo na contemporaneidade, reafirmam heranças de seus/suas antepassados/as, que lideraram um percurso histórico colonial e segregacionista. Por mais que haja uma eventual anacronia (as pessoas brancas sul-africanas são minoria no país e tais valores demonstram estar ultrapassados), esta ocorrência configura uma outra faceta da branquitude: a busca pela pureza branca enquanto parte da construção de suas identidades superafirmadas.

> Mas então a violência do apartheid também pode ser vista como uma prova do mesmo; que, tendo-o declarado um país branco, mas estando tão longe do lar da branquitude na Europa, e juntamente com a origem da nacionalidade sul-africana branca na apropriação violenta das terras negras, os líderes brancos coloniais e do apartheid estavam frequentemente mais preocupados com a contingência preocupante de suas reivindicações de identidade (RATELE, 2010, p. 97, T.A.)[92].

Em relação à conduta de pessoas brancas que buscam se autoafirmar, inclusive podendo incorrer na reprodução de práticas já condenadas na atualidade, visto que vivemos em um mundo pós-colonial, percebe-se a supervalorização de aspectos que podem legitimar a branquitude, como, por exemplo, por meio da língua. As diferentes formas de se expressar e os

---

[91] O trecho destacado pode ser lido, originalmente, conforme segue: *"White South Africans have not been prepared to live as a minority in a deracialised society"*.

[92] A citação utilizada foi originalmente escrita do seguinte modo: *"But then the violence of apartheid can also be seen as attesting to the same; that having declared it a white country, but being so far away from the home of whiteness in Europe, and coupled with the origin of white South African nationhood in violent appropriation of black lands, the white colonial and apartheid leaders were often more uneasy with the troubling contingency of their identity claims"*.

sotaques presentes na língua inglesa – herdada do processo colonial – entre as populações sul-africanas é fundamental para identificar as raízes de uma competência almejada, principalmente, por instituições e por sujeitos/as brancos/as na África do Sul: a "entonação" branca, aqui, livremente traduzida por mim, para o chamado *"White tone"*.

Ressalta-se que as divisões da língua inglesa, no contexto sul-africano, têm como pilares, as seguintes estruturas: 1. inicialmente, a diferença presente entre a língua inglesa reconhecida enquanto anglo-saxã e a língua inglesa branca sul-africana (originalmente conhecida como *White English-speaking South African – WESSA*); e 2. uma reorganização interna, com base em análises da sociolinguística, onde se observam a existência de termos como "inglês sul-africano branco", "inglês sul-africano negro", "inglês sul-africano *coloured*" e "inglês sul-africano indiano", para mostrar a importância das quatro categorias raciais herdadas do apartheid para a construção da variedade linguística na África do Sul (HUNTER, 2019). Com isso, se apontam diferentes falares e sotaques do inglês no país. Em relação aos sotaques, Hunter (2019, p. 111, T.A.) afirma: "os sotaques não são avaliados igualmente, mas podem ser organizados em uma hierarquia, com raízes no sistema de segregação racial do apartheid"[93], assentada em uma matriz segregadora e divisionista.

Por isso, "especialmente a partir dos anos 2000, a 'entonação branca' de uma escola significava sua liderança forte, capacidade de atrair pais abastados e capacidade de fornecer benefícios na forma de qualificações, disposições culturais e redes sociais"[94] (WESTHUIZEN, 2017, p. 132, T.A.). Uma demonstração de como a língua herdada pela colonização, mesmo em um contexto pós-colonial e pós-apartheid, impõe seu valor e é estratégia de hiper-valorização de uma pureza branca em potencial, que, por sua vez, quando alcançada, pode garantir melhores condições de vida – seja para pessoas brancas ou não, ou seja, ter a "entonação branca" não é meta apenas da população branca sul-africana, apesar de esta poder considerar este status relevante.

---

[93] O trecho utilizado pode ser lido, originalmente, a seguir: *"accents are not evaluated equally but can be organised in a hierarchy, one with roots on apartheid's system of racial segregation"*.

[94] O trecho citado pode ser, originalmente, lido a seguir: *"Especially from the 2000s, a school's 'white tone' signified its strong leadership, ability to attract well-off parents, and capacity to provide benefits in the form of qualifications, cultural dispositions, and social networks"*.

BRANQUITUDE COMO PATOLOGIA SOCIAL
VERSUS UBUNTU NA PRÁTICA

As concepções e as práticas que orientam as múltiplas facetas da branquitude, seja em território sul-africano ou fora dele, fundamentam-se em um princípio que estrutura todas as formas sobre como estas se apresentam em sociedade: a noção de branquitude como patologia social (HERARD-WILLOUGHBY, 2015). Privilégios oriundos da histórica e persistente hegemonia branca devem ser encarados como sendo perpetuadores de um ciclo de opressões que reiteram lugares sociais que não foram e ainda não são ocupados por direito, mas por apropriação, por uso de forças – de variadas ordens – que hierarquizam pessoas de acordo com seus interesses, por lógicas supremacistas que colocaram os modos de ser e de existir brancos em uma posição de superioridade superiores e/ou de qualificação mais elevada, sem haver justificativa plausível para tal.

A existência e a consequente permanência das diferentes facetas da branquitude na vida em sociedade somente pode ser explicada como ideologia criada para desumanizar pessoas não brancas, a fim de garantir o bem-estar e os privilégios de pessoas brancas. Trata-se de uma conduta perversa que precisa ser combatida, com voracidade e emergência de lutas em prol da valorização das negritudes, das contribuições ameríndias e de tantos outros grupos étnico-raciais, que compõem os mais de sete bilhões de habitantes do mundo que, por sua vez, não são majoritariamente brancos/as.

> Não podemos desfazer a atratividade da busca pela supremacia branca falando sobre como ela sempre vence e como sempre satisfaz a ganância humana. Em vez disso, devemos começar a falar sobre a supremacia branca como sendo anti-humana no sentido de que cria morte prematura para aqueles designados como negros e próximos à negritude e requer 'miserabilismo' e 'desumanização' para aqueles designados após longos processos como brancos (HERARD-WILLOUGHBY, 2015, p. 95, T.A.)[95].

Acredito que, especialmente na África do Sul, a presença da branquitude – ideologia anti-humana, portanto desagregadora e disseminadora de discursos e de práticas de ódio – dificulta e tem impossibilitado

---

[95] A citação, originalmente, foi redigida da seguinte forma: *"We cannot undo the attractiveness of the pursuit of white supremacy by talking about how it always wins and how it always satisfies human greed. Instead, we must begin to talk about white supremacy as being anti-human in the sense that it creates premature death for those designated as black and in close proximity to blackness and requires 'miserabilism' and 'dehumanization' for those designated after long processes as white".*

devires como os propagados pela filosofia *Ubuntu* (ou do provérbio, em isiZulu, "*Umuntu ngumuntu ngabantu*", que afirma, em tradução livre para o português, "Eu sou porque somos", tendo originalmente a cosmovisão Nguni), e ter sido principalmente propagada por diversas lideranças sul-africanas, como Desmond Tutu e Nelson Mandela. Afinal, "o ubu-Ntu reconhece a unidade de toda a humanidade, com igual reverência por cada ser humano, apesar de quaisquer qualificações"[96] (MHLAMBI, 2020, p. 16, T.A.). Sendo assim, não há como estabelecer lógicas que coloquem a filosofia *Ubuntu* em prática, quando ainda se vive em um ecossistema em que a anti-humanidade é valorizada.

Portanto, é dever de todas as pessoas que compõem os cotidianos atuais, seja na África do Sul, ou em qualquer outro país do globo, se apropriarem de perspectivas críticas à branquitude, seja por meio de discursos e/ou de práticas antirracistas. É preciso responsabilizar quem, de fato, merece ser interpretado(a) como perpetuador(a) desta ideologia hegemônica, ou seja, as pessoas brancas que seguem usufruindo de seus privilégios raciais em detrimento do ciclo vicioso configurado pelo histórico racismo sistêmico, que é estrutural e estruturante destas sociedades.

Todavia, é importante frisar que tais realidades estão em constante mutação e que, em uma perspectiva otimista, é possível perceber ventos que trazem práticas de transformação na contemporaneidade sul-africana e em outras localidades do mundo que apresentam relações interraciais similares, como é o caso de países caribenhos, latino-americanos e norte-americanos, principalmente. Exemplo disso são os enfrentamentos e as lutas protagonizadas por lideranças em diferentes camadas sociais do país, muitas delas representadas por pessoas negras, jovens e de estratos sociais menos economicamente favorecidos e que se contrapõem à noção de "viver como branco" (RATELE, 2010). Ou que, ao contrário, buscam apresentar modos de vida possíveis, mas que, em uma perspectiva crítica racial, assim como qualquer outra pertença étnico-racial, não deve ser compreendida exclusivamente de forma positiva.

---

[96] O trecho destacado tem como versão original a seguinte redação: "*ubu-Ntu acknowledges the oneness of all humanity, with equal reverence for each human despite any qualifiers*".

BRANQUITUDE EM MOÇAMBIQUE

HERANÇA COLONIAL A SER DESVELADA

Figura 6: *Fotografia de muro com grafite, em Maputo.*

Fonte: Jordane Teixeira Bento (2021).

SÚPLICA

Noémia de Sousa

"Tirem-nos tudo,
mas deixem-nos a música!
Podem desterrar-nos,
levar-nos
para longes terras,
vender-nos como mercadoria,
acorrentar-nos
à terra, do sol à lua
e da lua ao sol,
mas seremos sempre livres
se nos deixarem a música!
a luz do nosso sol,
a lua dos xingombelas,
o calor do lume,
a palhota onde vivemos,
a machamba que nos dá o pão!
E o nosso queixume
será uma libertação
derramada em nosso canto!
- Por isso pedimos,
de joelhos pedimos:
mas não nos tirem a vida,
não nos levem a música."

Moçambique está localizado na África Austral, na fronteira com África do Sul e Eswatini ao Sul, e com Malawi, Zâmbia e Zimbabwe a Oeste. Banhado pelo Oceano Índico, o país tem as províncias de Cabo Delgado, Niassa, Nampula, Zambézia, Tete, Manica, Sofala, Inhambane, Gaza, e Maputo, capital do país. A projeção da população é de cerca de 30 milhões de habitantes. Segundo o censo mais recente, de 2017, Moçambique tem 28,9 milhões de habitantes, 99% reconhecidamente negros, e 1% dividido entre pessoas mestiças, popularmente chamadas "mulatas"[97], brancas, indianas e chinesas (INE, 2017)[98].

Um país quase exclusivamente negro poderia pensar em dinâmicas que demonstrassem a ideologia da branquitude em sua composição social? Ou seja, em um território cuja maioria esmagadora das pessoas é negra, que pertence ao continente africano e que, diferentemente da África do Sul, não sofreu com políticas oficiais como a do apartheid, ainda assim é possível ver as facetas do poder e da superioridade brancas? A resposta, infelizmente, é SIM. Digo isto, pois, por viver no país, desde 2019, sou capaz de identificar algumas situações que vivenciei/vivencio a partir das lentes críticas à branquitude e às colonialidades. Ademais, li e leio autores e autoras locais e/ou que desenvolveram pesquisas em Moçambique (são raros os casos daqueles e daquelas que citam branquitude explicitamente, mas existem). A propósito, esta parte do livro está escrita apenas com citações desses/as pesquisadores/as, bem como de intelectuais que refletem sobre racialidades e/ou colonialismo desde Moçambique.

É bastante incomum, no país, a compreensão de que tanto a branquitude quanto o racismo fazem parte das dinâmicas sociais moçambicanas. Entretanto, ressalto que não se trata do mesmo *modus operandi* do racismo estrutural e institucional que se vê no Brasil, por exemplo, mas — assim como com a branquitude — o racismo se apresenta enquanto ecos de uma realidade pós-colonial, mas que ainda convive, no cotidiano, com as colonialidades herdadas do domínio português. Esforços não faltaram, desde a independência moçambicana, proclamada em 1975, para derrubar a hegemonia cultural portuguesa, como apre-

---

[97] Ressalto que a conotação pejorativa, a partir de uma leitura diaspórica, em relação ao termo "mulato/a", não é compreendida da mesma forma em Moçambique. No caso brasileiro, por exemplo, os movimentos antirracistas refutam o seu uso, por advir etimologicamente da palavra "mula".

[98] Informações detalhadas sobre o censo realizado em 2017, em Moçambique, podem ser acessadas no link a seguir: http://www.ine.gov.mz/operacoes-estatisticas/censos/censo-2007/censo-2017. Acesso em: 11 mar. 2021.

sentarei a seguir. A colonização de Moçambique através de políticas de indigenato, de assimilacionismo, entre outras armadilhas ligadas à manutenção das colonialidades, parecem desvelar, na contemporaneidade, modos de ser e de estar diretamente ligados à branquitude e ao racismo, em alguma medida.

> (...) em termos históricos, vimos de uma tentativa de construção de uma sociedade do tipo socialista em que o racismo foi, pelo menos no plano discursivo, alvo de cerrado combate político. Paira, assim, no imaginário de muitos a ideia de que somos um país em que o racismo foi efectivamente vencido ou ultrapassado. Entretanto, hoje, volvidos 45 anos depois da ascensão à independência nacional, na nossa vivência enquanto moçambicanos constatamos, no quotidiano, sinais de que o fenómeno do racismo de certa forma persiste (HUMBANE; CHEMANE, 2021, p. 3).

Como apontam os pesquisadores moçambicanos Humbane e Chemane (2021), para quem, como costumo dizer, "veste lentes que enxergam o racismo e a branquitude", também em Moçambique se veem essas dinâmicas sociais a ocorrer, pois — como os próprios intelectuais salientam — a tarefa mais difícil do pós-independência tem sido libertar as mentes da população moçambicana do colonizador português.

> (...) podemos perceber que a questão racial em Moçambique está diretamente ligada ao colonialismo, tendo sido o colonizador o criador do mundo colonial, da personalidade do colonizado e da sua alienação (branquitude). Esta última será o que de mais difícil tinha a escola de pós-independência com que lidar. Como se costuma dizer, é mais fácil expulsar o colonizador fisicamente, mas o mais difícil é libertar-se do mesmo mentalmente. Isto não foi diferente em Moçambique. Não só pela falta da capacidade humana desejável, mas também como consequência do próprio colonialismo, como seja, a branquitude (HUMBANE; CHEMANE, p. 21).

Apesar da disseminação de ideais que, à época do colonialismo português, pareciam desbravadores o suficiente para garantir melhores condições de vida para a população portuguesa e para quem já habitava as colônias, a história demonstra que o "ganha-ganha" outrora publicizado não havia como ser alcançado, uma vez que as lógicas da branquitude perpassavam as relações entre quem vinha da metrópole e quem era dono e dona de suas próprias terras e que, a partir do processo de colonização, passou a ter que conviver, de maneira forçada, com a possibilidade de perder seus direitos e tudo isso travestido de benesses às colônias. Assim como aponta Machel (1975), em famoso pronunciamento intitulado "A luta continua" (declarado no auge da conquista da independência moçambicana): "Mas o colonialismo é um crime contra a humanidade, não há colonialismo humano, não há colonialismo democrático, não há colonialismo não explorador"[99].

Para compreender como a branquitude pode estar presente nos viveres moçambicanos na atualidade, é preciso também buscar entender as dinâmicas impostas pela colonização portuguesa, bem como o histórico de guerras pró-independência e pós-independência. É necessário qualificar de quem estou a falar quando nomeio a figura do "colonizador português". Assim como nas demais colônias, Moçambique recebeu portugueses e portuguesas que buscavam uma vida melhor ao migrar, uma vez que não eram pessoas bem-sucedidas em seu país de origem. Pelo contrário, remeto-me a pessoas que nem sequer eram lidas como "brancas o suficiente" no próprio continente europeu.

> As autoridades coloniais não conseguiam perceber o racismo como um atributo definidor da cultura dos colonos, mas frequentemente apontavam os brancos pobres como "maçãs podres" em uma fruteira colorida e saudável. Apesar da insistência de Lisboa em produzir "Portugais em África", o pobre e inculto colono permaneceu perpetuamente fora de lugar em um sistema onde raça e civilização deveriam se sobrepor. Eles eram brancos, mas não suficientemente (ARAÚJO, 2020, p. 110, T.A.)[100].

No entanto, é importante não generalizar esse grupo de pessoas que migrou da metrópole para as colônias. Entre elas, também havia sujeitos/as que tinham algum tipo de qualificação e que almejavam desenvolver relações comerciais em África; ou, que ainda queriam impor "um sistema regional de privilégio e de governo brancos" (ARAÚJO, 2020, p. 97), além de acreditarem, por vezes, em uma proposta civilizatória, que "salvaria" o continente das amarguras que "sofria" (em leituras arquitetadas pela branquitude). "A Constituição portuguesa diz expressamente que a essência da Nação portuguesa é 'civilizar' os 'bárbaros' que nós somos" (MACHEL, 1975, p. 14).

---

[99] A íntegra do discurso intitulado "A luta continua", proferido por Samora Machel, pode ser lida no link: https://www.marxists.org/portugues/machel/ano/mes/luta.htm. Acesso em: 11 mar. 2021.

[100] A versão original do excerto citado pode ser lida conforme segue: *"Colonial officials were unable to perceive racism as a defining attribute of settler culture, but frequently singled out poor whites as "bad apples" in an otherwise healthy and colourful fruit bowl. Despite Lisbon's insistence on producing "Portugals in Africa", the poor, uneducated settler remained perpetually out of place in a system where race and civilisation were supposed to overlap. They were whites, but not quite".*

Os primórdios da colonização portuguesa no território moçambicano datam do século XV, mas Moçambique se tornou oficialmente colônia apenas após a Conferência de Berlim, em 1885. Tal período foi repleto de lutas anticoloniais, incluindo o ápice dos enfrentamentos, que perdurou de 1964 a 1975, a fim de garantir a libertação nacional do domínio da metrópole — o que só foi alcançado a partir do Acordo de Lusaka, assinado no dia 7 de setembro de 1974, em uma negociação entre o Estado português salazarista (que havia imposto o regime de "Estado Novo", em 1933) e a Frente de Libertação de Moçambique (FRELIMO) — no poder até os dias atuais. Entretanto, a independência, de fato, consolidou-se a 25 de junho de 1975. Cerca de um ano depois, outro episódio de lutas armadas tomou conta do país, quando o então líder da FRELIMO, Samora Machel, iniciou o que ficou conhecida como a guerra dos 16 anos (1976-1992), contra forças da oposição engendrada pela Resistência Nacional Moçambicana (RENAMO), que se encerrou após a assinatura do Acordo Geral de Paz em Roma, no dia 4 de outubro de 1992. No entanto, após 20 anos de paz, outro acordo da mesma espécie teve que ser assinado, em 2014, e de lá para cá, infelizmente, outros conflitos armados foram deflagrados, como, por exemplo, em Cabo Delgado, na região norte do país, mas que não têm status oficial de guerra por parte do governo de Filipe Nyusi, presidente no poder atualmente.

As marcas da colonização portuguesa em Moçambique são históricas. Exemplo disso foi a valorização colonialista dada a um comerciante português, Lourenço Marques, que se tornou topônimo para a cidade atualmente conhecida por Maputo, nome recebido após a independência, em 1975, embora os primeiros colonos portugueses tenham se estabelecidos oficialmente no país no século XIX (ESTEVES, 2021). Em uma autoanálise crítica, o intelectual moçambicano Ngoenha (2018, p. 26) afirma:

> Para realização desses projetos, o colonialismo contava com a nossa colaboração, ou melhor, com a nossa doçura. Não nos foi perguntado como víamos esse futuro, quais eram as nossas aspirações, os nossos sonhos. Éramos, simplesmente, chamados a executar os (nossos) futuros inventados por outros e em seu próprio benefício.

A perversidade da colonização portuguesa reside — entre outros fatores — nesse discurso que propagava a chegada dos colonos como benéfica para os países que se tornavam seu domínio. Por esse motivo, daqui em diante, irei apontar características típicas da branquitude, herdadas do colonialismo português, em Moçambique, especialmente em Maputo, a fim de apresentar algumas reflexões sobre a existência dessa ideologia no país. Ressalto que farei reflexões autorais, a partir também de produções intelectuais que não necessariamente apontam a branquitude como parte do sistema colonial instalado no país, mas que podem revelar facetas da branquitude em um território independente que não apresenta "um corte radical com Portugal, mas a reconfiguração das relações entre o novo país e o antigo poder colonial" (MACHAVA, 2015, p. 61).

SUPREMACIA BRANCA VERSUS INFERIORIZAÇÃO NEGRA

A branquitude impõe seus códigos a partir da manutenção das colonialidades, que podem ser percebidas no dia a dia de quem vive, principalmente, em Maputo. Aqui me restrinjo a falar sobre a capital, uma vez que minhas experiências fora dela — nas províncias de Inhambane e de Nampula — foram demasiado rápidas para poder traçar qualquer paralelo e/ou análise. Um exemplo que posso citar é o fato de que, sendo uma mulher branca, pelas ruas da cidade, raras são as vezes em que as pessoas negras não param para me dar passagem nas calçadas, como se eu tivesse certo "direito" a prioridade em minha caminhada. Além disso, não é incomum, quando sou a única pessoa branca de um grupo multirracial nas ruas, ser eu a escolhida para um pedido de ajuda por alguém em alta vulnerabilidade social. Sem contar os elogios que recebi pelo meu "bom português", o que para mim é contraditório, porque sei que a língua portuguesa "abrasileirada" que falo está longe de empregar as normas e as formalidades da língua portuguesa presentes nos falares moçambicanos. Como possível explicação para tal, destaco o que aponta Mondlane (1983, p. 101, T. A.): "Em Moçambique, foi a dominação colonial que produziu a comunidade territorial e criou a base para uma coerência psicológica, fundada na experiência de discriminação, exploração, trabalho forçado e outros aspectos semelhantes do domínio colonial".

No afã por impor um nacionalismo socialista, liderado pela FRELIMO em Moçambique, houve também um apagamento de qualquer possível valorização das diferenças entre as pessoas, o que contribui para uma leitura difusa em torno das complexidades étnico-raciais e de gênero, para citar apenas dois marcadores sociais de diferença. Exatamente por isso é que, no sistema imposto pelo presidente Samora Machel, a partir de 1975, era comum ouvir o líder a discursar contra o tribalismo e a superstição, entre outros aspectos, como quando afirma: "A luta continua para que sejamos todos homens iguais" (MACHEL, 1975). A luta era pela igualdade e não pela equidade (termo, inclusive, pouco conhecido à época).

> Evitando debater as diferenças culturais e políticas presentes em Moçambique, em 1974-75, no período da transição, a FRELIMO procurou estender a todo o Moçambique a visão de nação assente na grande narrativa gerada pela luta anticolonial, centrada na denúncia do colonialismo e dos seus vícios. Este projeto envolvia uma proposta identitária, combinando alguma negociação da diferença (por exemplo, o género) com a eliminação das diferenças (raça, etnia, opções políticas, etc.) (MENESES, 2015, p. 27).

A partir da eliminação de quaisquer diferenças, torna-se possível a existência de valores da branquitude e das colonialidades na atualidade moçambicana, especialmente na capital, Maputo. Ao tentar curar o mal colonial com a supervalorização da igualdade entre as pessoas, continuava-se a tratar a população como um grupo monoidentitário (LAISSE, 2020), que não usufruía mais de saberes tradicionais de forma oficial nem alertava para diferenças ainda persistentes entre homens e mulheres, mas advogava pela exaltação da mulher, mesmo em um país em que a violência contra as mulheres foi e continua alarmante (NHAMPOCA, 2021). "A educação deveria combater o que se chamava de 'sequelas' do homem colonial como sejam o elitismo, a discriminação racial e o individualismo que se consubstanciava na exploração do homem pelo homem (capitalismo)" (CASTIANO, 2019, p. 276). No entanto, o que me indago é o seguinte: como combater a discriminação racial sem racializar a vida? É premissa básica salientar as diferenças étnico-raciais, a fim de valorizá-las suficientemente, para combater qualquer possibilidade de racismo e de branquitude. Contudo, isto ainda parece apenas um projeto a ser visibilizado em Moçambique.

Foram realizadas diversas estratégias coloniais para garantir que o império português se instalasse e permanecesse ativo, mesmo em constantes embates com os movimentos anticoloniais emergentes. Uma delas, por exemplo, foi o estabelecimento do que ficou conhecido como "colonatos" — ação imposta pela supremacia branca portuguesa. "Os colonatos da 'África portuguesa' baseavam-se em múltiplos equívocos e paradoxos. Foram criados em um período de acelerado desenvolvimento econômico, ancorado no conhecimento técnico e científico" (CASTELO, 2020, p. 128, tradução da autora). Basicamente, eram aldeias construídas por colonos portugueses em regiões rurais, com apoio do governo, com vistas à ocupação efetiva do território, por meio do desenvolvimento agrícola. No entanto, uma parcela dos portugueses e das portuguesas instalados/as nessas aldeias nem sequer tinham conhecimentos suficientes para o ofício. Ainda assim, buscavam impor sua pretensa superioridade às populações nativas que detinham a sabedoria e os conhecimentos locais para o manejo do trabalho.

Além desta, outra manobra colonialista utilizada durante o domínio português em Moçambique foi a divisão das pessoas com base em nomenclaturas identitárias, em que moçambicanos e moçambicanas passaram a ser chamados/as de "indígenas", para diferenciar, numa leitura colonialista e racista, a população local da população portuguesa que se instalava no país. Tal iniciativa não se deu apenas para que houvesse uma diferenciação simbólica das pessoas que habitavam o país, mas o que se viu foi um processo oficial de institucionalização da supremacia branca. Um declarado exercício da branquitude portuguesa, que se autorizou a rebaixar o status de cidadãos e cidadãs locais, a fim de que essa inferiorização pudesse colaborar para o domínio instaurado.

> A forma como os portugueses percecionaram e enquadraram os africanos foi racista. A palavra "indígena" que simplesmente significa originário de determinado lugar, nativo, autóctone ganha uma conotação profundamente racista. Repare-se que ainda hoje em Moçambique o termo "indígena" tem um sentido bastante pejorativo, quer dizer, a ele está associada a inferioridade cultural ou "civilizacional". Chamar a alguém de indígena, em alguns círculos sociais, constituiu um insulto. Como se percebe no extrato citado, o africano, portanto indígena, é visto como aquele que não possui civilidade ou, então, possui cultura inferior ou atrasada, por comparação ao europeu colonizador. Logo, ficou legitimado que no plano dos direitos ou da cidadania, ele não fosse sujeito de direito, mas uma espécie de um cidadão de segunda, diferente do cidadão branco de origem portuguesa, que era um sujeito de direitos (HUMBANE; CHEMANE, 2021, p. 10).

Como apontado no trecho citado, o termo "indígena" ainda ecoa, na atualidade, uma possível interpretação pejorativa por parte da população moçambicana. Isso é inevitável, uma vez que foram várias as políticas que impuseram o indigenato como parte do cotidiano colonial moçambicano. Para estabelecer as normas que determinavam e classificavam as pessoas, à época, foram escritas algumas versões do que ficou conhecido como Estatuto do Indigenato, com autoria portuguesa e que submetia à subjugação e à inferiorização de qualquer pessoa que não tivesse nacionalidade portuguesa. Esses estatutos eram documentos munidos de discursos racistas e radicais e que só deixaram de ser empregados em 1961, quando as lutas anticoloniais passaram a ganhar força em Moçambique.

O "livre exercício da soberania portuguesa" (MENESES, 2009, p. 18) era colocado em prática fundamentado em uma dinâmica que, propositalmente, distinguia a população portuguesa da moçambicana para invariavelmente garantir direitos a portugueses e portuguesas, enquanto restringia o exercício da cidadania aos nascidos/as no país. Resumidamente, havia uma verticalização, ancorada na branquitude e no racismo, que estruturalmente impunha condições extremamente precárias de sobrevivência para quem não tinha ascendência portuguesa. Para que essa diferenciação ficasse o mais explícita possível, criou-se um documento intitulado "Breves Conceitos para um Programa Ideal de Colonização Portuguesa", que definia o perfil ideal do colonizador:

> (...) um indivíduo patriota, previdente, exemplar e moderado, representante da raça civilizadora, que encarnava 'as mais nobres virtudes portuguesas', um exemplo para os nativos. E mais uma vez, além das qualidades morais, os assentados deveriam ter escolaridade e qualificação profissional. Só então poderia ser construída uma comunidade de assentados racial e socialmente coesa, protegida das ameaças e influências degradantes do meio ambiente e dos nativos, ciente de sua superioridade e missão, capaz de acolher colonos recém-chegados, de impor padrões de comportamento coletivo e garantindo o seu cumprimento (CASTELO, 2020, p. 118, T.A.)[101].

O que se apresenta neste documento é um discurso ultrajante, que comunga dos valores da branquitude, em que a pessoa de raça branca realmente parece acreditar que é cientificamente e/ou biologicamente superior a pessoas de outras pertenças raciais. Ademais, essa pessoa branca também parece crer que, dadas as suas "sabedorias", tinha o dever de "educar" pessoas não brancas conforme suas próprias medidas e seus interesses, ao passo que toda pessoa que fosse lida com base em uma diferenciação racial era automaticamente inferiorizada.

Por conseguinte, outra manobra articulada pela colonização portuguesa em Moçambique foi a da assimilação, também presente nos esta-

---

[101] O texto original citado pode ser lido a seguir: *"(...) a patriotic individual, provident, exemplary, and moderate, a representative of the civilising race, who embodied 'the noblest Portuguese virtues', an example to the natives. And once again, besides the moral qualities, the settlers were supposed to have education and professional qualifications. Only then could a racially and socially cohesive settler community be built, protected from the threats and degrading influences of the surrounding environment and of the natives, aware of its superiority and mission, capable of welcoming newly arrived settlers, of imposing patterns of collective behaviour and ensuring their compliance".*

tutos que pautavam políticas supremacistas ligadas ao indigenato. De acordo com o Estatuto de 1929, era possível uma pessoa até então considerada indígena passar a adquirir cidadania portuguesa, desde que comprovasse estar realmente habilitada para tal. Desse modo, para se proteger da inferioridade oficializada pelo domínio português e acessar direitos básicos, vários moçambicanos recorreram a esse artifício. Filhos e filhas, frutos de relacionamentos interraciais — muito provavelmente resultantes de estupros de colonos portugueses a mulheres moçambicanas —, buscavam obter a cidadania, a partir da alegação do "lado português" que possuíam em seu DNA (ZAMPARONI, 2002). Porém essa prática não se restringia apenas a esse perfil de pessoas. Qualquer pessoa que comprovasse ter as seguintes características era passível de se tornar assimilada pelo governo português: "falar correctamente a língua portuguesa; ter bom comportamento e ter adquirido a ilustração e os hábitos pressupostos para a integral aplicação do direito público e privado dos cidadãos portugueses, dentre outros (art. 56º)" (MENESES, 2009, p. 19).

> Teoricamente, a política de assimilação dava a qualquer africano a chance de se tornar assimilado. Os africanos deixavam de ser iguais para se tornarem potencialmente passíveis de se tornarem iguais e este era um processo longo. Os atributos necessários para se alcançar a assimilação eram quase impossíveis de ser atingidos: o indígena precisava falar, ler e escrever em português, ser cristão, ter abandonado costumes nativos como a poligamia e crenças na magia, comer na mesa e falar português com seus próprios filhos (MACAMO, 2005, p. 72).

Além de ser realmente quase impossível estar na categoria "assimilado/a", mesmo quando esse status era alcançado, havia uma pirâmide social orientada pelo colonialismo português, regida de tal modo que a pessoa não apenas precisava ter a cidadania portuguesa, como também apresentar outros valores e outras características típicas da valorização da branquitude. Exemplo disso se vê na dificuldade enfrentada por pessoas assimiladas ascenderem socialmente e se relacionarem em Moçambique. Mais uma vez, fica explícita a branquitude como motor transversal do colonialismo português no país. "[…] A discriminação era vista por aquele que era branco a diferença daquele que era negro, em termos de superioridade e inferioridade, como se existissem, num mesmo território, 'o mundo dos brancos' e 'o mundo dos negros', era um verdadeiro 'apartheid' colonial" (VOVOS, 2018-2019, p. 14). Nesse sentido, embora não houvesse o estabelecimento de um apartheid oficial, como o que ocorreu na África do Sul, administraram-se ações bastante similares àquelas empreendidas no país vizinho. Como demonstrado por Thomaz (2005-2006), havia quem preferisse viver sob o apartheid oficial sul-africano a sobreviver às regras difusas da colonização portuguesa em Moçambique.

> Do lado britânico ou boer, tínhamos segregação e gritos, mas a valorização do trabalho manual na forma de dinheiro; do lado português, apenas segregação e gritos. (...) no caso sul-africano, mais de um trabalhador com quem conversei salientou suas vantagens, entre elas o fato de o apartheid possuir regras claras: "Lá sabíamos onde podíamos e onde não podíamos ir, o que podíamos fazer ou não; em Moçambique, sabíamos, mas nem sempre era claro, e era mais fácil, assim, levar uma bofetada" (THOMAZ, 2005-2006, p. 265).

Uma parcela de moçambicanos, principalmente homens, trabalha nas minas sul-africanas, de maneira que o fluxo migratório entre fronteiras sempre foi recorrente. Ao longo do período colonial, esses sujeitos tiveram que conviver com opressões em ambas as localidades. Em cidades como Maputo, por exemplo, impôs-se um sistema para regular quem poderia ir e vir. Enquanto as pessoas negras eram segregadas nas periferias onde moravam, o centro da cidade tornou-se "lugar de branco", conhecido como "xilunguine", termo em língua Xirhonga usado pela população negra para denominar esse espaço (ESTEVES, 2021), ao qual raramente tinham acesso, a não ser para trabalhar, correndo o risco de apanhar sem qualquer propósito ou justificativa.

HEGEMONIA, NORMATIVIDADE E HIPERVISIBILIDADE BRANCAS

Em termos de diversidade étnica, a população moçambicana, de acordo com o censo mais recente, realizado em 2017, é composta por dezenas de grupos étnicos, dentre eles, falantes de emakhuwa, xichangana, cisena, elomwe, echuwabo, xirhonga, além de outras diversas línguas — há quem limite em 20 e há quem diga que existem mais de 40 — de origem bantu moçambicanas — e o português (a única língua oficial do país). Por esse motivo, a língua portuguesa é comumente falada pela maioria dos/as habitantes, principalmente nas grandes cidades, como a capital Maputo, foco desta reflexão. Ressalta-se, no entanto, que "[...] a maioria dos moçambicanos é bilíngue no contexto de Línguas Bantu (LB) moçambicanas e, por vezes, até trilíngue, sobretudo dentro de um mesmo grupo linguístico" (NHAMPOCA, 2015, p. 83). Sem contar que há um cruzamento linguístico bastante interessante no país, em que se usa, em uma mesma sentença, por exemplo, três línguas diferentes, como no caso da expressão: "Estou maningue nice", em resposta à possível pergunta "Como estás?". Apenas nessa expressão falada diariamente no cotidiano moçambicano, vemos a presença do português ("Estou"), do Cisena ("maningue", que significa "muito", livremente traduzido para o português) e do inglês ("nice", que significa "bem", livremente traduzido da língua inglesa, pois a proximidade com a África do Sul demarca várias relações interpessoais e estruturais em Moçambique). Todavia, essa realidade não tira da língua portuguesa a hegemonia e a condição de normatividade impostas pela branquitude, resultante das colonialidades existentes no território, conforme aponta reflexão crítica realizada por Nhampoca (2015, p. 87), quando afirma:

> Nesse contexto, pensa-se que as LB moçambicanas foram sendo tratadas de forma discriminada em relação ao Português. A elas, de acordo com a CRM [Constituição da República de Moçambique], se atribui o estatuto de patrimônio cultural, como se de pequenos objetos, pequenas relíquias ou obras museológicas se tratasse, como se as línguas fossem realidades abstratas e isoladas das práticas diárias de seus falantes.

Ao relegar uma gama de línguas moçambicanas apenas à qualificação de patrimônio cultural, aplica-se também uma visão colonialista — e reducionista — das dinâmicas sociais em que as línguas são partícipes. As línguas moçambicanas são organismos vivos, jamais poderiam ocupar esse lugar, porque, assim como aponta Nhampoca (2015), são idiomas falados diariamente por um grande número de cidadãos e de cidadãs. Existem pessoas falantes dessas línguas que não são fluentes na língua portuguesa, mas que, tamanha é a normatividade e a hipervisibilidade impostas por ela, recorrem ao português para expressar algumas palavras que não existem em suas línguas maternas ou por preferirem usar o termo em português para uma melhor compreensão. Percebe-se, portanto, o poderio da língua portuguesa em uma nação em que a diversidade linguística é grande. Isso também se deve à influência da branquitude, a colonização portuguesa forçou a sua utilização.

Parece-me possível afirmar que a língua portuguesa se impôs e veio para ficar. Não à toa, mesmo após a independência moçambicana, o então presidente Samora Machel determinou que esta fosse a única língua oficial — o que se mantém até hoje, como já dito. Nas palavras de Machel, era necessário "matar a tribo para construir a nação" (MACHEL, 1975, p. 39). Mesmo com a introdução e maior valorização de outros idiomas, como o inglês e o francês, impulsionadas pela internacionalização e pelo fluxo migratório das pessoas (PATEL, 2018), ainda assim, ao fim do dia, o português é a norma em Moçambique. Prova disso são as dificuldades para implementação de políticas educacionais que defendem o ensino bilíngue, em que são ensinadas a língua portuguesa e uma língua moçambicana nas escolas, a fim de propor um processo de reparação colonial por meio da linguagem.

Até serem aplicadas as primeiras iniciativas para educação bilíngue em Moçambique, em 2003, após projetos-piloto que ocorreram entre 1993 e 1997 (PATEL, 2018), a educação empregada durante o período pós-independência utilizava, inclusive, das aulas de língua portuguesa "[…] para a promoção de valores socialistas e consciência patriótica entre os estudantes moçambicanos, em vez das aulas de língua em si" (CHIMBUTANE, 2018, p. 14, tradução da autora). Mirava-se tanto em nacionalismo e políticas que impusessem o socialismo como única saída para o colonialismo que, ao que parece, não se fez a crítica necessária, a fim de destituir da língua portuguesa essa hipervisibilidade que ainda se vê até os dias atuais. Contudo, a Constituição da República de Moçambique, promulgada em 1990, prevê importantes avanços para a educação nacional, como, por exemplo: "erradicação do analfabetismo, o domínio da ciência e da técnica, bem como a formação moral e cívica dos cidadãos" (SCHWENGBER; CHICAVA, 2019, p. 457). Em 1992, também ocorreu uma ampliação dessas metas, com a inclusão da formação para a cidadania. Porém foi, principalmente, ao longo dos anos 2000 que diversas ações passaram a ser realizadas para a implantação de iniciativas que viabilizassem o ensino bilíngue no país.

Todavia, vale ressaltar que Moçambique havia sofrido com um processo opressor durante o domínio colonial português. Talvez por isso não fosse simples a retirada total da língua portuguesa do cotidiano e nem mesmo das políticas educacionais pós-independência. O que se defende, portanto, é uma essencial criticidade à utilização do português, por ocupar um lugar de apreço e de hipervisibilidade na contemporaneidade, a ponto de eu já ter ouvido relatos de pais que optam por não colocar seus filhos ou suas filhas em escolas bilíngues, por preferirem que o/a estudante adquira letramento em línguas herdadas de processos coloniais, como português, inglês e francês.

Para não repetir as falhas do passado, é urgente que as políticas de ensino bilíngue se ampliem e ganhem força nas escolas públicas e privadas. Caso contrário, a educação eurocêntrica continuará a ser compreendida como a mais adequada para a educação contemporânea global. Portanto, em vez de conduzir uma política pública, — como a apresentada no documento "Estratégia de Expansão do Ensino Bilíngue, 2020-2029", publicado em 2019, pela Ministra da Educação e Desenvolvimento Humano de Moçambique —, repete-se o histórico de hipervisibilização das normas e da hegemonia ocidentais, "com seus testes de padrão de qualidade, seus índices de desenvolvimento econômico [que] se impõem ao povo moçambicano, esquecendo-se da equidade social, do desenvolvimento humano" (SCHWENGBER; CHICAVA, 2019, p. 459).

De modo geral, o exercício do acesso a direitos básicos, como a uma educação decolonial e decolonizadora de alta qualidade, ainda não é parte da realidade moçambicana. Mesmo pagando mensalidades caras (às vezes cobradas em dólares) — inclusive em escolas estrangeiras, com origens portuguesas ou sul-africanas — há uma ausência —, nos currículos empregados, uma transversalização contínua de conteúdos que remetam ao chão que as/os estudantes pisam. Por outro lado, embora Moçambique seja um país banhado pelo oceano Índico, e Maputo uma cidade litorânea, há quem viva nas periferias da cidade e não tenha acesso fácil ao mar. Sem contar que é relativamente comum ver os chapas (transporte público mais comumente utilizado na capital e no restante do país) cheios de pessoas negras, ao passo que pessoas brancas estão em carros particulares ou utilizam bicicletas para se locomoverem na cidade, visto que as vias da capital são majoritariamente planas.

> (...) não obstante os negros constituírem 99% da população do país, quem mais frequentam certo tipo de restaurantes, entenda-se de luxo não são os negros. Percebem que em termos de propriedade privada, os negros não estão numa situação de destaque. Percebem que no mercado do trabalho, os empregos de maior prestígio e, portanto, melhor remunerados, os negros não são a maioria. Percebem ainda que as zonas de habitação são distribuídas de forma desigual e em função da raça, sendo que os negros vivem em lugares menos valorizados (HUMBANE; CHEMANE, 2021, p. 4).

A branquitude, por conseguinte, se impõe nas relações do cotidiano moçambicano, apesar das diversas tentativas para evitar qualquer tipo de racialização da população. Ainda assim, a hipervisibilidade da pessoa branca é tamanha a ponto de uma mulher branca, como eu, ter sido gentilmente convidada a cortar a fila no supermercado para não precisar esperar para ser atendida; ou ter meu recibo fiscal conferido ao sair de um supermercado, mas nunca terem nem sequer olhado para dentro das minhas sacolas. Ao contrário, vi pessoas negras terem suas sacolas vasculhadas, como também serem questionadas ao sair desses estabelecimentos, principalmente quando não estão vestidas conforme os padrões normativos exigidos pela imposição da formalidade moçambicana.

PRIVILÉGIOS, BINARIDADE E DISTANCIAMENTO

São diversos os privilégios que pessoas brancas têm em uma cidade como Maputo. Em geral, são pessoas que pertencem às classes média ou alta, que vivem em condições dignas de moradia, têm fogão a gás em casa, chuveiro com água quente, máquina de lavar roupas e que também possuem capital suficiente para ir a bares e restaurantes, bem como a supermercados considerados de elite. Importante frisar que também existe uma elite negra e mestiça no país, que usufrui dos mesmos privilégios. No entanto, o que quero reforçar é que, particularmente, não conheço pessoas brancas que fujam desse padrão de vida. Há pessoas brancas, inclusive moçambicanas, que não apenas usufruem disso tudo, como também dispõem do trabalho de empregadas domésticas e de babás. Por vezes, essas mesmas pessoas possuem mais de uma moradia, tanto é que, mesmo eu tendo vivido em diferentes bairros de Maputo, dentre os cinco ou sete domicílios que já aluguei, apenas um era propriedade de um casal negro moçambicano.

> A herança colonial se expressa em Moçambique, e em outros países africanos, na forma de exclusão. O pertencimento a um determinado grupo definido em função da raça interpela o jogo social mais amplo – posição social, cultura, língua, estatuto, ocupação profissional, local de residência, origem – e converge rumo à afirmação da autoctonia. No passado, o ser autóctone definia sua distância com relação ao núcleo de poder e sua exclusão do aparato institucional colonial; na atualidade, define os que são ou não membros plenos do corpo nacional (THOMAZ, 2005-2006, p. 267).

Mulheres negras, em Maputo, costumam ser arrimos de suas famílias e trabalham, muitas vezes, como vendedeiras de legumes e frutas, a levar tachos pesados sobre a cabeça o dia todo. Um ofício essencial para a economia moçambicana, mas que jamais foi exercido por uma mulher branca, por exemplo. Uma mulher branca, nascida em Moçambique e moradora da capital, mesmo de segunda ou de terceira geração, ainda terá seus privilégios sociais garantidos, como melhores condições de vida e de trabalho. Provavelmente, jamais será vista como uma das "mamanas" que percorrem as ruas da cidade a vender seus produtos. Ademais, em geral, as mulheres brancas — mesmo as que vivem em províncias distantes da capital — não serão forçadas a casar prematuramente.

Ser uma mulher branca ou um homem branco, de origem moçambicana, é também usufruir o privilégio de poder requerer e valorizar sua pertença continental, proveniente de um país africano, mas também não a exibir conforme seus interesses. "Podem até chegar a se autodenominar africanos, mas isso não significa necessariamente o 'africano' da consciência nacional negra, nem tal identificação os levou necessariamente a questionar a sua identidade racial em relação aos negros moçambicanos" (ERRANTE, 2003, p. 31). Na própria vida cotidiana, é possível pessoas brancas se relacionarem com pessoas não brancas, mas isto não significa que terão consciência da sua branquitude. Essa realidade já se apresentava durante o período colonial e pode ainda ser vista na atualidade, por exemplo, pela forma como se dá a ocupação das cidades urbanas de Moçambique. Há um molde — delimitado pela branquitude — que determina quem terá o privilégio de viver em zonas abastadas e quem terá que apanhar de dois a três chapas para chegar ao trabalho.

Uma vez que o "mundo dos/as brancos/as" se resumia, nos tempos do colono (ERRANTE, 2003), e ainda se resume, em grande parte das vezes, a uma bolha de privilégios, é quase inevitável a ocorrência do que chamarei de binaridade. A pessoa que não advém do pertencimento racial branco também, por vezes, gostaria de acessar e de usufruir dessa bolha social. Trata-se de uma busca humana. Ao desejar ter conforto, por que alguém não o perseguiria até conquistá-lo? Em um país em que 63% da população vive abaixo da linha da pobreza, segundo relatório do Programa das Nações Unidas para o Desenvolvimento (PNUD), há um alto número de festas que são promovidas, regadas a muita comida e bebida, por parte das elites locais. Seria a elite moçambicana integrante da binaridade, em que se "vive como branco/a e rico/a" num país de maioria negra e pobre?

A população branca no país, por mais que carregue em suas histórias e em seus fenótipos o legado da dominação colonial, ainda assim tem a branquitude a seu favor, à medida que consegue superar essa estereotipia a partir de uma recorrente idealização por parte de quem não é pessoa branca. Desse modo, a experienciação do mundo, na ótica do/a o/a sujeito/a branco/a, passa a ser também lida enquanto um lugar de desejo. O distanciamento entre pessoas brancas e não-brancas é fator importante para a manutenção da branquitude. É como aquele carro importado que alguém não pode ter, por não possuir condições financeiras para adquiri-lo, mas que ilustra a tela do telefone da pessoa, como se fosse uma meta a ser alcançada, a demonstração de um desejo.

> De certa forma, podemos afirmar que uma grande oposição é característica do universo de "relações raciais" em Moçambique nos dias que correm, a qual foi construída e consolidada ao longo do período colonial: à oposição central existente entre "brancos" versus "pretos", sucederam-se outras, civilizados versus selvagens, assimilados versus indígenas, citadinos versus camponeses. No período colonial, a oposição traduzia um poder político e econômico real, concentrado em portadores de uma distância simbólica em relação ao continente africano; no período pós-colonial, e progressivamente, o poder político foi efetivamente transferido para as mãos dos autóctones (THOMAZ, 2005-2006, p. 257).

Como se pode perceber, ser a população autóctone a desfrutar do poder político não é garantia de equidade e de estabelecimento de justiça, a fim de diminuir as desigualdades existentes em países africanos, como Moçambique. Na mesma linha de pensamento, trago o relato de Yussuf (2020), uma mulher indiana, nascida em Moçambique, que publicou a reflexão citada, a seguir, em uma página virtual que administra. Por suas palavras, percebe-se tanto a presença da binaridade sobre a qual eu discorria anteriormente, como um distanciamento entre a população branca e os demais grupos populacionais do país. Esse distanciamento é tamanho a ponto de ser possível a percepção de que a população branca, no país, por mais que carregue em suas histórias e em seus fenótipos o legado da dominação colonial, ainda assim tem a branquitude a seu favor, à medida que consegue superar essa estereotipia a partir de uma recorrente idealização por parte de quem não é pessoa branca. Desse modo, o/a sujeito/a branco/a passa a ser também lido/a enquanto um lugar de desejo, algo a ser desbravado, para que se tenha um "gostinho" de seus privilégios.

> É interessante que, quando penso na raça branca, me coloco várias perguntas, porque ao mesmo tempo que a raça branca, em Moçambique, fica associada a uma ideia de violência e opressão devido à colonização portuguesa, também me parece que possui, num imaginário social, um lugar de desejo, de ideal e de saber (YUSSUF, 2020, on-line).

A população moçambicana integra uma "democracia gestionada" (PHIRI; MACHEVE Jr., 2014, p. 58), tem plenas condições de visibilizar a branquitude e buscar combatê-la em seu cotidiano. Apesar dos "desconseguimentos" históricos, como os próprios autores do termo apontam, são os/as moçambicanos/as que podem "transformar o verbo em realidade" (NGOENHA; CARVALHO, on-line). Nesse jogo, a disputa também reside na valorização das tradições em consonância com a contemporaneidade. "Não se trata pois de escolher as tradições e sistematizá-las num quadro epistémico lógico, mas sim de fazer um escrutínio destas tradições em função dos desafios nas áreas económicas, políticas e sociais" (CASTIANO, 2011, p. 180). Trata-se de hipervisibilizar não as vantagens de ser uma pessoa branca, como alvo de desejo, mas de fazer uma crítica contundente e essencial sobre como a branquitude dessa população afeta negativamente as cosmovisões e as cosmogonias das populações autóctones de Moçambique.

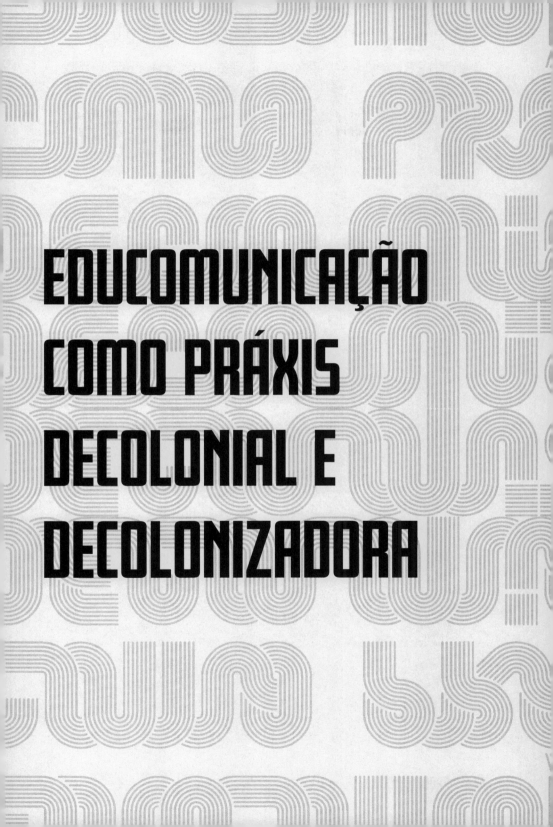
EDUCOMUNICAÇÃO COMO PRÁXIS DECOLONIAL E DECOLONIZADORA

Figura 7: *Fotografia de muro com grafite em homenagem a Paulo Freire, em São Paulo.*

Fonte: A autora (2021).

FUTURO CIDADÃO

José Craveirinha

"Vim de qualquer parte
de uma Nação que ainda
não existe.
Vim e estou aqui!
Não nasci apenas eu
nem tu nem outro...
mas irmão.
Mas
tenho amor para dar às
mãos-cheias.
Amor do que sou
e nada mais.
E tenho no coração.
gritos que não meus
somente
porque venho dum país que
ainda não existe.
Ah! Tenho meu amor à
rodos para dar
do que sou.
Eu!
Homem qualquer
cidadão de uma nação que
ainda não existe"

CINEMA E EDUCOMUNICAÇÃO: PRÁXIS DECOLONIAIS E DECOLONIZADORAS

As narrativas presentes nos filmes ilustram períodos históricos, ideologias sociais, construções identitárias de quem realiza, de quem aparece e de quem assiste às películas. O cinema é, nesta publicação, compreendido enquanto práxis, com potencial a ser ativista, decolonial e decolonizadora, apesar de, tradicionalmente, também poder existir apenas a serviço do *mainstream* e de acordo com os moldes do capitalismo.

> O cinema, enquanto fenômeno produzido pela sociedade capitalista, é complexo e contraditório. É capaz de manipular consciências, legitimando a ideologia dominante e/ou desocultar suas contradições, fornecendo recursos para a sua contestação. Carrega em si elementos de dominação, mas também de resistência, constituindo-se como objeto de disputas políticas (ALVES, 2019, p. 26).

Dentre essas perspectivas, múltiplas facetas podem ser desveladas acerca não só de como as imagens, o texto e o som podem ser compreendidos separadamente, mas também sobre como sua articulação conjunta acontece, de modo literalmente espetacular, por meio da *mise-en-scène* e em um jogo de posicionamentos de câmera, enquadramentos, acompanhado de diálogos de personagens, de composição das imagens e de seleção de músicas e de sonoridades que compõem as obras cinematográficas. Tudo realizado com base em uma visão político-ideológica que pode estar explícita com maior ou menor intensidade ou implícita nas camadas de significação que se apresentam na materialização dos filmes.

> Essas linguagens – que incluem, por exemplo, os enquadramentos de câmera, os cortes, a trilha sonora, a linguagem oral e escrita, as imagens, as cores, as expressões faciais e as gestualidades – atuam quase sempre em convergência, realçando os discursos e produzindo efeitos de sentido (CAMPOS JÚNIOR, 2013, p. 59).

Em uma perspectiva complexa, há um ciclo dialógico completo executado por uma produção audiovisual. Trata-se de um percurso que inicia nas intenções, nos desejos e nas possibilidades de quem escreve o roteiro, conjuntamente com quem o executa e o dirige, passando por quem dá vida e personifica os diálogos ou as imagens apresentadas e se encerra com as impressões e as trocas estabelecidas por quem assiste ao filme.

Baseando-se nesse ciclo, compreende-se que, ao longo da execução desse processo, as narrativas cinematográficas podem ser entendidas como práxis, uma vez que há relações estabelecidas entre teoria e prática, tanto por quem está atrás das câmeras como por quem atua à frente delas. Tanto teoria quanto prática, nesse caso, "se alternam e se sobrepõem e se retroalimentam, levando cada vez mais a ação a estar fundamentada, como também a teoria mais aproximada à realidade que pretende sistematizar" (SILVA, 2016, p. 93). Uma relação sustentada em diálogos entre o que se sabe, o que se quer dizer e como colocar em prática o que se acredita ser necessário demonstrar, por meio de imagens e sons que compõem teorias e práticas que entrecruzam os filmes.

> Contudo, a contribuição da práxis cinematográfica para a disputa ideológica se dá na articulação com as lutas sociais na prática política, pois isoladamente não dispõe de mecanismos concretos, capazes de promover uma mudança estrutural radical ou de recuo do pensamento dominante. (…) Embora cumpra diversas funções – ideológicas, políticas, cognoscitivas, educativas e estéticas –, o cinema, enquanto criação humana satisfaz a necessidade de o ser humano expressar-se em um objeto concreto sensível, mas também de fruição, atendendo, sobretudo, sua necessidade de humanização (ALVES, 2019, p. 27).

No contexto africano, por sua vez, esse ciclo dialógico ganha força pelo fato de estar em conexão direta com um dos principais valores cosmogônicos e tradicionais do continente-mãe: a oralidade. Ademais, é essencial para atingir diferentes camadas da sociedade, incluindo pessoas, por vezes, iletradas, e, dessa forma, poder orientá-las conforme valores e crenças de quem assina as narrativas cinematográficas, movidas pelo ativismo e pelo compromisso com a transformação social.

Com base nas potencialidades que a linguagem cinematográfica apresenta para quem com ela se conecta – mesmo que de diferentes modos e de diferentes lugares de poder –, segundo esta aproximação tanto estética quanto discursiva e ideológica, pode-se identificar os signos, as representações, os discursos com base nos quais se constrói a cultura de uma nação, de um grupo populacional, de um indivíduo social. Trata-se de uma imersão – também cosmogônica – que define quem é quem e/ou como cada parcela da sociedade age, reage e transforma e, por vezes, se conforma à realidade.

EDUCOMUNICAR É TAMBÉM MEDIAR (NA MEDIDA DO POSSÍVEL)

Como definidora de especificidades de um grupo, a cultura colabora na construção de identidades de um coletivo de pessoas, respeitando as similaridades internas ao grupo e o diferenciando dos demais grupos existentes na sociedade. "A cultura, segundo a definição antropológica, é um fenômeno 'supra-individual'. Ela é aprendida, partilhada e adquirida, tomando-se permanente através do tempo e independente de seus portadores" (SCHELLING, 1991, p. 28). Não se trata de criar uma espécie de divisão cultural, mas de reforçar a unidade dos grupos que, juntos, determinam uma nação. Desse modo, a cultura é "uma dimensão penetrante do discurso humano que explora a diferença para gerar diversas concepções da identidade de grupo" (APPADURAI, 1996, p. 27).

Ao se referir à construção do conceito de povo, Bhabha (2013) reitera a necessidade de se recontar a(s) história(s), de se criarem, por meio dos discursos, as condições para que compreendamos o passado e possamos nos situar no presente. A condensação das temporalidades em busca da construção de sentido produzida pelo interdiscurso – do qual passamos a fazer parte na medida em que o constituímos e somos por ele constituídos por meio da enunciação – possível por meio da compreensão semiótica.

> Os fragmentos, retalhos e restos da vida cotidiana devem ser repetidamente transformados nos signos de uma cultura nacional coerente, enquanto o próprio ato da performance narrativa interpela um círculo crescente de sujeitos nacionais. Na produção da nação como narração ocorre uma cisão entre a temporalidade continuísta, cumulativa, do pedagógico e a estratégia repetitiva, recorrente, do performativo. É através deste processo de cisão que a ambivalência conceitual da sociedade moderna se torna o lugar de *escrever a nação* (BHABHA, 2013, p. 237, grifos do autor).

A ambivalência como lugar sobre o qual é possível "escrever a nação" surge como resultado da cisão de sujeitos/as constituídos/as por dois discursos, um de cunho nacionalista, pedagógico, de origem histórica, e outro marcado pela instauração de um processo de significação marcado pelos signos contemporâneos. É o performativo, como marca do presente, que permite a emergência da heterogeneidade, dos "discursos das minorias" (BHABHA, 2013, p. 210). Partindo dessa compreensão, defendo a noção de que os viveres, a partir de nossas existências e, idealmente, da valorização das diferenças que – por sua vez, demarcam construções de identidades –, são cotidianamente mediados, seja pelas interações interpessoais, pelas normas, pelas manifestações celebradas, pelas mídias acessadas ou pelas maneiras como educamos ou somos educados e educadas em sociedade.

A mediação (MARTÍN-BARBERO, 2008) é o que conduz as relações estabelecidas com o mundo que nos rodeia. É por meio da mediação social que acedemos à noção de palavramundo (FREIRE, 2008) e damos sentido aos seres e aos objetos do mundo. Mundo composto por pessoas, por instituições, por sistemas culturais, econômicos e políticos, enfim, por tudo aquilo que é vivo e vive entre nós. A práxis cinematográfica se apoia na mediação realizada por meio dos filmes e das narrativas por eles representadas para afetar quem interage com essas produções. Compreendo esse conceito, conforme a definição:

> (...) práxis na qual a ação e a reflexão, solidárias, se iluminam constante e mutuamente. Na qual a prática, implicando na teoria da qual não se separa, implica também numa postura de quem busca o saber, e não de quem passivamente o recebe (FREIRE, 2010, p. 80).

Para haver a realização da práxis, é necessário um processo que alinhe teoria à prática, em que a ação esteja amparada em uma condução epistemológica que embasa e conceitualmente conduz à prática. Em conformidade com uma visão não hierárquica entre teoria e prática, ambas são essenciais e mutuamente determinantes, portanto, não se trata de compor um ciclo linear e sequencial, em que primeiro embasa-se teoricamente para, em seguida, colocar algo em prática, mas, outrossim, espera-se que ambas as conduções aconteçam em paralelo e retroalimentem-se, de forma a realizar práticas que estejam teoricamente fundamentadas, bem como teorias que façam sentido na prática.

Para isso, a mediação é vital, por se tratar de um processo ativo liderado por diferentes grupos e organizações, em que contextos devem ser levados em conta, bem como as especificidades dos públicos que compõem a produção de sentidos.

> O conceito de mediação baseia-se em descobertas de investigação que reconhecem o papel dos produtores, dos textos, dos públicos e de contextos na produção de sentido – mesmo que não igualmente a cada um destes componentes (THUMIM, 2008, p. 86, T.A.)[102].

Como todo e qualquer processo construído em prol do estabelecimento de trocas entre pessoas e/ou organizações, durante a mediação, informações e conhecimentos compartilhados são demarcados pelas especificidades de quem participa do processo. Sendo assim, tudo o que é "trocado" pode ser um produto ideológico, que configura a realidade com base em conteúdos, contextos e formatos pelos quais essas trocas se dão.

Esse processo é dialógico (BAKHTIN, 2000), podendo ser mais ou menos horizontal ou verticalizado, linear ou não linear, colaborativo ou individualizado, democrático ou autoritário, diverso ou monológico, pois suas características serão baseadas em quem compõe o processo de mediação

---

[102] A íntegra da citação, originalmente, pode ser lida a seguir: *"The concept of mediation is based on research findings that recognize the role of producers, texts, audiences and contexts in the production of meaning - even if not equally for each of these components"*.

que está em jogo. Da mesma forma, a compreensão de como esse processo acontece se baseia nos repertórios acumulados por quem o protagoniza.

Nas palavras de Bakhtin e Volóchinov (1988, p. 32): "conhecer um signo consiste em aproximar o signo apreendido de outros signos já conhecidos; em outros termos, a compreensão é uma resposta a um signo por meio de signos". Ressalta-se que a intenção do autor é ilustrar que todas as relações estabelecidas com o mundo são mediadas por signos e os mesmos são considerados ideológicos, pois produzem sentidos que são interpretados diferentemente entre os/as sujeitos/as conforme suas condições sociais. Dessa maneira, o signo estabelece a mediação entre o/a sujeito/a e o mundo. Mediação semiótica que se configura e se reconfigura continuamente com base nas situações concretas da comunicação nas quais a significação se constitui.

Em relação aos sujeitos e às sujeitas que protagonizam processos de mediação, o intelectual russo Bakhtin (2011) compreende que esta perspectiva se dá em relação à maneira com a qual respondem e são responsáveis (e responsabilizados/as) pelas interações que realizam. Daí a valorização que a relação dialógica deve prestar à noção de alteridade, visto que é essencial demarcar a construção das identidades destes/as sujeitos/as em relação a seus/suas interlocutores/as e ao meio do qual fazem parte.

> Analisar os sentidos a partir do discurso significa compreender quem é o sujeito e seu lugar social. O centro da relação não está no eu nem no tu, mas no espaço discursivo criado entre ambos. (…) Aqui compreendemos as identidades como construções discursivas que emergem da relação dialética entre sujeitos e o mundo. O indivíduo é compreendido, portanto, como enunciador e enunciatário de discursos identitários (NOVAES, 2019, p. 91).

Durante o processo de mediação, há enunciados, trocas e interações. Quem enuncia e quem é enunciatário/a das informações e dos conhecimentos trocados na mediação estabelece uma relação dupla, no sentido de que ora cumpre o papel de enunciador/a, ora o de enunciatário/a. A mediação acontece no processo, não se finda nem é estanque, muito menos quem dela se utiliza para comunicar o que deseja verbal e/ou não verbalmente.

> Se a alguém ocorre que o homem 'fotografa' a realidade, é bom lembrar que é ele quem escolhe o quê e em que perspectiva fotografar. Também é ele quem vai revelar essas fotos, escurecendo ou clareando este ou aquele ponto, inserindo figuras por inteiro, ou recortando-as […]. E tudo isso o indivíduo/sujeito faz porque é possuidor de mediações que penetram nele através da linguagem verbal, base de seu pensamento conceptual (BACCEGA, 2003, p. 12).

Por isso, é possível dizer que, mais especificamente na interface educação e comunicação, na educomunicação, considerando-a como um paradigma que se inscreve nos entre-lugares (BHABHA, 2013) de uma sociedade, tal práxis só se realiza quando executada por mediações, a fim de estabelecer ecossistemas comunicativos, isto é, um "ideal de relações, construído coletivamente em dado espaço, em decorrência de uma decisão estratégica de favorecer o diálogo social, levando em conta, inclusive, as potencialidades dos meios de comunicação e suas tecnologias" (SOARES, 2011, p. 44).

Reconheço a educomunicação como práxis – com total potencial de se constituir como práxis decolonial e decolonizadora *per se* –, visto que não há educomunicação em processos de mediação que não legitimam conhecimentos compartilhados, coletivos, horizontais, democráticos e que zelam pela equidade. Durante processos mediados pelos princípios e valores da educomunicação, os conhecimentos são trocados a todo o momento e as ferramentas e linguagens da comunicação tornam-se aliadas das transformações sociais, por isso a defesa desta ser uma práxis decolonial e decolonizadora.

> Compreende-se a educomunicação como um paradigma na interface comunicação/educação que busca orientar e dar sustentação ao conjunto das ações inerentes ao planejamento, implementação e avaliação de processos, assim como programas e produtos de comunicação destinados a:
> i) debater as condições de relacionamento dos sujeitos sociais com o sistema midiático, no contexto da sociedade da informação, promovendo critérios de análise dos sistemas de meios de informação, assim como metodologias de utilização dos recursos tecnológicos em função da prática da educação para a cidadania;
> ii) promover e fortalecer ecossistemas comunicativos de convivência – abertos e participativos – nos espaços educativos garantidos pela gestão democrática dos processos de comunicação; e
> iii) ampliar o potencial comunicativo dos indivíduos e grupos humanos. Nesta perspectiva, o conceito aplica-se tanto ao exercício de uma observação atenta sobre a presença dos sistemas de meios de comunicação em uma sociedade em mudanças, promovendo sua leitura e uso (proximidade com o conceito de "educação para os meios"), quanto ao pleno exercício da liberdade de expressão dos sujeitos sociais em inter-relação nos diferentes espaços educativos (proximidade com a prática da "gestão de processos comunicativos") (SOARES, 2012-2013, p. 1).

Uma das contribuições mais importantes da práxis educomunicativa é a de possibilitar a entrada em um universo que, muitas vezes, pode ser alheio a quem o adentra, colaborando para uma eventual mudança de visão e, pragmaticamente, construindo outros caminhos possíveis que só acontecem quando há mediação com base na troca, seja de saberes, de culturas, de valores, de crenças, de informações etc. (PRANDINI, 2018). Para tanto, é necessário haver abertura, escuta ativa e sensível, bem como afeto. Uma vez que vivemos em uma sociedade capitalista, cada vez mais binarizada, polarizada, com disputas sociais das mais diferentes ordens, em que, ainda, quem acede aos postos de poder, em geral, é pessoa cisgênera, autodeclarada branca, do sexo masculino, declaradamente heterossexual e herdeira de finanças que têm origens no colonialismo, estabelecer processos educomunicativos mediados com base nos valores da práxis educomunicativa não é tarefa fácil. Talvez por isso existam leituras que restringem a educomunicação apenas à dimensão tecnológica, sem levar em conta as demais características e compromissos que convocam educomunicadores/as a *"corazonar"* (ARIAS, 2012).

> É um absurdo acreditar que as perspectivas da vida para a natureza e tudo o que a habita e, sobretudo, que a construção de diferentes ‹outros› horizontes de civilização e de existência, podem ser possíveis dentro dos quadros epistêmicos de uma ciência carente de ternura, que rompeu com o sentido espiritual, sagrado e feminino da vida, para transformar a natureza, a cultura, o ser humano em simples commodities para a acumulação de riqueza. A ironia é que a esperança de tecer um sentido diferente de civilização e vida está nos insurgentes ou nas sabedorias de coração às quais o poder negou sua humanidade; É da força dessa sabedoria que brota do coração que nossos povos hoje continuam a falar com suas próprias palavras e estão aqui presentes, "sentindo, fazendo, sendo", como dizem os Kitu Kara (ARIAS, 2012, p. 201, T.A.)[103].

Neste estudo, a educomunicação é compreendida como um paradigma constituído por epistemologias e por princípios teórico-metodológicos que têm, como meta utópica e ideal, a condução de transformações sociais com/nas comunidades que compõem a sociedade em que vivemos e

---

[103] A versão original da citação pode ser lida a seguir: *"Resulta absurdo creer que las perspectivas de vida para la naturaleza y todo lo que en ella habita, y sobre todo, que la construcción de un horizonte 'otro' diferente de civilización y de existencia, pueden ser posibles dentro de los marcos epistémicos de una ciencia carente de ternura, que rompió con el sentido espiritual, sagrado y femenino de la vida, a fin de transformar la naturaleza, la cultura, los seres humanos en simples mercancías para la acumulación de riquezas. Lo irónico es que la esperanza, para tejer un sentido civilizatorio y de vida diferente, está en las sabidurías insurgentes o del corazón a las cuales el poder les negó su condición de humanidad; ha sido desde la fuerza de esa sabiduría que emerge desde el corazón, como nuestros pueblos hoy siguen hablando con palabra propia y están aquí presentes, "sintiendo, haciendo, siendo", como dice el pueblo Kitu Kara".*

que se realiza a partir das possibilidades e dos limites que esta mesma sociedade apresenta. Portanto, a essencialidade de frisar que partilho do que se configurou nomear como "educomunicação possível" (SOARES, 2016).

Com base em práticas educomunicativas e reflexões teóricas, o conceito de "educomunicação possível" ainda é pouco utilizado, no entanto, o mesmo autor que o cunhou é também o responsável pelas primeiras discussões acerca deste paradigma na academia brasileira. Desse modo, além da autoria do conceito ser legítima, o mesmo está em sintonia com a realidade que nos rodeia. Vê-se, aqui, a importância dada à vigilância epistemológica em relação às discussões e às práticas propostas pela/na educomunicação.

Com base no chamado de uma educomunicação possível, pode-se entender que, por não ser um convite natural em uma sociedade com os valores anteriormente apresentados, é necessário compreender que o processo de mediação que conduz a práxis educomunicativa precisa ser realizado em uma situação real, em um mundo real, com pessoas reais, a partir das cosmovisões e cosmogonias que regem o viver em comunidades locais e não para anunciar uma lógica que não faz sentido na realidade em que se vive. Ou seja, por meio de uma mediação que acontece baseada em uma lógica decolonial, em modo de guerrilha, que, por vezes, se concretiza quando se identificam as brechas (juntamente com forças ancestrais, espirituais, ideológicas e revolucionárias) e não se espera o formato ideal para sua realização.

> Daí que a ideia de educomunicação possível ser qualificada como uma situação intermediária, entre o ideal e o possível, o existente e o desejado. E sua utilidade está exatamente em não se perder de vista que a intervenção educomunicativa é construída aos poucos, conforme a evolução da execução de suas propostas, ou seja, sua práxis cotidiana, e que resulta da atuação direta dos sujeitos participantes, co-autores do processo e não meramente reprodutores de ações planejadas por outros e que deverão ser cumpridas. Ou ainda, que é próprio da concepção referendada pela educomunicação nortear-se por um plano aberto às interveniências do contexto e dos sujeitos, e o acolhimento e aproveitamento das contribuições diversas deles manifestadas, enfim, saber lidar com o imprevisível e imponderável (VIANA, 2017, p. 928).

Para educomunicar, é preciso mediar, mas isso tudo só ocorre quando se leva em conta que planejamento não é escrito em pedra, que pessoas que se encontram no processo mediado são humanas – com diferentes ideias, origens, saberes, realidades e contextos geográficos, históricos e temporais –, e que tecnologias não substituem pessoas, mas as apoiam, para maior viabilidade e escala. Inserir as mídias, por exemplo, em processos mediados por e para uma educomunicação possível assume papel importante nos processos de produção de conhecimentos. São ferramentas didático-pedagógicas em potencial, que demandam uma interação contínua que permitem mais do que olhar imagens, ler textos ou ouvir sons, mas interpretar o mundo visando à criação de novas mensagens e saberes. Portanto, o que pretendo incentivar são as mudanças positivas que a educomunicação possível potencializa, a fim de cumprir um processo mediado em que, por exemplo, a educação bancária (FREIRE, 1987) possa ser substituída pela gestão comunicativa (SOARES, 2002) e por práxis decoloniais e decolonizadoras como as que se encontram em chamados universais em prol do *"corazonar"*, a partir do *"sentipensar"*.

> Sentipensar com o território implica pensar com o coração e a partir da mente, ou corazonar, como bem afirmam os colegas de Chiapas inspirados na experiência zapatista; é a maneira pela qual as comunidades territorializadas aprenderam a arte de viver. Este é um apelo, então, para que a leitora ou o leitor sentipense com os territórios, culturas e conhecimentos de seus povos —com suas ontologias—, mais do que com os conhecimentos des-contextualizados que fundamentam as noções de "desenvolvimento", "crescimento" e, até mesmo, "economia" (ESCOBAR, 2014, p. 16, T.A.)[104].

É essencial refletir sobre a práxis educomunicativa que conduzimos, em quaisquer espaços que ocupamos e, inclusive, dentro das salas de aula, seja por meio das trocas orais e corporificadas dos nossos conhecimentos, ou pelas diferentes linguagens midiáticas que utilizamos – estratégicas para o estabelecimento de um processo de formação coletiva e permanente, tanto de estudantes quanto de quem educa –, pois educamos o tempo todo, independentemente da posição que ocupamos (FREIRE, 1996). Nossos discursos colaboram para que ampliemos nosso próprio conhecimento, como também o conhecimento de quem nos rodeia. Como aponta Freire (1996, p. 46): «Uma das tarefas mais importantes da prática educativa-crítica é propiciar as condições em que os educandos, em suas relações uns com os outros e todos ensaiam a experiência profunda de assumir-se.»

---

[104] A versão original da citação pode ser lida a seguir: *"Sentipensar con el territorio implica pensar desde el corazón y desde la mente, o co-razonar, como bien lo enuncian colegas de Chiapas inspirados en la experiencia zapatista; es la forma en que las comunidades territorializadas han aprendido el arte de vivir. Este es un llamado, pues, a que la lectora o el lector sentipiense con los territorios, culturas y conocimientos de sus pueblos —con sus ontologías—, más que con los conocimientos des-contextualizados que subyacen a las nociones de "desarrollo", "crecimiento" y, hasta, "economía""*.

Do mesmo modo que quem faz parte do processo mediado por trocas educomunicativas tem a possibilidade de se assumir sujeito/a da realidade em que vive, também tal mediação se assume e autorreflete sobre si mesma neste mesmo processo. Inclusive, a compreensão da educomunicação possível como práxis decolonial e decolonizadora se dá com base no entendimento de que se trata de um paradigma em curso, em transformação perene e que é mutável para poder fazer caber, para estabelecer trocas, diálogos em um compasso que enaltece alteridade e dialogicidade.

> A instauração da subjetividade por meio da linguagem e, mais precisamente, por meio da enunciação foi estudada por Benveniste (2006). Benveniste afirma que é por meio da enunciação que se estabelecem ao mesmo tempo um eu e um tu, pois, ao apropriar-se da língua, o eu "implanta o outro diante de si, qualquer que seja o grau de presença que ele atribua a este outro." (BENVENISTE, 2006, p. 84). Além da categoria pessoa (enunciador-enunciatário), o ato de enunciação instaura as duas outras instâncias: a de espaço e a de tempo. Dessa forma, ao se apropriar da palavra, o sujeito se localiza tanto em termos de espaço (por meio de advérbios) quanto em termos temporais (denotados pelos tempos verbais). O sujeito constrói o seu mundo e a si mesmo quando se constitui como enunciador-enunciatário por meio da apropriação da língua como uma realização pessoal (MUNGIOLI, 2018, p. 63).

Bakhtin (2000) define o processo de alteridade com base na ideia de que o indivíduo, em primeiro lugar, compreende o/a enunciador/a e, posteriormente, responde ativamente a ele/a, materializando seu discurso em uma resposta (externa ou internamente). Dessa forma, o/a sujeito/a constitui-se em relação às outras pessoas com quem interage, respondendo a elas, em uma alternância constante de lugares. Nessa situação de comunicação, não ocorre uma compreensão passiva por parte de quem enuncia; resulta, ao contrário, uma resposta que se materializa sob a forma de concordância, adesão, objeção, execução etc. A consciência, então, é engendrada pelas relações que os/as sujeitos/as estabelecem entre si, no meio social. Relações, por sua vez, constituídas sob a égide do signo ideológico, conforme vimos anteriormente. Há um diálogo permanente, em que co-enunciadores/as e trocam de papéis o tempo todo, colaborando mutuamente para a construção de sentidos. É aqui que reside a natureza interdiscursiva da linguagem, o que o autor denominou 'dialogismo', que compõe e complementa o conceito de alteridade.

> Ser significa ser para um outro, e, por meio do outro, ser para si. Uma pessoa não tem nenhum território interno soberano, ela está sempre na

fronteira; olhando para dentro de si, *ele olha nos olhos de um outro* ou *com os olhos de um outro* (BAKHTIN, 1994, p. 287, grifos do autor)[105].

Exatamente pelo fato de que a humanidade está em construção identitária constante, em diálogo com o mundo que a rodeia, que a humanidade não é finita, seja quando composta por seres viventes, de carne e osso, seja – a depender do que se crê – na convivência com seres que transcenderam a etapa carnal. Somos seres incompletos e que buscam, nas relações com outros seres e com o ambiente, estabelecer conexões e conviver.

> Reconhecer e prever a incompletude é não se declarar culpado, inadequado e desamparado perante as outras pessoas supostamente completas. Em vez disso, a incompletude é uma disposição que nos permite agir de maneiras específicas para atingir nossos objetivos em um mundo ou universo de inúmeras interconexões de seres e atores/atrizes incompletos/as sencientes, humanos/as e não-humanos/as, naturais e sobrenaturais, receptivos/as e não-receptivos/as à percepção por meio nossos sentidos (NYAMNJOH, 2021, on-line, T.A.)[106].

Refletir e agir em prol da práxis educomunicativa é considerar esta incompletude como condição *sine qua non* da existência deste paradigma. Pelo fato de a própria práxis não ser integralmente definida, a fim de poder propiciar a possibilidade de ser construída no coletivo, entre acertos e enganos, conjuntamente e encarando educomunicadores/as como co-responsáveis, tanto pelas conquistas como pelos descompassos que poderão estar presentes em propostas educomunicativas. "Alguém é quem é por causa de outros. (…) Ao mesmo tempo, somos o produto de várias redes de interconexões, para a produção e reprodução das quais contribuímos ativamente" (NYAMNJOH, 2021, on-line, T.A.)[107].

---

[105] A versão original pode ser conferida a seguir: *"To be means to be for another, and through the other, for oneself. A person has no internal sovereign territory, he is wholly and always on the boundary; looking inside himself, he looks into the eyes of another or with the eyes of another"*.

[106] A versão original, em língua inglesa, pode ser lida a seguir: *"To recognise and provide for incompleteness is not to plead guilty, inadequate and helplessness vis-à-vis the supposedly complete others. Instead, incompleteness is a disposition that enables us to act in particular ways to achieve our ends in a world or universe of myriad interconnections of sentient incomplete beings and actors, human and non-human, natural and supernatural, amenable and not amenable to perception through our senses"*.

[107] Originalmente, lê-se: *"One is who one is because of others. (…) At the same time, one is the product of various networks of interconnections, to the production and reproduction of which one actively contributes"*.

PRÁXIS DECOLONIAIS E DECOLONIZADORAS DE PESSOAS PARA PESSOAS

Com base em referenciais presentes em metodologias com foco no emprego de princípios e de valores da educomunicação, não apenas no Brasil, com em outros países da América Latina, foram sistematizadas algumas áreas de intervenção deste paradigma, que nasceram, por sua vez, a fim de garantir que, dentro da diversidade de abordagens e de olhares em torno da educomunicação, algumas dessas práticas teórico-interventivas pudessem ser compreendidas com uma maior coerência epistemológica, organização estrutural e legitimidade enquanto possibilidades de práxis no e com o mundo[108].

"A educomunicação se presta a este serviço, dada a sua origem na luta dos movimentos sociais pela conquista da liberdade de expressão, pela reafirmação do direito às diferenças e pelo reconhecimento dos direitos humanos" (SOARES, 2018, p. 14). Isso demonstra a importância que a condução deste paradigma dá à valorização de percursos inerentemente inconclusos ou incompletos (NYAMNJOH, 2021) e, ao contrário do que pregam as lógicas coloniais e eurocêntricas, está distante de uma possível fragilidade ou descrédito nos espaços em que circulam saberes, seja na academia ou em comunidades originárias.

---

[108] Até o momento da escrita deste texto, com base em diferentes publicações organizadas pela Associação Brasileira de Pesquisadores e Profissionais em Educomunicação (ABPEducom), disponíveis em seu site (https://abpeducom.org.br/), as áreas de intervenção disponíveis e sistematizadas são as seguintes, concebidas sem haver qualquer hierarquia entre elas, portanto, dispostas em ordem alfabética: 1. Educação para a comunicação, subdividida em quatro tópicos: a) "Educação para a comunicação, na perspectiva da Educomunicação"; b) "Educação para as competências midiáticas, na perspectiva da Mídia-Educação"; c) "Educação para a comunicação enquanto educação para a cidadania"; d) "Educação para a comunicação: estudos de recepção e formação profissional"; 2. Educomunicação socioambiental (ainda em estudo); 3. Expressão comunicativa por meio das Artes; 4. Gestão da comunicação nos espaços educativos, subdividida em dois tópicos: a) "Políticas e processos educomunicativos"; b) "Gestão de pessoas e práticas socioculturais"; 5. Mediação tecnológica na educação, subdividida em dois tópicos: a) "Mediação tecnológica como desafios para a educação"; b) "Tecnologias de Informação e da Comunicação (TICs) nos processos de aprendizagem"; 6. Pedagogia da comunicação, subdividida em dois tópicos: a) "Educomunicação e práticas curriculares"; b) "Práticas na educação não-formal"; 7. Reflexão epistemológica sobre a inter-relação Comunicação/Educação.

Tanto a práxis cinematográfica quanto a práxis educomunicativa são protagonizadas por pessoas, estejam elas em posição de enunciadoras ou enunciatárias, sejam elas cineastas ou educadoras, espectadoras ou estudantes. As narrativas que produzimos estão sempre conectadas por construções assentadas nas noções de alteridade e de dialogismo/dialogicidade, ao aproximar os pensamentos teóricos bakhtinianos e freirianos.

Por esse motivo, defendo a viabilidade e a urgência da análise de discursos e de estéticas presentes das narrativas cinematográficas, pertencentes e ilustradoras de, no mínimo e idealmente, três áreas de intervenção da educomunicação, sendo elas: "educação para a comunicação"; "expressão comunicativa por meio das artes" e "mediação tecnológica na educação'. Isso sem negar a possibilidade desta "radiografia analítica" aqui apresentada poder ser alterada, a qualquer momento, visto ser um paradigma em progresso.

Quando o cinema encontra a educomunicação, uma relação afetuosa – que acontece por meio da troca de afetos – e sensorial acontece, pois gera uma miríade de olhares possíveis, emergem olhares entremeados pelas histórias, pelas bagagens culturais e pelas leituras de mundo (FREIRE, 1996) na produção e na recepção de discursos. Ao utilizar filmes como suporte para o ciclo de ensino-aprendizagem, em um espaço educativo – seja ele formal, informal ou não formal –, há um despertar do senso crítico de educadores/as e estudantes. Com a instrumentalização e a apropriação das ferramentas e das linguagens de construção do imagético, desmistifica-se a produção cinematográfica, potencializando a valorização da existência de seres críticos e também (re)produtores da realidade.

O uso de filmes em processos de ensino-aprendizagem é estratégico e salutar, uma vez que trata-se de uma prática ligada à área de intervenção de "educação para a comunicação", possibilita, ainda no primeiro tópico apresentado (educação para comunicação, na perspectiva da educomunicação), que discussões em torno dos discursos, formatos, das escolhas textuais e estéticas, dos posicionamentos (tanto de câmeras quanto de estrutura narrativo-ideológica), bem como de quem compõe a equipe que está por detrás da tela, sejam priorizadas e atentamente pautadas, alicerçadas em diálogos que estejam em consonância com os princípios da práxis educomunicativa. A intenção é diminuir um possível olhar ingênuo ou acrítico – e jamais neutro – em torno do que se produz ou se assiste.

Já em relação ao segundo tópico, intitulado "educação para as competências midiáticas, na perspectiva da mídia-educação", convoca-se o público, que está em processo alteritário e dialógico com as narrativas presentes nos filmes, a desenvolver competências de leitura crítica das mídias a que acessa. Por isso, a relevância em dialogar sobre a história do cinema, por exemplo, passando pelos recursos específicos desta práxis e suas linguagens. Esse percurso didático-pedagógico é interessante para poder desenvolver, junto à comunidade espectadora dos filmes, cultura cinematográfica e ampliação da leitura crítica dos meios de comunicação com os quais se conecta. No entanto, ressalto que nenhuma das áreas de intervenção está obrigatoriamente restrita ao uso do cinema como possibilidade de aplicação das concepções e valores da educomunicação.

No que diz respeito à área de intervenção de "educação para a comunicação enquanto educação para a cidadania", talvez uma das áreas que está mais intimamente relacionada ao "coração" da práxis educomunicativa, a utilização de filmografias para educar para cidadania pode ser potente. Quando se entra em contato consigo mesmo/a ou com outras culturas, por meio dos filmes, há uma série de outras perspectivas, de outros olhares que poderão vir a contribuir à cidadania audiovisual de quem estabelece diálogo com as narrativas cinematográficas em questão. É um convite para humanizar o que é genuína e teoricamente humano, por meio de discursos que se apresentam na tela.

> (…) para além da recepção crítica da mídia – interessa especialmente a própria gestão dos processos comunicativos, em propostas de autogestão no emprego das tecnologias a serviço da construção do aprendizado sobre práticas cidadãs (SOARES, 2018, p. 15).

O quarto e último tópico da área de intervenção "educação para a comunicação" diz respeito à "educação para a comunicação: estudos de recepção e formação profissional". Neste caso, intimamente ligado ao campo europeu conhecido como "Mídia-Educação", ou ainda *"Media Literacy"* – com maior ocorrência e utilização na América do Norte –, há proximidades com a práxis educomunicativa, mas ao mesmo tempo, distanciamentos históricos, principalmente no que diz respeito aos fins pregados pela educomunicação, comprometida com as transformações sociais das camadas subalternizadas e em diálogo com demandas e utopias do Sul Global, potencializando a reafirmação de sujeitos/as sociais.

> E mesmo num possível quadro adverso, no futuro, gerado por um presumível monopólio da produção editorial de suporte à educação, a prática mídia-educativa já demonstrou reunir condições de garantir, por meio de seus projetos

multidisciplinares, o exercício indispensável da autonomia, da diversidade e do protagonismo dos sujeitos sociais, aqui incluindo conjuntamente professores, alunos e membros da comunidade escolar (SOARES, 2018, p. 15).

Por isso, como parte deste último tópico, é essencial ressaltar a importância de não apenas estabelecer processos de recepção que busquem favorecer a autonomia, mas também a diversidade e o protagonismo de todas as pessoas envolvidas, mas também de motivar a condução permanente de formação profissional, principalmente a formação docente, quando filmes são usados nas escolas, mediados por educadores/as. Trata-se de uma abordagem essencial para que se sintam mais bem preparados/as e seguros/as ao apresentar as películas (documentários ou obras ficcionais) e/ou vídeos a estudantes ou às demais pessoas da comunidade escolar (como as pessoas responsáveis pelos/as estudantes, familiares, funcionários/as das escolas e até mesmo moradores/as do entorno).

Nesse sentido, o uso dos filmes nas escolas também pode ser compreendido como condução prática de outra área de intervenção da práxis educomunicativa: a área de "mediação tecnológica na educação", em que se encontram os tópicos de "mediação tecnológica como desafios para a educação" e de "Tecnologias de Informação e da Comunicação (TICs) nos processos de aprendizagem". Para esta análise, compreendo ambos os tópicos de modo interdependente, uma vez que a mediação é realizada por meio de linguagens tecnológicas – filmes ou vídeos – que, a partir da compreensão do que é a práxis educomunicativa, podem apontar propostas para dirimir os desafios da educação.

As produções audiovisuais, quando utilizadas em processos educacionais, enaltecem a gênese da comunicação, uma vez que são produtos comunicacionais e existem para "instaurar o comum na comunidade, não como uma entidade agregada, mas como uma vinculação, portanto, como um nada constitutivo, pois o vínculo é sem substância física ou institucional, é pura abertura na linguagem" (SODRÉ, 2014, p. 214).

Protagonizar – seja na posição de enunciador/a ou de enunciatário/a – um processo de mediação de narrativas audiovisuais é potencialmente estabelecer diálogos em torno do que há em comum, mas também sobre o que se diferencia acerca daquilo que é assistido em relação a quem produz as narrativas e em contraposição a quem assiste às produções audiovisuais. Este processo é carregado por crenças e por valores da práxis educomunicativa, que, por sua vez, se apoia no coletivo – demarcadamente alteritário e dialógico – para colocar em prática demandas formais e formativas dos currículos, a fim de que toda e qualquer pessoa que tenha oportunidade de educar e de ser educada – dentro e fora das escolas – possa fazê-lo sob pilares de uma perspectiva libertadora (FREIRE, 1967).

Entretanto, em qualquer processo mediado, sempre existe uma certa tensão dialógica, advinda da convivência entre os dizeres e os silêncios (ORLANDI, 2013), em que prevalece seu caráter de inacabamento e destaca-se o movimento constitutivo do dialogismo como anteposição de palavra e da contra-palavra (BAKHTIN; VOLÓCHINOV, 2011) do enunciador. Tal configuração também é vista na práxis educomunicativa.

> Dessa forma, o agir educomunicativo envolve tanto uma intencionalidade quanto uma metodologia de ação que se estrutura com base no princípio dialógico que conduz a criação de ecossistemas educomunicativos, estes, por sua vez, marcadamente inclusivos e democráticos (MUNGIOLI; VIANA; RAMOS, 2017, p. 220).

Seguindo com a análise do uso de filmes como parte das estratégias educomunicativas possíveis, a fim de estabelecer os ecossistemas comunicativos inclusivos, abertos e democráticos como condição *sui generis* para a práxis educomunicativa, há uma terceira área de intervenção que pode ser considerada apropriada para a condução deste tipo de abordagem metodológica. Trata-se da área de "expressão comunicativa por meio da Arte". Sem qualquer intenção de aprofundar e sedimentar as discussões que, historicamente, vêm sendo realizadas por uma série de pesquisadores/as-educomunicadores/as, invoco e reafirmo conhecimentos e narrativas que dão vida a pensamentos, conforme esta reflexão a seguir:

> O cinema pensado como aparato simbólico e material, pode ser um produto cultural utilizado dentro da sala de aula como conteúdo para problematizar (não necessariamente ilustrar). O diálogo do cinema com o currículo escolar pode resvalar no criticado "uso ilustrativo" do cinema, isto é, usar a obra de arte de forma didatizada ou como suporte secundário do livro didático (MOGADOURO, 2013, p. 8).

Amparada e impulsionada pela possibilidade de compreender o uso de filmes como recursos e linguagens didáticas em potencial, não se pode cometer o engano de reificar ideias, infelizmente, ainda presentes em processos educativos, que relegam a utilização de produções cinematográficas alegóricas ou ilustrativas de um determinado conteúdo pedagógico, ou como substituição do que seria considerado "aula de verdade". As aspas são propositalmente utilizadas para apontar o quanto tal uso contradiz os princípios em que se assenta a área de intervenção de "expressão comunicativa por meio da Arte", que, por sua vez, se aproxima da Arte e da Arte/Educação e está em diálogo com a educomunicação, provocando reflexões etimológicas no sentido de sugerir adaptação ou criação de uma nova área de intervenção, que abrangesse ações "arteducomunicativas" (SILVA; VIANA, 2019).

Integrantes da condução da práxis educomunicativa, os filmes, utilizados em processos de mediação por meio da arte, são encarados como obras de arte e, dessa maneira, "tem foco no termo 'expressão' (grifos dos autores) e considera a arte como ferramenta do processo, não dando conta da profundidade que a arte pode trazer em sua forma de experienciar o mundo" (SILVA; VIANA, 2019). Desse modo, os ecossistemas comunicativos são novamente potencializados, por meio do cinema, uma vez que produtores/as e receptores/as dos filmes estão, colaborativamente, construindo e reconstruindo a si mesmos/as durante a leitura crítica ou até mesmo a produção audiovisual de narrativas autorais, mesmo quando realizada por estudantes.

Espero que o encontro entre as práxis cinematográfica e educomunicativa propicie um chamado coletivo a outros mundos possíveis, quiçá até mesmo outras formas de ser e de estar no mundo. Que sejamos conscientes das relações das estruturas de poder, interseccionalmente demarcadas por classe, gênero, raça, dentre outros marcadores sociais de diferença e resistentes para propiciar trocas genuínas, esperançares decoloniais e decolonizadores, amparados no *adinkra* ganês *Sankofa*, em que o passado é essencial para compreender o presente e para projetar o futuro.

ÁFRICAS EM CENA

MEDIAÇÕES CINEMATOGRÁFICAS E A PRÁXIS
EDUCOMUNICATIVA DECOLONIAL E DECOLONIZADORA

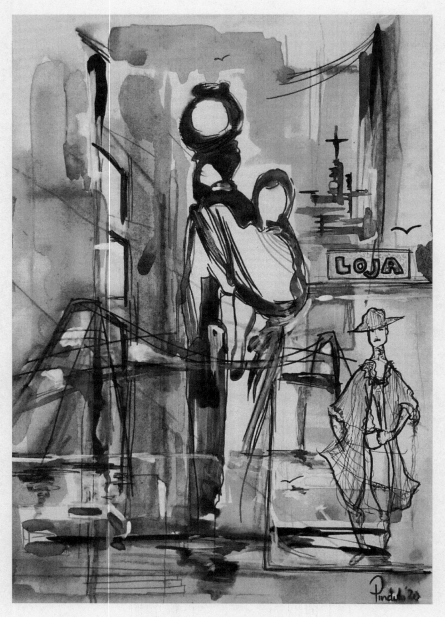

Figura 9: Fotografia de obra do artista moçambicano Pindula. em Maputo.

Fonte: A autora (2020).

Kopano Matlwa, em **Coconut**

"They will shout. 'Stop acting black!', 'Stop acting black' is what they will shout. And we will pause, perplexed, unsure of what that means, for are we not black. Father? No, not in my malls, Lord.
We may not be black in restaurants, in suburbs and in schools.
Oh, how it nauseates them if we even fantasise about being black, truly black"[109].

---

109 O excerpto de *"Coconut"* ("Coco") pode ser, livremente, traduzido para o português, como segue: "Eles vão gritar. / 'Pare de agir como negro/a!', 'Pare de agir como negro/a' é o que eles vão gritar. / E vamos fazer uma pausa, perplexos/as, sem saber o que isso significa, pois não somos/as negros/as. / Pai? Não, não nas minhas ruas, Senhor. / Podemos não ser negros/as nos restaurantes, nos subúrbios e nas escolas. / Oh, como isso os/as enjoa se nós fantasiamos ser negros/as, verdadeiramente negros/as".

Viver tempos históricos pós-coloniais pressupõe esperançar novas formas de ser e de estar no mundo. Para tanto, mirar a educomunicação como uma práxis genuinamente decolonial e decolonizadora é premissa essencial. Juntamente com ela, pode existir um caminhar transversal para as trocas favorecidas por encontros educomunicativos, dentre eles, mediado pelo cinema. O tempo presente é cenário tangível para a compreensão e a condução de práticas educomunicativas que podem ressoar variados esperançares decoloniais e decolonizadores mediados por quem sente a necessidade de transformar a vida, para que qualquer pessoa exercer o direito de ser quem se é e de existir conjuntamente com quem a rodeia, de maneira justa e igualitária.

Vivemos tempos de urgências (CITELLI, 2020) que, por sua vez, são ainda mais emergentes em sociedades pertencentes ao Sul Global, onde as desigualdades e as injustiças – invariavelmente – afetam, com maior frequência, os mesmos corpos e as mesmas mentes. Corpos e mentes de pessoas, majoritariamente, de ancestralidades africanas, portanto autodeclaradas e/ou socialmente lidas como negras, sejam as que vivem no continente-mãe da humanidade, sejam aquelas que habitam as diásporas africanas. Este é o caso dos países pelos quais percorri para realizar a pesquisa de campo de meu doutorado, sendo eles: Brasil, África do Sul e Moçambique. O primeiro é minha terra natal, já o segundo e o terceiro se tornaram parte de minha construção identitária no e com o mundo.

A partir das experiências acumuladas nessas localidades e com a condução dos processos de pesquisa – em que, em termos temporais, praticamente metade destes foram realizados, nos primeiros dois anos, no Brasil, e a outra metade entre África do Sul e Moçambique –, pude identificar dois pontos centrais que balizam grande parte da discussão que realizo academicamente. O primeiro deles diz respeito à centralidade dos princípios e dos valores pertencentes às decolonialidades e à decolonização para a compreensão de fundamentos que balizam o paradigma educomunicativo, inclusive como práxis que pode contribuir para os estudos críticos da branquitude. Já o segundo ponto está relacionado à defesa de que o cinema realizado em Áfricas (MABANCKOU, 2012) pode propiciar mediações possíveis que componham a práxis educomunicativa decolonial e decolonizadora.

Apesar de anteriormente apresentados enquanto primeiro e segundo pontos de discussão, não existe uma hierarquia entre eles, uma vez que os compreendo igualmente importantes e, inclusive, interdependentes para a análise aqui proposta. Sendo assim, irei discorrer sobre cada um deles, com o intuito de colaborar para as reflexões e para as práticas que vêm sendo realizadas por diferentes pessoas em vários lugares do mundo, tendo estas com um interesse em comum: buscar conhecer e se aprofundar sobre/nas interfaces que a educomunicação proporciona sendo um paradigma em construção (MESSIAS, 2018). Por conseguinte, reforço que comungo das perspectivas adotadas por Soares (2020) em relação à educomunicação, quando a explica da seguinte forma:

> (...) aspira que os períodos de aprendizagem habilitem crianças e jovens a identificarem e enfrentarem os gigantescos obstáculos antepostos por um mundo que teima em consolidar-se pela lógica do anti-humanismo, lógica essa traduzida pelo desrespeito/destruição da natureza, pela fragilidade dos processos educacionais, pelas desigualdades sociais crescentes no acesso aos meios de produção de comunicação e pela competição desenfreada, plantada no lamaçal movediço da desinformação programada (SOARES, 2020, p. 11).

Tendo seus primeiros estudos, no Brasil, no final da década de 1990, a partir de pesquisa realizada pelo Núcleo de Comunicação e Educação da Universidade de São Paulo (entre 1997 e 1999), que ressoavam outras iniciativas da interface entre comunicação e educação em curso, desde a década de 1960, em diversos países da América Latina (Soares, 2020), a educomunicação tem se perpetuado como práxis que estabelece pontes entre a universidade, o ativismo e o mercado de trabalho e se tornou uma área de conhecimento transversal, inter e transdisciplinar e que se dá por meio de mediações que, por sua vez, são "proposições que se ligam à ação do diálogo, da conversa, que pressupõem a escuta, o espaço do silêncio, a aproximação cuidadosa e sensível com o outro" (MARTINS, 2014, p. 259). A práxis educomunicativa é mediadora e mediada para e por relações interpessoais que almejam transformações sociais, outros mundos possíveis.

Com base nessa ideia, compreendo a práxis educomunicativa como genuinamente decolonial e decolonizadora, uma vez que, desde os primórdios, qualquer prática ou teoria construída por meio dos objetivos e dos valores educomunicativos ocorre para a criação de ecossistemas educomunicativos que proponham mediações que só têm sentido quando se parte do princípio de que os processos educomunicativos devem ser abertos, dialógicos, horizontais, justos e que promovam a cidadania. A práxis educomunicativa carrega em seu DNA os mesmos valores que as lutas decoloniais e decolonizadoras, por ser potencializadora da promoção e da valorização do que nomeio – após conversa informal com o intelectual senegalês e pan-africanista Dr. Emmanuel Mbégane Ndour, na África do Sul – como "educomunidades". A práxis educomunicativa colabora para o estabelecimento de comunidades que se apoiam e ganham força a partir das matrizes e das cosmovisões presentes em África. Estas forças que movem a construção de saberes e de conhecimentos também na maior diáspora africana fora de África, o Brasil. Somente nos afetos, no relacionar-se com, no fazer junto, no dialogar, no trocar, no mediar é que ela acontece.

Por esse motivo é que, enquanto pilar desta reflexão, o cinema é aqui analisado com base nas mediações (MARTÍN-BARBERO, 2008) que se estabelecem entre sujeitos/as e suas realidades e como parte integrante da práxis educomunicativa. "O deslocamento do eixo do estudo dos meios para as mediações (...) permite compreender de que maneira as práticas comunicacionais determinam matrizes culturais diversas e acabam acionando um *habitus* cultural" (NAGAMINI, 2012, p. 86). Quando educomunicação e cinema se encontram, todas as potencialidades inerentes à arte, à cultura, à comunicação e à educação também se encontram. Desse modo, estabelece-se um potencial poder transformador da sociedade em que se vive. Esta transformação social, por sua vez, é inerente a qualquer processo declarado e verdadeiramente educomunicativo. Não existe educomunicação sem haver, enquanto meta utópica final, a transformação social em si. Educomunicar é empreender microrrevoluções que possam colaborar para alcançar revoluções que atinjam todas as camadas sociais para estabelecer práxis decoloniais e decolonizadoras no viver em comunidade.

A interface entre cinema e educomunicação – um paradigma educomunicativo que se constrói na e com a vida – se alinha à reflexão realizada por Vigotski (2001), quando ele discute a importância de realizar processos de educação estética como parte da vida em si: "A arte transfigura a realidade não só nas construções da fantasia, mas também na elaboração real dos objetos e situações. A casa e o vestuário, a conversa e a leitura, e a maneira de andar, tudo isso pode servir igualmente como o mais nobre material para a elaboração estética" (VIGOTSKI, 2001, p. 352). Por isso, defendo a ideia de que a interface entre cinema e educomunicação possibilita, dentre outras coisas, o conhecimento em torno das realidades que nos cercam enquanto sujeitos e sujeitas em constante construção, com base nas múltiplas identidades que trazemos conosco, que nos colocam em contínuos processos de ser e deixar de ser (PRANDINI, 2018).

> Isso acontece porque, enquanto arte, o audiovisual representa uma forma de libertação do olhar e do sentido. Ao abrir-se, o Sujeito pode enfim sentir e conhecer não porque está externo ao outro, mas porque é o outro, porque não é mais possível distinguir entre vidente e visível. Nesta perspectiva, assume-se também que esta abertura ao outro só ocorre mediante a comunicação. Comunicação é algo muito maior, livre de materialidade.

> Trata-se de algo que se estabelece, entre outros aspectos, na relação com o outro, no princípio da alteridade, no movimento (SANTOS, 2016, p. 244).

O cinema pode colaborar para o emprego de mediações que estejam alinhadas com os valores pertencentes ao paradigma educomunicativo. Mediações que se fundamentam em teorias e práticas que façam, por exemplo, críticas ao sistema-mundo (GROSFOGUEL, 2018) vigente, que é majoritariamente constituído por ideários capitalistas, patriarcais, sexistas, LGBTQIAfóbicos, coloniais e racistas, que estão na contramão do que a práxis educomunicativa busca estabelecer. Apesar de se apresentar no globo de forma mais abrangente, podendo, inclusive, contribuir para os valores hegemônicos apontados, o cinema, quando do encontro com a educomunicação, pode vir a ser empenhado por diferentes perspectivas e cosmovisões que estejam alinhadas às lutas pluriversais (RAMOSE, 2011) de comunidades que se opõem às opressões do sistema-mundo atual.

> Diante da fragmentação universalizadora dos nossos tempos, a obra de Arte e o seu Artivista procuram pensar o novo, indagar o velho e plantar no hoje as raízes da permanência futura. Essa geração, ancestral do tempo futuro, não deve se eximir, portanto, da responsabilidade legada pelos nossos ancestrais que resistiram, permaneceram e construíram as pequenas vitórias que usufruímos no agora (NJERI, 2020, p. 205).

Este encontro cinematográfico-educomunicativo pode vir a colaborar para apreensões de novos devires no e com o mundo, a partir da promoção de diálogos e de ações baseadas nos esperançares decoloniais e deconolizadores, que só têm sentido quando apontam futuros que estejam em consonância com cosmovisões que façam jus às lutas de resistência ancestrais que precisaram ser travadas para que pudéssemos estar aqui e agora. Para isso, é preciso que o cinema, de um lado, contribua para a construção de imaginários que transversalizam atitudes e práticas educomunicativas que estabeleçam, paralelamente e como resultado, rupturas com as ideologias do sistema-mundo vigente, numa convocatória socialmente engajada em prol da estesia (OLIVEIRA, 2010).

Para conhecer a si mesmo, o outro e o mundo, em uma relação ativa e alteritária, em que me reconheço quando passo a conviver com as outras pessoas e no mundo que me rodeia, a estesia – dentre outras possibilidades de apreensão da aproximação entre cinema e educomunicação – pode ser parte resultante deste encontro. Integrando a Base Nacional Comum Curricular (BNCC), para o ensino de Arte, no Brasil, juntamente com outras competências como a criação, a crítica, a fruição, a expressão e a reflexão, a estesia pode ser compreendida como "a condição de sentir as qualidades sensíveis emanadas do que existe e que exala a sua configuração para essa ser capturada, sentida e processada fazendo sentido para o outro" (OLIVEIRA, 2010, p. 2).

Dessa maneira, quando o cinema é apreendido com base no paradigma educomunicativo, pode ser compreendido também como práxis estésica, decolonial e decolonizadora em potencial, uma vez que as relações promovidas por este encontro podem vir a ser provocadoras de reflexões que contribuem para a valorização de processos de construção identitária, que estejam diretamente ligados à necessidade de recolocar os seres humanos em processo de estesia, portanto não mais anestesiados frente aos desafios do sistema-mundo em que vivem. "Como prática social, a arte cinematográfica afeta o sujeito enquanto sujeito e espectador, que, impactado pelo processo de assistência, pode atuar nos procedimentos de mudança e transformação pessoal e também coletiva que o cinema desencadeia" (SILVA, 2019, p. 90). Apoiadas em uma perspectiva educomunicativa, as narrativas presentes nos filmes podem colaborar na produção de sentido identitário de diferentes comunidades pluriversais, se contrapondo às colonialidades ainda presentes em muitos modos de ser e de existir da contemporaneidade.

ÁFRICAS MEDIADAS EM/POR PERSPECTIVAS DECOLONIAIS E DECOLONIZADORAS

Todas as narrativas cinematográficas escolhidas, como parte da pesquisa de campo deste doutorado, apresentam recortes acerca de experiências de vida em países historicamente pós-coloniais, mas que ainda são transversalizados por mentalidades impregnadas por valores coloniais. Dessa forma, os seis filmes demonstram, como parte de seus enredos, os desafios impostos por essas mentalidades, uma vez que a branquitude e as colonialidades ainda configuram os modos de ser e de existir de parte das populações que compreendem essas nações. Esta parcela da sociedade detém poderes assegurados por uma historicidade que impôs privilégios e assegurou hegemonias que supervalorizam tudo o que remete às colonialidades e à branquitude até os dias atuais.

> Assim, apesar do colonialismo preceder a colonialidade, a colonialidade sobrevive ao colonialismo. Ela se mantém viva em textos didáticos, nos critérios para o bom trabalho acadêmico, na cultura, no sentido comum, na auto-imagem dos povos, nas aspirações dos sujeitos e em muitos outros aspectos de nossa experiência moderna. Neste sentido, respiramos a colonialidade na modernidade cotidianamente (MALDONADO-TORRES, 2007, p. 131).

Talvez pela permanência dos ares da modernidade estarem infestados pelas colonialidades e, como consequência, também pela branquitude, ainda seja pouco conhecido o fato que a indústria de cinema nigeriana (Nollywood), por exemplo, é considerada a terceira maior do mundo, ficando atrás apenas de Hollywood (EUA) e de Bollywood (Índia). Quiçá, pela mesma razão, existam diversos segmentos relacionados a filmes que compõem diferentes escolas e subcategorias do cinema internacional, na busca de encontrar "um lugar ao sol" nos moldes capitalistas, tais como cinema africano, cinema diaspórico, cinema intercultural, cinema pós-colonial, cinema negro, cinema transnacional, cinema nacional, cinema de exportação, entre outras (WESTWELL; KUHN, 2012).

Possivelmente, por nossos imaginários ainda estarem impregnados pelas colonialidades, que os estudos relacionados às escolas e às subcategorias citadas também são bastante recentes, se comparados aos primeiros escritos críticos sobre cinema, que remontam à década de 1920, com o aparecimento desta própria linguagem midiática no mundo. Provavelmente, pelo mesmo motivo, que, já na década de 1930, passaram a existir práticas curriculares de apreciação de filmes nas escolas do Norte Global devido a um desejo de mitigar a influência supostamente prejudicial dos filmes sobre os/as estudantes e uma agenda de pressuposta valorização cultural, a fim de promover respostas aos temas discutidos nos filmes (WESTWELL; KUHN, 2012), uma vez que percebeu-se o potencial crítico e dialógico presente nas narrativas cinematográficas perante a sociedade da época.

Com base na iminente presença das colonialidades e da branquitude na contemporaneidade, também é visível uma certa anacronia em relação às escolhas audiovisuais para apresentar a diversidade de culturas e de cosmogonias presentes no continente africano nas telas de cinema. Exatamente por isso os filmes utilizados na pesquisa de campo são representantes de cinematografias contemporâneas, realizadas por cineastas locais e que buscam romper com uma tradicional – e colonial – visão acerca das relações sociais nas Áfricas da atualidade, incluindo perspectivas em torno das diásporas africanas. Os filmes são parte de um chamado decolonial e decolonizador, a fim de "colocar o futuro nas mãos de africanos como motores e forças dinâmicas que operam na arena global" (NDLOVU-GATSHENI, 2018, p. 245, T.A.)[110].

---

[110] Em sua versão original, o trecho foi redigido da seguinte forma: *"placing the future into the hands of African people as drivers and dynamic forces operating within the global arena"*.

> Desde sempre, esses regimes foram pautados pela manutenção de um conjunto de práticas representacionais que insiste na disseminação de estereótipos, clichês e preconceitos em relação ao continente africano. Essas práticas remetem ao processo de conquista e colonização da África, que não iniciou no século XIX e sim no XVI, e ao acervo de imagens que dela derivam, criadas para marcar a 'diferença' entre o negro africano e o homem branco europeu. (...) Essas imagens privilegiam histórias que reiteram a África construída pelos discursos e imagens coloniais, como um continente política e economicamente instável, perigoso e violento, social e estruturalmente miserável, dominado por tradições e superstições religiosas, em estado de eterna dependência da ajuda humanitária internacional (ESTEVES, 2021, p. 15).

No entanto, a anacronia e a perversidade de representações africanas pautadas pelas colonialidades e pela branquitude, como pode ser observado nos filmes aqui citados e em outras pesquisas acadêmicas que se propõem a garantir a visibilidade necessária a narrativas cinematográficas contemporâneas que estão na contramão dessas percepções históricas, vêm sendo desbancadas, ainda que com velocidade talvez menor do que uma parcela da humanidade gostaria (na qual me incluo). Esta velocidade carrega marcas da estrutura colonial, pois, no caso da transversalidade que as colonialidades apresentam em relação à branquitude, personifica quem tem mais acesso a poder na indústria cinematográfica.

A branquitude garante o desequilíbrio ainda existente em relação à falta de representatividade das ancestralidades africanas, em prol de uma dominância branca (tanto em termos de temas e enfoques dos filmes, quanto de profissionais que tragam essas ascendências) em grandes eventos do meio. Um exemplo disso é o "Festival de *Cannes*" que, após 74 anos de existência, em sua mais recente edição, no ano de 2021, contou, pela primeira vez, com um presidente do júri negro, no caso, o cineasta afro-americano Spike Lee, que também ilustrou o pôster da edição, que, até então, nunca havia sido ocupado por uma pessoa negra. No entanto, dentre os 24 filmes selecionados para as principais categorias da premiação, apenas um diretor era negro e africano, Mahamat-Saleh Haroum, oriundo do Chade; e nenhuma mulher negra, dentre as quatro candidatas existentes, foi indicada[111].

---

111 Mais informações a respeito de uma possível prática de tokenismo – noção cunhada pelo afroamericano Malcom X para explicar a utilização de representações negras enquanto exceção que busca explicar a regra dominantemente branca -, no Festival de Cannes 2021, sugiro a leitura do artigo disponível no link a seguir: https://www1.folha.uol.com.br/ilustrada/2021/07/cannes-tem-negro-tapa-buraco-e--da-vantagem-ainda-a-machos-brancos.shtml.

Por isso é urgente garantir a ampla visibilização de cinematografias que não compactuam com os ideários que se apoiam em valores perpetuados pela branquitude e pelas colonialidades. Prova disso é o crescente número de iniciativas culturais, como os festivais de cinema africanos e/ou afrodiaspóricos e as mostras de cinema que não trazem apenas as cinematografias hegemônicas, mas que buscam ampliar os repertórios filmográficos de seus espectadores e de suas espectadoras, como é o caso da "Mostra de Cinemas Africanos", no Brasil[112] ou do *"Pan African Film & Arts Festival"*[113], que se propõem a contar as diversas histórias da América Negra, de África e da diáspora negra global. Sem contar as inúmeras críticas aos modos de fazer cinema nos dias de hoje, como pode ser visto em *"Noire n'est pas mon métier"*, publicação coletiva, lançada em 2018 e assinada por atrizes negras – nomeadamente Aïssa Maïga, Firmine Richard, Rachel Khan e Sonia Rolland – que se contrapuseram à branquitude francesa na cena audiovisual.

A partir das mediações oportunizadas por cinematografias assumidamente decoloniais e decolonizadoras, é possível realizar processos de leitura crítica acerca da presença das colonialidades e da branquitude nas sociedades contemporâneas e, com isso, traçar e executar práticas que colaborem para a ruptura de um imaginário colonial e racista que propaga e consolida desigualdades sociais, tangenciadas por marcadores sociais de diferença, tais como classe, gênero e raça, por exemplo (MOUTINHO, 2014). As mediações possíveis, que se apresentam quando se produz ou se assiste a filmes com esse compromisso ético e político, podem compor processos de uma pedagogia decolonial (WALSH, 2009) que re-humaniza sujeitos e sujeitas, sejam eles e elas quem forem, pois parte-se do princípio de que reificar a presença das marcas coloniais e afeitas à branquitude é, dentre outras coisas, corroborar, por exemplo, com a manutenção da existência do racismo como um crime contra a humanidade. Ao promover atos de discriminação racial, as pessoas ou as instituições estão a retirar a oportunidade da sociedade da qual fazem parte de evoluir e não mais ecoar valores ultrapassados e indignos de uma consciência coletiva pós-colonial.

Nesse sentido, as narrativas presentes em filmes que buscam colaborar para o crescimento e a divulgação de ideários anti-coloniais e que fazem

---

[112] Para mais informações sobre a Mostra, acesse o link: https://mostradecinemasafricanos.com/.

[113] Saiba mais sobre o festival por meio do link a seguir: https://www.paff.org/.

crítica à branquitude também podem ser consideradas bases para um processo – em curso – de justiça epistêmica (NDLOVU-GATSHENI, 2018) e que contribui para a descolonização das mentes (THIONG'O, 2007). Inclusive, em relação às narrativas pertencentes aos cinemas africanos, destaca-se a possibilidade que estas cinematografias nos dão em acessar diferentes perspectivas acerca das subjetividades das populações em África, como, por exemplo, poder entrar em contato com línguas nativas faladas por muitos e por muitas personagens nestas produções. "É na tela que encontramos o povo africano falando sua própria língua, lidando com problemas em sua própria língua e tomando decisões por intermédio de diálogos na língua materna" (THIONG'O, 2007, p. 31). Uma prova irrefutável da contribuição do cinema para a valorização das oralidades, um princípio norteador do viver no continente e para além dele, que possibilita, ainda, a construção da ligação emergente com as diásporas.

Com base na emergência do estabelecimento de uma ponte entre África e suas diásporas pelo mundo, ressalto a relevância da não segregação entre as populações que nasceram no continente-mãe da humanidade e aquelas que habitam outras localidades geograficamente fora desse continente. Defendo, portanto, a concepção de Áfricas, grafada no plural, propositalmente, a fim de dar conta, também etimologicamente, das relações existentes e permanentes entre as diversas africanidades pluriversais possíveis de serem encontradas no mundo, apesar da organização geográfica herdada pelas lógicas coloniais. "Ao se dispersar pelo mundo, os africanos criam outros africanos, tentam outras aventuras que podem ser benéficas para o aprimoramento das culturas do continente negro"[114] (MABANCKOU, 2012, p. 159). Nesse sentido, "a experiência de diáspora não pode ser definida unicamente pela essencialização ou pureza de um conceito, mas pelo reconhecimento da heterogeneidade e diversidade, por uma concepção identitária que vive pela e não a despeito da diferença, e fundamentalmente pelo hibridismo" (HALL, 2013, p. 197). As diásporas são partes integrantes das Áfricas, na perspectiva aqui defendida.

É de autoria de Mabanckou (2019) o conceito de «Áfricas móveis», construído com base em sua própria experiência de vida, já que divide seu tempo entre três países – Congo, França e Estados Unidos – e considera ter uma cultura tricontinental uma vantagem, que lhe permitiu conhecer

---

[114] Originalmente, o trecho destacado pode ser lido como segue: *"En se dispersant à travers le monde, les Africains créent d'autres Afriques, tentent d'autres aventures peut-être salutaires pour la valorisation des cultures du continent noir"*.

a diversidade no mundo e descobrir o que nomeia «Áfricas móveis». Em uma entrevista que concedeu a «O Correio da Unesco», afirmou:

> Primeiramente, uma África móvel dentro do continente. Quando morava no Congo, eu me deparei com africanos ocidentais, e isso me fez compreender a diversidade da África. Quando cheguei à França, descobri o mundo ocidental, mas também os africanos que haviam se estabelecido lá por meio da colonização e da migração – uma África móvel na Europa. E, quando estou nos Estados Unidos, eu percebo meu continente através de uma lente de aumento que me permite discernir as sombras flutuantes de outra África móvel, exilada pela escravidão e pelo tráfico de escravos. (...) Portanto, é uma espécie de celeiro tricontinental em que eu entro, para resgatar tudo o que possa ajudar a explicar o mundo de amanhã. O mundo de amanhã é a soma de diferentes culturas (MABANCKOU, 2019, p. 51).

Se o mundo de amanhã é o resultado da soma de culturas diversas, é preciso seguir em processo de de(s)colonização das identidades presentes no mundo de hoje. É central, portanto, a compreensão da importância da interculturalidade como produtora de sentidos sobre quem somos e, consequentemente, sobre quem iremos ser no futuro. Para isso, o cinema – também parte da comunicação – tem um papel fundamental.

> A afirmação e o desenvolvimento da alteridade cultural dos povos pós-coloniais, subsumindo ao mesmo o melhor da Modernidade (sic), deve desenvolver não um estilo cultural que tenda para uma unidade globalizada, indiferenciada ou vazia, mas para um pluriverso transmoderno (com muitos universais: europeu, islâmico, vedanta, taoísta, budista, latino-americano, bantu, etc.), multicultural, em diálogo crítico intercultural (DUSSEL, 2016, p. 51)[115].

O conceito de interculturalidade – em sendo uma noção relacional e aqui encarado por meio de uma perspectiva crítica – compreende que a comunicação entre diferentes pessoas que habitam um mesmo espaço se dá pela necessidade do estabelecimento de uma base comunicacional comum. Além disso, a interculturalidade propicia a operação de "um giro epistêmico capaz de produzir novos conhecimentos e outra compreensão simbólica do mundo, sem perder de vista a colonialidade do poder, do saber e do ser (...) que inclui os conhecimentos subalternizados e os ocidentais, numa relação tensa, crítica e mais igualitária" (OLIVEIRA; CANDAU,

---

[115] A versão original da citação pode ser lida a seguir: *"La afirmación y desarrollo de la alteridad cultural de los pueblos postcoloniales, subsumiendo al mismo lo mejor de la Modernidad, debería desarrollar no un estilo cultural que tendiera a una unidad globalizada, indiferenciada o vacía, sino a un pluriverso trans-moderno (con muchas universalidades: europea, islámica, vedanta, taoísta, budista, latinoamericana, bantú, etc.), multicultural, en diálogo crítico intercultural".*

2010, p. 27). Desse modo, a interculturalidade crítica e a decolonialidade comungam dos mesmos princípios de quebra com a hegemonia presentes nos filmes selecionados para a pesquisa de campo deste doutorado.

> A interculturalidade crítica e a decolonialidade, nesse sentido, são projetos, processos e lutas que se entrecruzam conceitualmente e pedagogicamente, alentando forças, iniciativas e perspectivas que fazem questionar, transformar, sacudir, reticular e construir. Essa força, iniciativa, agência e suas práticas dão base para o que chamo de continuação da pedagogia decolonial (WALSH, 2009, p. 25).

Por conseguinte, o cinema (e todas as outras linguagens comunicacionais existentes) colabora para que pessoas, de diferentes idades, pertenças étnico-raciais, gêneros, habitando variados lugares no mundo, possam interpretar fatos que vivenciam, de modo a compor uma reinterpretação tanto do que já aconteceu quanto projetar o que está por vir, dando sentido à vida e à existência. Os saberes e as apreensões de mundo são construídos a partir da convivência familiar, das relações estabelecidas com diversas outras instituições sociais, como a escola, por exemplo, e também pelas relações construídas a partir do contato com produções artísticas e comunicacionais que nos cercam.

Nesta arena discursiva (BAKHTIN, 2000) é que a construção de identidades acontece e ela não é estanque tampouco imutável, pois trata-se de um processo de constante deslocação (HALL, 2006) e de readequação, conforme acontecem os diálogos que são estabelecidos entre os seres humanos e o mundo e entre os sujeitos e as sujeitas entre si. Um processo formado por mediações de várias ordens, em diferentes níveis, com base nas experiências acumuladas no viver em comunidade e a partir das reflexões estabelecidas também em conjunto com a arte, a cultura e a comunicação, por isso a centralidade do cinema e das potenciais contribuições que a práxis educomunicativa decolonial e decolonizadora apontam nesse processo. Em suma, um processo que pode colaborar para a de(s)colonização de mentes e de corpos que, por meio dessa práxis, reconhece-se como integrante de educomunidades transformadoras e que colabora para traçar o futuro apoiado em um viver-presente que leva em conta as sabedorias co-construídas pelo passado.

PROCESSOS EDUCOMUNICATIVOS POR MEIO DE MEDIAÇÕES CINEMATOGRÁFICAS

Com base em teorias vigotskianas, Wertsch (1998) considera a narrativa como um instrumento cultural, ou seja, como uma "ação mediada", construída culturalmente. Por isso, quando narramos um fato ou contamos uma história, nos posicionamos a partir do que escolhemos falar. Demonstramos quem somos e revivemos o que contamos, numa espécie de ponte entre o que aconteceu, o momento presente da narração e uma possível transposição futura dessa mensagem. Ao narrarmos algo, imbuímos a narrativa com as ideias, as crenças e os valores que possuímos. E ainda buscamos prever quais serão os desdobramentos do discurso emitido tanto em nós mesmos quanto no(a) interlocutor(a) com o(a) qual nos relacionamos no momento da enunciação (BAKHTIN; VOLÓCHINOV, 2011).

Todo esse processo de construção de uma narrativa, mesmo quando oralizada em primeira pessoa do singular, é composto por trocas resultantes da alteridade com que construímos a nós mesmos e a nós mesmas em relação às outras pessoas e ao meio que habitamos. "Narrar, seguindo essa linha de raciocínio, não é somente necessário, mas sim imprescindível para que nos constituamos seres humanos e possamos viver numa sociedade humana. As narrativas são formas de ver, analisar, viver, sobreviver" (MUNGIOLI, 2018, p. 44). Daí a potencialidade do encontro entre cinema e educomunicação: 1. narrar histórias que contem sobre quem se é, com base no que se escolhe contar, quando se ocupa a posição de narrador/a; 2. refletir sobre quem se é, ainda que em posição de espectador/a da narrativa, quando coloca-se em diálogo ao assistir a um filme, por exemplo.

> Em uma constatação óbvia, pode-se dizer que as práticas educomunicativas nos currículos se manifestam na palavra, as quais compõem os discursos e emergem de contextos diversos. Se os processos e mediações forem considerados desde a formação inicial como atividades essenciais para a docência nos processos educomunicativos, os sujeitos terão, a partir destas construções, a possibilidade de mudanças de perspectiva diante dos conhecimentos e das inter-relações que envolvem os campos, tecnologias e processos diversos, propondo atividades de mais criação, construídas nas relações social, cultural, superando, portanto, as fronteiras dos conhecimentos (TELES, 2018, p. 137).

Os filmes são resultados de processos narrativos que se valem das emoções para provocar transformações, seja em nível pessoal ou coletivo. Ao realizar ou assistir a uma produção cinematográfica, pode-se contribuir para a reflexão em torno de como uma determinada pessoa, em uma localidade específica, compreende um certo fenômeno social. Um filme produzido em um país, por um grupo de pessoas que vivem naquela mesma nação, e que busca narrar um acontecimento que tem como cenário aquela localidade, tende a ser diferente de uma outra produção cinematográfica que é resultado de uma parceria entre pessoas e instituições de países variados e que não conta uma história que está diretamente relacionada a um só lugar especificamente. Da mesma forma, alguém que assiste a uma produção que almeja narrar uma história local, que está diretamente ligada à sua realidade, terá uma apreensão oposta a alguém que assiste a um filme que se passa numa localidade que nunca visitou. A produção e a recepção de narrativas cinematográficas distintas realizadas e/ou que interagem com pessoas diferentes terão impactos e provocarão emoções proporcionalmente divergentes. Todavia, diálogos e trocas serão promovidos.

Em busca de promover diálogos e trocas, escolhi, como parte da metodologia da pesquisa, utilizar filmes que contassem histórias que se passam em cada um dos países que compõem o estudo. O intuito foi propiciar, a partir da recepção dos filmes, conversas com educadores/as em torno das colonialidades e da branquitude nas culturas brasileiras, moçambicanas e sul-africanas. Foram escolhidas produções cinematográficas locais e que refletem sobre temas-chave deste estudo, com base na ideia de que "a cultura das mídias, suas técnicas e conteúdos (...) ajuda-nos, juntamente com valores produzidos e reconhecidos pela família, pela escola e pelo trabalho, a nos constituir enquanto sujeitos, indivíduos e cidadãos, com personalidade, vontade e subjetividade distintas" (SETTON, 2001, p. 13).

Para cada país que compõe a discussão promovida aqui, escolhi duas produções cinematográficas locais. No entanto, apesar de entrevistar educadores/as nascidos/as na África do Sul, no Brasil e em Moçambique, que sequer haviam visitado os outros países da pesquisa, a intenção não foi a de compreender o que sabiam e/ou entendiam a respeito das nações estrangeiras em si, mas, sim, de possibilitar que as entrevistas pudessem ser ampliadas e potencializadas a partir das contribuições que as narrativas provocam em relação às colonialidades e à branquitude, presentes nos filmes sugeridos. Busquei liderar, dessa forma, uma abordagem metodológica educomunicativa, que promovesse, por meio das narrativas cinematográficas, a dialogicidade necessária para a condução de uma pesquisa acadêmica que defende a educomunicação como práxis decolonial e decolonizadora para o estabelecimento de equidade racial em processos educativos formais que se tornam possíveis a partir das mediações estabelecidas por educadores e educadoras nas escolas.

Não irei me ater, neste momento, aos resultados obtidos por meio das entrevistas realizadas, durante a etapa de pesquisa de campo do doutorado aqui apresentado, contudo almejo refletir epistemologicamente a respeito das contribuições alcançadas por este encontro entre cinema e educomunicação, em uma ponte simbólica e afetiva construída entre dois países da África Austral – África do Sul e Moçambique – e o Brasil. Para tanto, foram escolhidos os seguintes filmes para a etapa do campo:

1. "Preto no branco" – Dir.: Valter Rege (Brasil, 2017, 15min.)

Figura 10: *Cena do curta-metragem "Preto no branco", de Valter Rege.*

Fonte: "Preto no branco" (2017).

O curta-metragem dirigido e roteirizado pelo jovem negro e brasileiro Valter Rege narra um acontecimento, infelizmente, comum na vida de jovens negros no Brasil: a abordagem policial violenta e racista. O filme conta a saga da personagem Roberto Carlos, um jovem negro de 20 anos de idade que, após sair do trabalho, é acusado de roubar a bolsa de uma jovem branca na rua. Apesar de alegar inocência, a personagem é algemada e mantida presa enquanto a história se desenrola a fim de comprovar que a vítima, naquela situação, era o jovem identificado como autor do crime. A narrativa revela as dinâmicas da branquitude que garantem à personagem branca, Isabella, autoridade suficiente para, primeiramente, identificar erroneamente o assaltante (e não ser criminalizada por isso) e, mesmo quando comprovado seu erro, ter pressa em obter sua bolsa de volta.

2. "M-8: quando a morte socorre a vida" – Dir.: Jeferson De (Brasil, 2020, 84min.)

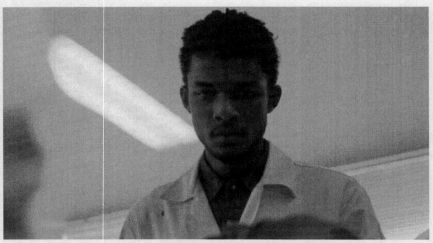

Figura 11: *Personagem Maurício no longa-metragem "M-8: quando a morte socorre a vida", de Jeferson De.*

Fonte: "M-8: quando a morte socorre a vida" (2020).

O longa-metragem do cineasta negro brasileiro Jeferson De ilustra os desafios enfrentados pela personagem Maurício, um jovem negro e periférico carioca que inicia seus estudos na renomada Universidade Federal de Medicina, no Rio de Janeiro. Na sua primeira aula de anatomia, ele tem contato com o corpo de um cadáver identificado pela sigla M8, que servirá de estudo para ele e seus colegas de classe. Este encontro possibilita o início de uma busca de Maurício por identificar quem era o homem negro que viveu naquele corpo, bem como garantir um enterro digno para o mesmo. Dessa forma, a narrativa estabelece diálogo com a realidade brutal do genocídio da juventude negra e periférica brasileira, quando ressalta a disparidade racial que compõe o laboratório de anatomia da universidade, em que a maioria dos corpos estudados são de homens negros e a maioria de estudantes é formada por jovens brancos/as de classe alta. O filme retrata os diversos choques vivenciados pela personagem e convoca à reflexão crítica em torno da branquitude que configura não apenas a universidade, mas também está presente em todas as esferas sociais que estão estruturadas com base no racismo sistêmico e estruturante da sociedade brasileira, além de também ser um convite sensível às cosmogonias presentes nas religiosidades de matriz africana no Brasil.

3. "Corpo Objeto Humano" – Dir.: Pak Ndjamena (Moçambique, 2020, 23min.)

Figura 12: *Pak Ndjamena em performance audiovisual de sua autoria, intitulada "Corpo Objeto Humano".*

Fonte: "Corpo Objeto Humano" (2020).

O curta-metragem experimental, dirigido pelo moçambicano Pak Ndjamena, é uma criação de dança contemporânea, realizada em tempos de confinamento por consequência da pandemia do Covid-19. A narrativa é composta por movimentos de dança e por trechos de versos polifônicos e transnacionais que fazem crítica à presença das colonialidades no país e que nos conduz a refletir sobre a permanência de valores herdados pela colonização.

4. "AvóDezanove e o segredo do Soviético" – Dir.: João Ribeiro (Moçambique, 2020, 94min.)

Figura 13: *Cena do longa-metragem "AvóDezanove e o segredo do Soviético", de João Ribeiro.*

Fonte: "AvóDezanove e o segredo do Soviético" (2020).

O longa-metragem do cineasta moçambicano João Ribeiro é uma adaptação do romance literário de mesmo nome, de autoria do angolano Ondjaki, no qual o escritor se inspira nas suas memórias de infância para construir uma fantasia em que realidade e magia se misturam. A narrativa se passa numa cidade para além do tempo e da geografia, e que, devido às aproximações propostas pelas colonialidades, poderia se situar em qualquer país que tivesse sofrido as consequências da colonização europeia e de uma institucionalização socialista como parte das lutas de independência. É nesta localidade que a personagem de uma criança mestiça chamada Jaki convive com primos e sua avó Agnette, bem como com a figura misteriosa da avó Catarina, enquanto tenta desvendar mistérios de uma ocupação de uma indústria radiativa russa e viver experiências marcadas por relações étnico-raciais.

5. "Luister" – Dir.: Dan Corder (África do Sul, 2015, 35min.)

Figura 14: *Cena do documentário "Luister", de Dan Corder.*

Fonte: "Luister" (2015).

O documentário sul-africano relata a vida de estudantes negros que frequentam a Stellenbosch University, uma instituição de ensino superior tradicionalmente branca, resultante de políticas educacionais durante o apartheid no país. Trata-se de uma série de entrevistas protagonizadas por estudantes que relatam casos de discriminação racial vividos tanto no campus, quando na própria cidade de Stellenbosch, localizada na província da Cidade de Cabo. Além disso, o filme também aborda os desafios que, à época, estudantes enfrentavam para acompanhar as aulas, uma vez que Afrikaans era a principal língua de ensino na universidade. Dessa forma, a narrativa estabelece uma leitura crítica em torno dos racismos estrutural e institucional herdados pela colonização europeia e pelo sistema do apartheid na África do Sul, ilustrados, na contemporaneidade, pela valorização da cultura africâner – e como consequência – e do idioma afrikaans. Daí o nome da produção ser "Luister", que, em afrikaans, significa "ouça".

6. "Skin" – Dir.: Anthony Fabian (África do Sul, 2008, 107min.)

Figura 15: *Cena do longa-metragem "Skin", de Anthony Fabian.*

Fonte: "Skin" (2008).

O longa-metragem biográfico britânico/sul-africano tem como inspiração a história verídica de Sandra Laing, uma mulher sul-africana nascida de pais brancos, que foi classificada como "Coloured" (mestiça), durante o apartheid no país, presumivelmente devido a um caso genético de atavismo. Dirigido por Anthony Fabian e baseado no livro "Quando ela era branca: A verdadeira história de uma família dividida por raça", de Judith Stone, o filme narra os desafios enfrentados pela família e, principalmente, pela própria Sandra Laing para viver em um país em que a branquitude era regente das legislações e dos modos de vida, garantindo opressões a qualquer pessoa que fosse socialmente interpretada como não branca. Uma narrativa realista e repleta de acontecimentos que demonstram as feridas sociais – infelizmente ainda abertas – de uma nação dividida por grupos étnico-raciais, tendo a hegemonia branca movendo as relações sociais em curso.

Como pode ser observado, após as descrições que redigi sobre cada uma das seis produções cinematográficas, todas têm potencial para contribuir com a pesquisa que desenvolvi e isso, de fato, se concretizou. Antes de comprovar o que afirmo, irei discutir, epistemologicamente, no próximo capítulo deste livro, acerca dos campos da análise de discursos e de temas por meio de uma abordagem educomunicativa para, posteriormente, apresentar os resultados analíticos que me empenhei em realizar tendo em conta as narrativas das/os educadoras/es participantes, como também de todo o rol de ferramentas metodológicas usadas para o desenvolvimento deste estudo.

ANÁLISE DE DISCURSOS E DE TEMAS POR MEIO DE UMA ABORDAGEM EDUCOMUNICATIVA

Figura 16: *Fotografia de grafite em muro de Maboneng, em Joanesburgo.*

Fonte: A autora (2019).

Paulina Chiziane, **em O alegre canto da perdiz**

"Contar uma história significa levar as mentes no voo da imaginação e trazê-las de volta ao mundo da reflexão."

O campo da análise do discurso, integrante dos estudos do discurso (MAINGUENEAU, 2015) – ou ainda das análises do discurso (no plural), como prefere nomear Souza-e-Silva (2012) –, é vasto e este texto jamais daria conta de sua profundidade, mas, como educomunicadora, compreendo o campo da AD (sigla comumente usada para definir Análise do Discurso de matriz francesa) como meio de observar, aprender com e me valer dos conhecimentos a que tive acesso pelas leituras empreendidas sobre o campo. Nesse sentido, empreendo um procedimento-padrão de análise do discurso, com histórico e influência de linha francesa, em uma perspectiva inerentemente crítica (WODAK; MEYER, 2009; MAINGUENEAU, 2015) por meio dos valores presentes na abordagem (MAINGUENEAU, 2015) educomunicativa decolonial e decolonizadora (genuinamente também crítica). Conjuntamente com isso, também almejo apresentar – como parte fundamental para análise do discurso – a pertinência da análise de temas (GILL, 2002) e de sentidos (BAKHTIN, 2011) presentes nas narrativas (BRUNER, 2001) de educadoras/es com as/os quais dialoguei durante a pesquisa realizada nas cidades de Joanesburgo, de Maputo e de São Paulo.

Todavia, não irei me ater, neste ponto do texto, aos percursos metodológicos utilizados nem aos resultados obtidos a partir da condução da análise do discurso e de temas. O foco, neste momento, é o de estabelecer uma breve discussão analítica sobre o campo da AD e sobre como a abordagem educomunicativa decolonial e decolonizadora pode vir a contribuir para o recorte analítico que espero ter alcançado nesta pesquisa. Reafirmo que não à toa utilizo os adjetivos "decolonial" e "decolonizadora" após o termo "educomunicativa/o". Isso acontece porque comungo dos pensamentos de intelectuais em África que identificam no uso exclusivo da palavra "decolonial" um unilateralismo em relação às leituras e às análises realizadas por acadêmicos/as latinoamericanos/as e que acabam por não abranger especificidades dos países do continente africano, que também passaram por processos de colonização europeia, mas em formatos diferentes dos territórios presentes na América Latina e, em razão disso, acabam por fazer reflexões que, por vezes, divergem daquelas realizadas no campo da decolonialidade apenas (NDLOVU-GATSHENI, 2018). Por isso, por uma escolha ideológica e política, faço uso de ambos os conceitos, uma vez que os vejo de modo complementar, da mesma forma que, para mim, não há práxis educomunicativa que possa ser realizada sem as cosmovisões e os princípios da decolonialidade e da decolonização. Os processos educomunicativos prescindem de olhares e de práticas que combatam o legado colonial vigente nas sociedades contemporâneas.

ABORDAGEM EDUCOMUNICATIVA DECOLONIAL E DECOLONIZADORA

Meu ponto de partida é o da interface entre a comunicação e a educação. É também essa perspectiva que utilizo para refletir sobre como empreender uma análise de discursos e de temas com base em uma abordagem educomunicativa decolonial e decolonizadora. Dessa forma, parafraseio as palavras de Fígaro (2012, p. 10), quando a autora afirma que a comunicação é "característica constitutiva do humano, presente em toda relação social, inclusive nas formas de organização institucional e econômica, incorporado aos processos produtivos". A paráfrase reside no fato de que o mesmo ocorre com a educação, pois não as vejo como áreas descoladas uma da outra, mas interseccionadas.

> O campo científico da comunicação, por exemplo, pode vir a definir-se mais claramente como um dispositivo de releitura das questões tradicionais da sociedade à luz das mutações culturais ensejado pelas tecnologias da informação e da comunicação, sem as tradicionais barreiras entre as antigas 'disciplinas', mas também entre a redescrição científica e a criação de natureza artística, com todos os seus recursos imaginativos, dos quais não se excluem as metáforas (SODRÉ, 2014, p. 157).

Com ou sem a mediação das Tecnologias da Informação e da Comunicação (TICs), processos que se valem da comunicação e da educação estão imersos nas culturas e podem colaborar para diferentes leituras sobre e no mundo. "Comunicar com o outro é reconhecê-lo como sujeito, portanto, estar mais ou menos obrigado a ter-lhe alguma estima" (WOLTON, 2006, p. 111). Exatamente por isso, Wolton (2006) ressalta, nesta mesma obra: 1. a "obrigação da interdisciplinaridade" (p. 50); 2. a "necessidade da comunicação realizar a "passagem da transmissão para a mediação" (p. 141); e 3. o "entendimento de que comunicar (e eu ampliaria para "educomunicar") é entrar em uma problemática do outro" (p. 220).

Nesse sentido, qualquer ato de comunicação prevê a necessidade de interrelacionar ou, de fato, se transmutar com outras áreas do conhecimento (como, por exemplo, a educação), para que haja a possibilidade de não apenas haver transmissão de ideias, valores, sentimentos etc., mas para que ocorra uma mediação minimamente agregadora, respeitosa, assentada em uma escuta ativa e sensível e de falas responsivas que comunguem dos mesmos princípios, uma vez que quem se comunica adentra, simbolicamente, no/a sujeito/a com quem está a se comunicar. Falar em comunicação é também falar em educação. Trata-se de uma simbiose. "A educação é comunicação, é diálogo, na medida em que não é a transferência de saber, mas um encontro de sujeitos interlocutores que buscam a significação dos significados" (FREIRE, 2013, p. 59). Por esse motivo, a abordagem educomunicativa decolonial e decolonizadora, aqui proposta, prevê que quaisquer trocas comunicativas, educativas, ou ainda educomunicativas, aconteçam com base no encontro que só é possibilitado quando existe diálogo, dialogicidade (FREIRE, 2013).

ANÁLISE DE DISCURSOS E DE TEMAS

Minha aproximação com o campo da análise do discurso se dá por acreditar que este também comunga das prerrogativas anteriormente expostas, no que diz respeito à condução de processos comunicativos, educativos, ou mais especificamente neste estudo, educomunicativos. Maingueneau (2015) defende que a análise do discurso é intrinsecamente crítica por excelência. Uma vez que este trabalho está pautado nas discussões críticas em torno da branquitude e das colonialidades, me parece ser esta a abordagem mais coerente, a fim de estabelecer criticidade no processo analítico que realizo.

Se partimos do pressuposto de que "comunicar é conviver" (WOLTON, 2011, p. 89), podemos passar a entender a abordagem educomunicativa decolonial e decolonizadora enquanto co-partícipe de processos que se proponham a realizar análise de discursos. "De fato, não há nenhum setor das ciências humanas e sociais ou das humanidades que não possa apelar a suas problemáticas, conceitos ou métodos" (MAINGUENEAU, 2015, p. 10). Até porque tanto a comunicação quanto a educação são propagadoras de ideologias e de visões de mundo, como no caso relatado a seguir: "Os preconceitos étnicos e as ideologias não são inatos. Eles são adquiridos e aprendidos, e isso em geral ocorre por meio da comunicação, por meio dos textos e das conversas" (VAN DIJK, 2001, p. 147).

A abordagem educomunicativa decolonial e decolonizadora amplifica as possibilidades de compreensão de discursos que estão contidos nos atos educomunicativos empreendidos por meio de diálogos. Saliento que compreendo que os significados possíveis do termo "discursos" estão pautados nas "ideias-força" de Maingueneau (2015, p. 25-28), sobre as quais apresento um resumo a seguir:
- O discurso é uma organização além da frase (mobiliza estruturas de outra ordem);
- O discurso é uma forma de ação (e não apenas uma representação do mundo);

- O discurso é interativo e envolve dois ou mais parceiros;
- O discurso é contextualizado (uma situação de troca linguística);
- O discurso é assumido por um sujeito (um eu, que se coloca ao mesmo tempo como fonte de referências pessoais, temporais e espaciais e indica qual é a atitude que ele adota em relação ao que diz e ao seu destinatário);
- O discurso é regido por normas;
- O discurso é assumido no bojo de um interdiscurso (para interpretar o menor anunciado, é necessário relacionar, conscientemente ou não, a todos os tipos de outros enunciados sobre os quais ele se apoia de múltiplas maneiras);
- O discurso constrói socialmente o sentido (construído e reconstruído no interior de práticas sociais determinadas).

Com base nos itens apresentados, é possível a compreensão de que não há discursos sem signos e estes, por sua vez, são demarcados e determinados socialmente, com base nas condições em que se encontram os/as interlocutores/as e o meio em que estão inseridos/as. "Os signos só emergem, decididamente, do processo de interação entre uma consciência individual e uma outra. E a própria consciência individual está repleta de signos" (BAKHTIN, 2002, p. 34). Os discursos, portanto, não são passivos, pelo contrário, são agentes na co-construção do mundo. "A enunciação enquanto tal é um puro produto de interação social, quer se trate de um ato de fala determinado pela situação imediata ou pelo contexto mais amplo que constitui o conjunto das condições de vida de uma determinada comunidade linguística" (BAKHTIN, 2002, p. 121).

Exemplo disso é o fato de que, após quase todos os encontros presenciais que realizei com educadoras/es, a maioria delas/es me disse e também respondeu, em um formulário on-line enviado após as entrevistas, que havia refletido sobre si e sobre práticas pedagógicas ao ter participado do processo da pesquisa, o que é explicado por Bakhtin e Volóchinov (2011, p. 15), quando afirmam: "O falante se realiza no diálogo e apenas nele".

> Pois a mente ativa não é só ativa por natureza, mas também busca o diálogo e o discurso com outras mentes, também ativas. E é por meio deste processo discursivo e de diálogo que passamos a conhecer o Outro e seus pontos de vista, suas histórias. Aprendemos muitíssimo não apenas sobre o mundo, mas sobre nós mesmos pelo discurso com os Outros. Agência e colaboração são muito parecidas com yin e yang (BRUNER, 2001, p. 94).

O diálogo, portanto, é a possibilidade do encontro. É por meio dele que ideias, emoções, gestos, conhecimentos, afetos e palavras se encontram. Palavras estas, por sua vez, que podem ser "tecidas a partir de uma multidão de fios ideológicos e servem de trama a todas as relações sociais em todos os domínios" (BAKHTIN, 2002, p. 41). Palavra é poder e quem detém o poder de ter sua voz legitimada exerce um privilégio em sociedades desiguais. Por esse motivo, não podemos nos valer da ingenuidade e acreditar que o diálogo seja sempre linear ou organizado, conforme costuma-se ver em um programa de entrevistas de emissoras de televisão tradicionais, em que o/a entrevistador/a toma a palavra quando o/a entrevistado/a já encerrou sua fala. Até porque a dialogicidade – premente na práxis educomunicativa – pode ser ilustrada por uma roda de conversa, em que o poder da fala e da escuta está em toda e qualquer pessoa que compõe a roda. Trata-se da construção de uma educomunidade dialógica. "E é nesse jogo entre paráfrase e polissemia, entre o mesmo e o diferente, entre o já dito e o a se dizer que os sujeitos e os sentidos se movimentam, fazem seus percursos, (se) significam" (ORLANDI, 1999, p. 36).

Ademais, também é parte do diálogo as tomadas de decisão, inclusive, pelo silenciar, pois até mesmo as "palavras ditas estão impregnadas do suposto e do não dito" (BAKHTIN; VOLÓCHINOV, 2011, p. 165). Ao escolher o que e como falar, também opta-se pelo não dizer e é parte dos pressupostos de quem analisa criticamente discursos levar todo esse processo em conta, somado ao contexto em que essas enunciações ocorrem. Orlandi (1999) diferencia "silêncio fundador" de "silenciamento ou política do silêncio", pois, para ela, este último está ligado à censura, ao apagamento; enquanto o primeiro dá mais possibilidades de significação para os enunciados. Daí a importância de buscar "ouvir" o que não foi necessariamente dito, de perceber as entrelinhas no interdiscurso de uma enunciação.

> Os analistas de discurso, ao mesmo tempo em que examinam a maneira como a linguagem é empregada, devem também estar sensíveis àquilo que não é dito – aos silêncios. Isso, por sua vez, exige uma consciência aprimorada das tendências e contextos sociais, políticos e culturais aos quais os textos se referem (GILL, 2002, p. 255).

Assim sendo, um diálogo estabelecido entre duas ou mais pessoas, de culturas ou de nacionalidades diferentes, em ambientes também diversos, influencia quem fala e quem escuta. Esse encontro é baseado nas bagagens que cada sujeito/a participante do diálogo carrega consigo mesmo/a. Portanto, não há a busca pela verdade quando se dialoga. O que se tem é a possibilidade de conhecer uma versão sobre a verdade que aquelas pessoas que estão em diálogo decidem apresentar sobre si mesmas e para quem se dirigem, quando falam. Da mesma forma, quem escuta também faz suas interpretações baseadas nas experiências e saberes que fazem parte de suas subjetividades. Está em jogo, nesse momento, o que Bakhtin e Volóchinov (2011) denominam "horizonte social", que é responsável pela criação ideológica de determinado grupo social, bem como da época em que se encontra e também de "auditório social", ligado ao universo interior e reflexivo de cada pessoa – onde se encontra bem estabelecido – em que são elaboradas deduções, motivações, apreciações, além da noção de cronotopo, refletida da seguinte forma por Bakhtin (1998, p. 360): "(...) O mundo representado, mesmo que seja realista e verídico, nunca pode ser cronotopicamente identificado com o mundo real representante, onde se encontra o autor-criador dessa imagem".

> Em outras palavras: essa visão monossêmica do mundo, como se fosse possível que os fatos relatados só tivessem uma interpretação, um sentido, é bastante equivocada. Esse conhecimento do mundo resulta da seleção dos fatos a serem divulgados e do ponto de vista sobre eles, explícita ou implícita no relato, o qual chegou até nós depois de passar por um sem número de mediações insista-se que essa seleção se inicia na opção por relatar determinado fato em detrimento de todos os outros fatos acontecidos (BACCEGA, 2012, p. 134).

Desse modo, a enunciação é carregada de valores relacionados a quem fala, a quem ouve e aos contextos social, político, cultural e histórico em que o encontro dialógico se dá. "O presente tem aqui um valor "dêitico", ou seja, só pode ser interpretado em relação à situação de enunciação específica na qual se inscreve" (MAINGUENEAU, 2004, p. 24). Como consequência, os sentidos atribuídos aos enunciados que compõem o diálogo podem ser múltiplos e estão diretamente ligados ao poder atribuído a quem fala e a quem escuta.

> O sentido não pode ser conceituado fora do campo de disputa das relações de poder. Elas são a maneira em que o discurso é articulado ao poder, e isso é um modo total e radicalmente diferente de tentar conceituar a relação entre o campo regional da comunicação e as relações sociais, culturais, econômicas e políticas das formações sociais nas quais elas operam (HALL, 2016, p. 42).

Não há neutralidade no que se enuncia nem em como se recebe essa enunciação. Muito menos há linearidade, no sentido de que a mensagem enunciada será recebida pelo/as enunciatário/a sem qualquer tipo de alteração, se comparada à maneira como foi formulada pelo/a enunciador/a. Por esse motivo, analisar criticamente discursos é tarefa complexa, porque exige de quem analisa uma postura cuidadosa sobre o que está a analisar. Até porque "a consistência de um discurso se constrói por meio de um trabalho permanente sobre uma inconsistência múltipla; as fronteiras de um discurso nunca deixam de ser atravessadas pelo interdiscurso que as domina" (MAINGUENEAU, 2015, p. 103). Os estudos do discurso são parte de uma estrutura que é regida por forças complexas e contraditórias. Por isso, a importância do/a analista de discursos buscar uma gama abrangente de dados, coletados por diferentes caminhos metodológicos, o que vem sendo percebido no campo da AD, uma vez que as pesquisas já não mais se restringem a materiais exclusivamente verbais. "A multimodalidade é frequentemente acompanhada pela multiplicação das fontes. (...) Essas evoluções têm o efeito de modificar o olhar do pesquisador projeta sobre os *corpora*, que são cada vez menos integralmente verbais" (MAINGUENEAU, 2015, p. 160-161).

> O século passado assistiu à emergência e à consolidação de novas e complexas formas de comunicação verbal e audiovisual mediadas pela tecnologia (rádio, televisão, Internet) que, em termos de linguagem e produção de sentido, caracterizam-se não pela exclusão, mas pela adição, complementaridade e hibridização de gêneros discursivos, compreendidos aqui numa perspectiva ampla (MUNGIOLI, 2009, p. 3).

De acordo com esta perspectiva ampla e complexa é que é co-construída (por quem interage discursivamente) uma rede de discursos – socialmente determinada – quando um diálogo é estabelecido. Configura-se uma rede que não precisa, necessariamente ter (e, em geral, realmente não tem), um começo, meio e fim. A dialogicidade (FREIRE, 2013) pressupõe a circularidade, em que ciclos discursivos são pautados nesses encontros dialógicos e são eles que nos permitem decodificar o mundo em que habitamos. "O mundo real se reflete somente por meio do pensamento, mas ele, por seu turno, não se pensa no seu existir, isto é, cada um de nós, com todos seus próprios pensamentos e seus conteúdos, somos nele, e é nele que nós vivemos e morremos" (BAKHTIN, 2010, p. 54).

Sendo assim, "a sobreposição e a distância entre os dois lados da historicidade podem não ser suscetíveis de uma fórmula geral. As maneiras pelas quais o que aconteceu e o que se diz ter acontecido são e não são as mesmas podem ser históricas" (TROUILLOT, 1995, p. 4, T.A.)[116].

---

[116] A versão, em inglês, da citação realizada, se apresenta da seguinte forma: "(...) *the overlap and the distance between the two sides of historicity may not be susceptible to a general formula. The ways in which what happened and that which is said to have happened are and are not the same may itself be historical*".

Talvez por isso Benveniste (2005), um dos precursores da AD, apresenta uma preocupação significativa em torno da importância da historicidade ao analisar discursos. Para ele, é parte das necessidades da humanidade acessar diferentes códigos que possam vir a estabelecer uma linguagem e ela "só faz sentido porque se inscreve na história" (ORLANDI, 1999, p. 25). Ademais, estes/as sujeitos/as, definidos pela linguagem, o fazem para também se autodefinirem e, por isso, não há como o fazerem se esses códigos não forem interpretados relacionando-os a um determinado momento histórico, por exemplo. "É um homem falando que encontramos no mundo, um homem falando com outro homem, e a linguagem ensina a própria definição de homem" (BENVENISTE, 2005, p. 285). Em relação a este "homem" ora citado, Brandão (2012, p. 26) afirma:

> É um sujeito interpelado pela ideologia, sua fala reflete os valores, as crenças de um grupo social. Não é único, mas divide o espaço de seu discurso com outro, na medida em que, na atividade enunciativa, orienta, planeja, ajusta sua fala tendo em vista um interlocutor real, e também porque dialoga com a fala de outros sujeitos, de outros momentos históricos, em um nível interdiscursivo.

Mais uma vez, vê-se a relevância do interdiscurso como um dos fatores que precisam ser levados em conta para a produção da análise de discursos. Pois, como já dito anteriormente, as possíveis interpretações de um enunciado acontecem, de maneira mais eficiente, quando fazem parte desses processos a compreensão de que, enquanto, por exemplo, conta-se uma história, fatos e sensações são adicionados a ela, durante o ato de contar e, ao mesmo tempo, quem ouve essa mesma história também preenche o que escuta com narrativas que podem sequer terem sido emitidas pelo/a narrador/a. Há sempre a presença de "tonalidades dialógicas" (BAKHTIN, 2011) em jogo.

> Trabalhar com o princípio do primado do interdiscurso, isto é, com a precedência do interdiscurso sobre o discurso, significa que a unidade de análise pertinente não é o discurso, mas esse espaço de trocas construído pelo analista. (…) Nessa perspectiva, o princípio do primado do interdiscurso implica considerar que os discursos, em termos de gênese, não se constituem independentemente uns dos outros para serem, em seguida, colocados em relação, mas que eles se constituem, de maneira regulada, no interior de um interdiscurso (SOUZA-E-SILVA, 2012, p. 100).

Em uma pesquisa de campo como esta aqui detalhada, que partiu de diferentes percursos metodológicos (como o uso de filmes, questionários on-line, anotações pessoais, produções autorais educomunicativas por parte dos/as participantes e diálogos presenciais pautados em um guia de perguntas-chave), é notório como cada um desses componentes produz diferentes possibilidades de leituras e de interpretações, tanto de minha parte, quanto pelas/os docentes que aceitaram participar do processo. Diversos foram os discursos produzidos e também diversas são as maneiras com as quais consigo alcançar as dimensões de cada uma dessas contribuições, sem perder o enfoque da pesquisa: analisar, por meio das narrativas desses/as educadores/as, como a práxis educomunicativa pode vir a colaborar para o combate à branquitude e às colonialidades na educação pública de Joanesburgo (África do Sul), Maputo (Moçambique) e São Paulo (Brasil). Vários poderiam ter sido os caminhos por mim utilizados, mas optei pela análise de seus discursos e de temas principais que se apresentaram como *corpora* da pesquisa, a fim de gerar um recorte possível – e jamais único – para a interpretação dos dados coletados.

> Neste caso, o ouvinte, ao perceber e compreender o significado (linguístico) do discurso, ocupa simultaneamente em relação a ele uma ativa posição responsiva: concorda ou discorda dele (total ou parcialmente), completa-o, aplica-o, prepara-se para usá-lo, etc; essa posição responsiva do ouvinte se forma ao longo de todo o processo de audição e compreensão desde o seu início, às vezes literalmente a partir da primeira palavra do falante. Toda compreensão da fala viva, do enunciado vivo é de natureza ativamente responsiva (embora o grau desse ativismo seja bastante diverso); toda compreensão é prenhe de resposta, e nessa ou naquela forma a gera obrigatoriamente: o ouvinte se torna falante. A compreensão passiva do significado do discurso ouvido é apenas um momento abstrato da compreensão ativamente responsiva real e plena, que se atualiza na subsequente resposta em voz real alta (BAKHTIN, 2011, p. 271).

Dessa maneira, sempre estive atenta ao fato de que, ao me colocar na posição de ouvinte dos discursos das/os docentes, também estabeleci (e, mesmo durante a análise, ainda estabeleci) um papel responsivo ao que ouvi, li e, por consequência, interpretei – com base em minhas experiências identitárias. Da mesma forma, foram as construções identitárias das/os participantes da pesquisa que dão o tom dos resultados alcançados e, por esse motivo, não há, necessariamente, uma versão correta ou errada, mas há a potencialidade nesses encontros dialógicos para buscar compreender o mundo e, quem sabe, contribuir para transformá-lo para melhor.

Entretanto, reafirmo que é inegável a presença do que se reconhece como "excedente de visão" (Bakhtin, 2010) como parte das análises por mim empreendidas. Isto é, tenho uma singularidade – vivenciada no formato em que vivo apenas por mim mesma – e as pessoas com as quais me relaciono também têm suas singularidades próprias, as quais não tenho condições de acessar em profundidade e/ou de maneira real. Quando estabeleço, portanto, um diálogo, apresento a versão que quero de mim mesma, do mesmo modo que a(s) pessoa(s) com as quais me relaciono fazem o mesmo. Paralelamente a isso, eu também – assim como ela(s) – criamos uma versão (não necessariamente fidedigna à realidade) sobre a(s) pessoa(s) com quem estamos em diálogo. "Então, dessa maneira, eu devo estar em empatia com o outro, compreendendo seu mundo axiologicamente do qual ele vê, posicionando-me no seu lugar e voltando ao meu, completando o horizonte dele com o excedente de visão do lugar que eu ocupo" (SILVA, 2012, p. 35). Dessa forma, nos complementamos durante esse encontro dialógico estabelecido.

Destarte, a escolha por me valer não apenas dos princípios ora apresentados em relação à análise do discurso, com base em uma abordagem educomunicativa decolonial e decolonizadora, compreendi que um dos caminhos possíveis para a obtenção de resultados em relação às produções de sentido dos discursos coletados, durante a pesquisa de campo, era a definição de temas que propusessem reflexões críticas em torno dos conceitos com os quais trabalho na pesquisa. Tendo em vista que "cada época e cada grupo social têm seu repertório de formas de discurso na comunicação sócio-ideológica" (BAKHTIN, 2002, p. 43), busquei delinear um grupo de temas sobre os quais pudesse refletir na pesquisa.

Levando em conta que o tema da enunciação se apresenta como a expressão de uma situação histórica concreta, contextual e não universalizante que deu origem à enunciação, o intuito foi categorizar os discursos coletados, durante a pesquisa de campo, em temas centrais, de modo que estes possam vir a revelar olhares e interpretações possíveis sobre a educação básica e pública empregada nas três cidades (e em seus respectivos países) que fazem parte da pesquisa, por mais que eu esteja lidando com um amplo e diverso cenário. "Em algum lugar entre a "transcrição" e a "elaboração do material", a essência do que seja fazer uma análise de discurso parece escapar: sempre indefinível, ela nunca pode ser captada por descrições de esquemas de codificação, hipóteses e esquemas analíticos" (GILL, 2002, p. 250). Não há uma receita pronta para os *modus operandi* praticados por quem analisa discursos, por isso o que proponho é uma trajetória de análise que possa ser respeitosa, coerente, democrática, pluriversal e que contribua para a melhoria da educação pública transnacionalmente, tendo como base os "lugares de memória" enunciados nos diálogos que empreendi durante a pesquisa.

Esses "lugares de memória" podem ser compreendidos como "dispositivos representacionais internos e externos, para acolher e transmitir conteúdos semânticos ligados aos saberes, crenças e práticas" (PAVEAU, 2007, p. 325), daí sua magnitude e relevância para a análise.

> Pensar as memórias no plural, colocando-as como narrativas diversas de histórias sobre lugares, envolve a obrigação de pensar os processos identitários, ou as metamorfoses sociais e políticas conhecidas pelas sociedades. Se concordarmos que reconhecer significa lembrar do outro, as relações entre o 'eu' e o 'outro' tornam-se espaços de luta pelo reconhecimento, espaços de democratização da memória e dos saberes que veiculam (MENESES, 2012, p. 133, T.A.)[117].

Com base no exposto, no capítulo a seguir, apresento os percursos metodológicos utilizados na pesquisa. Espero demonstrar, de uma forma coerente e esclarecedora, como a parte teórica – sobre a qual me assentei até este momento – está relacionada à metodologia da pesquisa, para, posteriormente, apresentar os resultados da análise de discursos e de temas e, por fim, apontar ideias para a consolidação de uma educação pública antirracista, decolonial e decolonizadora e em prol da equidade étnico-racial nas escolas.

---

[117] Originalmente, a citação foi redigida como segue: *"To think of memories in the plural, placing them as diverse narratives of histories about locations, involves an obligation to think of identity processes, or the social and political metamorphoses known to societies. If we agree that recognizing signifies remembering the other, the relationships between 'I' and the 'other' become spaces of struggle for recognition, spaces of democratizing memory and of the knowledges that they convey".*

PERCURSOS DA PESQUISA DE CAMPO

Figura 17: Fotografia da obra "A Maze in Grace", de Neo Muyanga, em São Paulo.

Fonte: A autora (2021).

Por *Lebo Mashile*
"Remember this...
Your dreams are your work.
Your dreams are a blueprint for the world that is being born.
If humanity has a chance if at surviving, and I believe we most certainly do,
it is by staring at the blank page of this moment &
being unafraid to write the first new line."[118]

---

[118] A tradução livre do texto de Lebo Mashile apresenta-se a seguir: "Lembre-se disso... / Seus sonhos são seu trabalho. / Seus sonhos são um modelo para o mundo que está nascendo. / Se a humanidade tem uma chance de sobreviver, e acredito que certamente temos, é olhando para a página em branco deste momento e sem medo de escrever a primeira nova linha".

Pude contar com a participação de uma diversidade – dentre marcadores de classe, gênero, raça, experiência na docência e nacionalidade – bastante relevante e representativa para este estudo. Em cada um dos países que integram a pesquisa, dialoguei com docentes, todos e todas advindos de classes sociais médias e que, com base em suas cosmovisões e experiências de vida, contribuíram em demasia para o trabalho. A seleção desse grupo se deu tanto por meio de respostas a um questionário on-line que foi criado por mim com o propósito de alcançar o público desejado, como também por meio de indicações que me foram dadas, ao longo do processo, bem como com base em docentes que eu já conhecia nas localidades. Além disso, também solicitei a cada um/a deles/as que escolhessem seus próprios pseudônimos, a fim de que pudesse citá-los neste trabalho.

- F.Talk e Paulista: dois homens, com cerca de cinco a 10 anos de docência, autodeclarados cisgêneros e negros (*Black*, de acordo com a categorização sul-africana);
- Melissa: mulher, com menos de cinco anos de docência, autodeclarada cisgênera, lésbica e mestiça (*Coloured*);
- Ella: mulher, com cerca de cinco a 10 anos de docência, autodeclarada cisgênera, heterossexual e branca (*White*);
- Clegg: homem, com mais de 20 anos de docência, autodeclarado cisgênero e indiano (*Indian*).

Já em Moçambique, conversei com quatro docentes nascidos no país:

- Dzovo: homem, com mais de 10 anos de docência, autodeclarado cisgênero e negro;
- Mufuki, NBila e Teface: três mulheres, com experiência docente variando entre cinco a 20 anos, autodeclaradas cisgêneras e negras.

Infelizmente, não pude encontrar educadores/as brancos/as ou indianos/as que atuassem no sistema público de ensino de Maputo, para que pudesse convidar a participar do processo da pesquisa de campo local.

No Brasil, dialoguei com quatro educadores/as, de nacionalidade brasileira e que atuam tanto em escolas municipais quanto estaduais de São Paulo, como consta a seguir:

- Raimundo: homem, com mais de 10 anos de docência, autodeclarado cisgênero e branco;
- Sayuri: mulher, com mais de 30 anos de docência, autodeclarada cisgênera e amarela;

- Tássia: mulher, com mais de 15 anos de docência, autodeclarada transgênera e negra;
- Tupã: homem, com menos de cinco anos de docência, autodeclarado cisgênero e indígena.

Para melhor compreensão das etapas da pesquisa de campo de minha tese – uma vez que considero ser este o "coração" da pesquisa empreendida, descrevo, a seguir, em ordem cronológica (ressaltando que há ações que aconteceram em paralelo, a depender da necessidade do campo), as atividades realizadas nos três países (uma vez que todas as etapas foram reproduzidas em todos os territórios), para que os dados coletados pudessem ser confrontados em termos de equidade e com coerência metodológica, a saber:

1. Definição das(os) professoras(es) participantes da pesquisa, com base no perfil que apresentavam, devendo ser, obrigatoriamente, profissionais de corpos docentes de escolas de educação formal públicas e que configurassem comunidades escolares diversas, em termos de cor/raça e de gênero, tanto por parte da composição dos corpos docentes quanto de discentes das unidades escolares em que atuavam. Para esta etapa, foi divulgado um questionário on-line (apresentado, ao final deste estudo, no item dos anexos) que serviu para coletar informações sobre as razões e/ou as motivações que as pessoas tinham para participar da pesquisa, além de dados de identificação como nome, cidade de residência, faixa etária, ocupação, escolaridade, nacionalidade, disponibilidade para diálogo, bem como condições técnicas para o mesmo etc. Ressalta-se que, após o retorno obtido por meio desses questionários on-line, ficou nítida a necessidade de realização de encontros presenciais, de curta duração e, sempre que possível, realizados uma única vez, visto que as pessoas não possuíam, no caso de Moçambique e da África do Sul, condições suficientes para estarem on-line e também acumulavam muitas tarefas em seus cotidianos (este último ponto também se percebeu no Brasil);

2. Para incentivar os diálogos, foi apresentada, para posterior discussão, a seleção dos filmes, realizada por mim, conforme já comentado anteriormente, a fim de suscitar uma conversação mediante as eventuais inspirações permitidas pelos filmes (já levando em conta a possibilidade de nem todo mundo teria podido assistir a todas as películas sugeridas), para que eu, sendo mediadora, pudesse manter uma postura de escuta sensível e de

observação ativa durante os encontros, a fim de promover um espaço de construção de sentidos colaborativo e dialógico;

3. Dessa maneira, os diálogos foram realizados, individual e presencialmente, em locais públicos e ao ar livre, visto as necessidades de precaução impostas pela pandemia de Covid-19 (presente em grande parte da investigação realizada por mim nos três países). Os diálogos buscaram tratar das questões presentes na pesquisa e estabelecer os vínculos necessários para as trocas potenciais advindas dos encontros. Nesses momentos, foi utilizado um guia com perguntas abertas que serviram como base para as trocas, os vínculos e os conhecimentos em torno dos currículos que vêm sendo colocados em prática nas escolas das três cidades pesquisadas.

4. Após esses encontros, como um convite a uma espécie de atividade de aprofundamento da conversa realizada, foi solicitado às e aos participantes que criassem uma peça educomunicativa (texto, áudio, música, desenho, vídeo etc.), acerca das discussões de branquitude e colonialidades nos currículos e sobre como princípios educomunicativos poderiam colaborar para a diminuição da presença dessas ideologias nas escolas;

5. Após os encontros presenciais, enviei um novo questionário on-line para que as/os participantes pudessem realizar uma autoavaliação do processo. Para tanto, solicitei que o mesmo fosse respondido, idealmente, em até uma semana após os encontros, a fim de garantir que as informações ainda estivessem "vivas" em suas mentes;

6. Após a devolutiva destes questionários on-line, iniciei a análise dos materiais coletados, a fim de desenhar um processo de análise de discursos com base nos temas que selecionei, provenientes da pesquisa de campo em si, considerando uma abordagem educomunicativa sobre as categorias de branquitude que elenquei ao longo do trabalho, bem como sobre a práxis educomunicativa decolonial e decolonizadora enquanto estratégia para o estabelecimento de processos educativos em prol da equidade étnico-racial nas escolas dos países pesquisados;

7. Com base na coleta dos dados – a partir da realidade educacional de cada um dos territórios –, foi empreendida a análise de temas presentes nas narrativas e nas peças educomunicativas coletadas, para compreensão das formas e das eventuais contribuições da branquitude e das colonialidades – constructos sócio-históricos que podem desmobilizar a educação decolonial e decolonizado-

ra em sociedades interraciais como as desta pesquisa –, com o intuito de que a mesma possa vir a oferecer, com base em epistemologias e em práxis educomunicativas e decoloniais e decolonizadoras, caminhos possíveis para o estabelecimento de uma educação antirracista nessas localidades.

Nesse sentido, espero que minhas experiências, enquanto pesquisadora, jornalista, educomunicadora, ativista, feminista e mulher cisgênera branca, possam ter contribuído para as reflexões expostas neste livro. Que muito de mim possa ser percebido nas escolhas – semânticas, formativas, ideológicas e políticas – que fiz, a partir da pesquisa de campo que pude realizar, os dados e as informações que coletei e as possibilidades que apresento durante a análise empreendida.

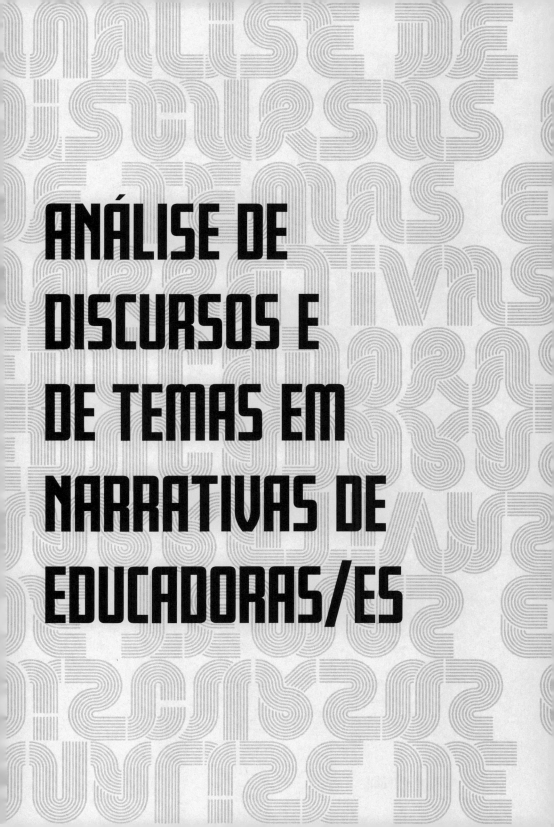

ANÁLISE DE DISCURSOS E DE TEMAS EM NARRATIVAS DE EDUCADORAS/ES

Figura 19: *Fotografia de grafite, do artista Baro Sourré, em muro do Centro Cultural Moçambicano-Alemão, em Maputo.*

Fonte: A autora (2019).

SEMENTES

Deborah Monteiro

"Nos querem em luto
Lutaremos
Nos querem caladas
Gritaremos
Nos querem em banzo
Dançaremos
Nos querem bem longe
Ficaremos
Nos querem amargas
Amaremos
Nos querem em casa
Voaremos
Nos querem o sangue
Sorriremos
Nos querem inférteis
Ensinaremos
Nos querem chorando
Debocharemos
Mandinga
Faremos
Paixão
Pulsaremos
E se nos matarem
Semente seremos."

Rubem Alves, educador, teólogo e intelectual brasileiro, no texto intitulado "Escutatória"[119], em que parafraseia Alberto Caeiro, heterônimo do escritor português Fernando Pessoa, afirma: "Não é o bastante ter ouvidos para ouvir o que é dito; é preciso também que haja silêncio dentro da alma". Inspirada por essa reflexão, sinto que, em vários momentos do meu processo de escrita e de investigação, esse silêncio acompanha-me. São diversas as vezes em que me vejo em silêncio, neste ofício da pesquisa e da escrita: tanto para ler livros, artigos e/ou transcrições de entrevistas obtidas em pesquisas de campo; quanto para ouvir as gravações dessas mesmas entrevistas – durante as quais também me mantenho silenciosa a maior parte do tempo, apenas recorrendo a breves comentários e às perguntas que faço enquanto as realizo –; ou ainda para refletir sobre como as epistemologias e os diferentes saberes podem servir de base para minhas reflexões.

Ouvir, mais do que falar, é minha busca contínua, apesar dos já recorrentes lampejos pela oralidade ativa que carrego, talvez pela representatividade de jornalista e educadora que sou. Por esse motivo, procuro promover espaços de encontros, que propiciem diálogos e que, acima de tudo, garantam que minha escuta seja a mais sensível e apurada possível.

De maneira geral, adianto que, como resultado da análise de discursos e de temas, com base nas categorias de branquitude que criei, ao longo deste capítulo, serão discutidas as seguintes, aqui elencadas em ordem alfabética: autovitimização, binaridade, complexidade identitária, democracia racial, distanciamento como estratégia para autoproteção, diversidade, fragilidade, garantia de direitos, hipervisibilidade, inferiorização negra, letramento racial, normatividade, poder, privilégios, pureza, racismo estrutural, silenciamentos, superioridade, supremacia branca e *White Talk*.

Após a apresentação desses conteúdos, subdivididos em três subitens deste capítulo, apresentarei um último subitem em que faço um cotejamento das narrativas das/os educadoras/es dos três países, a fim de traçar paralelos e pontes entre os trechos selecionados dos diálogos que tive com elas/es e que apontam para as mesmas categorias relativas à branquitude nos meios em que vivem e trabalham. Esse último ponto deste capítulo tem como foco demonstrar como há questões em

---

[119] A íntegra do texto de Rubem Alves pode ser lida no link a seguir: https://www.inf.ufpr.br/urban/2019-1_205_e_220/205e220_Ler_ver_para_complementar/RubemAlves__Escutat%C3%B3ria.pdf. Acesso em: 22 nov. 2023.

comum que se apresentam, apesar das diferentes realidades pesquisadas, no que tange às discussões e às proposições críticas à branquitude e às colonialidades (aqui compreendidas como possíveis entraves para a promoção da práxis educomunicativa decolonial e decolonizadora).

Por conseguinte, espero poder apontar e refletir sobre os conhecimentos e as análises possíveis de serem realizadas a partir da pesquisa de campo que desenvolvi e que, como consequência, essas discussões possam ser úteis para a promoção de processos educacionais antirracistas e que comunguem pela justiça em torno das diferenças e dos históricos que compõem as sociedades com as quais me relacionei ao longo desse período. Saliento, inclusive, que será passível de ser percebido que as/os educadoras/es que aceitaram participar da pesquisa demonstraram estarem comprometidas/os com isso.

É necessário apontar que também busquei, a todo o tempo, **falar com** as autoras e os autores por mim citadas e citados. Apesar de que a leitura que fiz de suas obras ter sido realizada em silêncio, era como se eu pudesse estar em diálogo com elas e eles, a fim de compor as discussões e as reflexões apresentadas. Por tanto, sou grata e reverencio a todas e a todos intelectuais que contribuíram para a íntegra de minha investigação.

Assim sendo, inicio com as contribuições das/os educadoras/es de São Paulo, seguidas pelas obtidas em Joanesburgo e, posteriormente, as de Maputo. Esta é uma obra colaborativa. Sozinha, apenas com meus silêncios, meu trabalho jamais existiria.

COM A PALAVRA, EDUCADORAS/ES DE SÃO PAULO

**Poema musicado pelo educador Tupã
(em língua guarani):**

Karai poty pavè´i pe nhane mbo´e.
Yvy poro vai nhande hayvuí avã nhane mbo´é,
rireí aemã yvy poro vai nhande hayvuí avã jaikua´i
karai poty nhanderee omã´è. Nhandere omã´è.
Yva tegui nhandere omã´è mã ramõ nhane mbaraete nhandepy´águaxu,
karai poty mby´á jareko, karai poty mby´á jareko.
Karai poty nhanê mbyte rupi oiko rire pavê´i jajo guerovy´á, jajo guerovy´á.

Tradução, por Tupã, para a língua portuguesa:

Karai poty nos ensinou a nos expressar com não-indígenas.
Nos ensinou, por isso, até hoje sabemos conviver com não-indígenas.
Karai poty olhando por nós lá de cima,
quando nos olhou do céu,
concedeu a força e coragem.
Temos coração, essência do karai poty.

O poema musicado pelo educador indígena Tupã, participante da pesquisa de campo deste doutoramento, dá início a esta parte do capítulo, uma vez que – atenta às diversidades étnico-raciais que existem nas três cidades pesquisadas – contei com a colaboração de docentes com diferentes pertenças étnico-raciais, entre elas/es, o jovem educador cisgênero Tupã, que vive, desde os nove anos de idade (atualmente tem cerca de 20 e poucos anos), na aldeia Tekoa Pyao, localizada no bairro do Jaraguá, na cidade de São Paulo, onde atua como coordenador cultural no CECI (Centro de Educação e Cultura Indígena), administrado pela Secretaria Municipal de Educação de São Paulo. Tupã também tem sido instruído a se tornar um líder espiritual em sua aldeia e me presenteou com a produção educomunicativa, acima citada, como uma espécie de homenagem à Karai Poty, que foi uma das lideranças mais importantes da aldeia, segundo o educador, e que também era seu mentor.

Além do gesto simbólico repleto de significados, ao me permitir utilizar esse poema musicado, Tupã também considerou que o mesmo condizia com o estudo aqui apresentado, uma vez que, como se pode apreender da leitura do poema, há a afirmação de que foi Karai Poty quem ensinou às pessoas que vivem na Tekoa Pyao como conviver com não indígenas e, como também se preconiza, para isso, é preciso ter força, coragem e coração. Não à toa, foi exatamente com esses sentimentos que senti ter entrado em contato quando estive presencialmente na aldeia para dialogar com o educador.

Como parte de suas reflexões, ele aponta para o silenciamento que existe em torno da educação de conteúdos que reflitam sobre as culturas e as histórias das populações indígenas no currículo tradicional do Brasil e, mais especificamente, na escola em que ele próprio estudou, quando passou a integrar uma turma de Educação de Jovens e Adultos, poucos anos atrás, como relatou no diálogo que tivemos, quando afirma:

> "Quando eu estudei no EJA, a maior parte dos conteúdos era sobre o branco. Teve um único tema que era sobre indígena, uma vez no ano. (...) E, às vezes, o professor fala assim: 'vamos assistir um vídeo, nosso tema vai ser sobre os índios, vamos descobrir quais eram as culturas, como eles viviam, como se não existissem mais indígenas no Brasil'."

O silenciamento é uma das categorias que promove a branquitude, sobre a qual discorro. Apesar de a lei federal 11.645/08 ter sido aprovada, no Brasil, em 2008, outorgando o ensino de culturas e histórias indígenas, afro-brasileiras e africanas nos currículos, percebe-se que ainda não se aplica devidamente a legislação no país. Essa falta de implementação da lei reside – com base em experiências que acumulei ao trabalhar com formação de educadoras/es por cerca de 15 anos com foco em Educomunicação e em Relações Étnico-Raciais – em três principais fatores: 1. Não se dá a devida importância à lei em algumas comunidades escolares e, mais especificamente, por parte de algumas e de alguns educadoras e educadores do país; 2. Há falta de atualização da didática empreendida por docentes que estão na ativa; 3. A falta de comprometimento identitário dessas/es mesmas/os profissionais com as prerrogativas da legislação. Digo isso porque chegamos a um ponto, no Brasil, em que já não se ouve mais falar de educadoras/es que não conhecem as leis e a oferta de materiais de apoio pedagógico tem sido cada vez maior ao público. Portanto, esses já não são mais entraves para buscar explicar a renúncia em aplicá-la. O que percebo, dessa maneira, é que, se docentes e a gestão escolar não estiverem identitariamente comprometidas/os com a implementação das leis, muito pouco acontece.

Uma das razões pelas quais esse silenciamento acontece está diretamente atrelada à compreensão de mundo ligada às colonialidades ainda presentes nos cotidianos de quem vive no Brasil e na cidade de São Paulo, mais especificamente. Como resultado obtido com base no questionário on-line a que as/os participantes da pesquisa de campo tiveram acesso, pode-se perceber como encaram a presença das colonialidades nesses territórios. As duas primeiras perguntas (em formato múltipla escolha) que responderam eram: "Você considera que há presença de concepções coloniais nos modos de ser e estar na cultura de seu país? Indique um valor de 1 a 5, sendo 5 extremamente presente e 1 inexistente" e "Você considera que há presença de concepções coloniais nos modos de ser e estar na cultura de sua cidade? Indique um valor de 1 a 5, sendo 5 extremamente presente e 1 inexistente". Ao respondê-las, duas pessoas consideraram a presença de concepções coloniais nos modos de ser e de estar no Brasil e em São Paulo como "extremamente presentes", já uma outra pessoa indicou como "muito presente" e apenas uma outra selecionou a opção "inexistente".

A maioria das/os educadoras/es demonstra haver uma forte presença dessas concepções nos cotidianos e nas vivências da população brasileira e, mais especificamente, paulista. Inclusive, acredito que a opção selecionada como "inexistente" pode ser consequência de uma possível falta de compreensão do enunciado da pergunta, já que, como poderá se perceber, ao longo desta análise, todas/os as/os participantes se mostram bastante críticos às colonialidades e à branquitude, de modo geral. Como dado coletado, também por meio do questionário on-line, destaco outra reflexão feita pelo educador Tupã:

> *"Dentro das nossas salas de aula, existem os professores indígenas e não-indígenas. Somos indígenas guarani mbya bilíngues. Desde o primeiro nascimento da criança, no século XXI, somos orientados pelos nossos pais e pela nossa própria família a praticar a língua portuguesa, como alguns termos básicos, como: mamãe, papai, copo, café, etc. Isso é uma preparação pra ter contato com não-indígenas. O que nós aprendemos é intelectual. Ajuda a viver no mundo de hoje."*

Com base nesse depoimento, pode-se aferir a inexistência de um *modus operandi* similar na sociedade brasileira em geral, ou seja, não existe uma preocupação de quem já nasce falando português em aprender uma língua nativa, como o guarani. Pelo contrário, sequer há oportunidades para isso nas escolas de educação formal tradicionais. Isso acontece apenas nos Centros de Educação e Cultura Indígena – CECIs. Se uma pessoa fala a língua "do branco", parece ser suficiente, não há a mesma necessidade descrita por Tupã. Por ser uma pessoa indígena, descendente de povos originários do Brasil, ele é quem deverá se ajustar às normas da branquitude e não o contrário. Uma vez que a linguagem não é neutra, pelo contrário, é política – assim como tudo o que acontece em nossas vidas (BAKHTIN, 2000; 2011) – ela também é usada a favor da manutenção da branquitude.

Mesmo com a alteração dos Parâmetros Curriculares Nacionais (PCNs) – mais especificamente o artigo 26-A – desde a aprovação da lei federal 10.639, em 2003, a fim de garantir a abordagem de conteúdos acerca das culturas e histórias afro-brasileiras e africanas nos currículos brasileiros, ainda se enfrenta uma série de oposições em torno da necessidade e da viabilidade para implementação dessas legislações nas escolas do país. Sobre isso, destaco duas reflexões feitas pela educadora autodeclarada negra e transgênera Tássia, que tem cerca de 40 anos de idade, durante o diálogo que tivemos na escola estadual de ensino fundamental I em que é diretora, na zona sul de São Paulo. A primeira reflexão é a seguinte:

> "Temos que pensar na prevenção pra que a gente não fique só reparando. Porque o que eu tenho visto muito é só reparar. E aí não aprofunda. As políticas públicas de reparação são quebradas a cada nova gestão. A escola é o espaço para realizar a prevenção, porque é o primeiro órgão, primeiro local, primeiro espaço a receber esse conjunto diverso de pessoas que irão ter que conviver. Então, esse convívio deveria ser acolhedor. E ainda não é."

Em sua percepção acerca dos motivos para a não aplicação das leis anteriormente citadas, está o fato de que essas "políticas públicas de reparação", como Tássia define, não têm continuidade e, para além disso, o Estado acaba por apresentar, de acordo com ela, apenas estratégias para "reparação" e não para "prevenção". Comungo da crítica feita pela educadora, uma vez que também percebo que, por mais que já tenham se passado quase 20 anos desde a aprovação da lei federal 10.639/03, o que se vê, na prática, no dia a dia das escolas do Brasil, ainda não é suficientemente potente, de maneira geral, para garantir o direito das/os estudantes a um currículo que tenha a ver consigo mesmas/os. O que costuma se ver é a continuidade na reprodução de um currículo eurocentrado e que não aponta para a diversidade presente nos ambientes escolares e na sociedade brasileira. Por isso que estabeleço uma leitura crítica em torno da ideia de diversidade (ALVES, 2012), presente no país a partir da existência do mito da democracia racial (FREYRE, 1951), uma das categorias de reificação da branquitude. Nesse sentido, destaco a segunda reflexão de Tássia a seguir:

> "Quando a gente pensa no micro, então vamos pro exemplo de uma sala de aula, por vezes, o professor não tem esse conhecimento decolonial. Ele também não se sente seguro em fazer as tratativas sobre a temática racial. Inclusive, quando

um professor é branco, ele fica intimidado porque ele quer pautar e tem medo de um aluno questionar o porquê dele estar falando isso se não tem lugar de fala. E quando é um professor negro e que vai pontuar o tema, ele também é atacado. 'O senhor está tendo essa postura porque o senhor é negro?', podem perguntar."

Pelo fato de o mito da democracia racial ainda estar vivo nos imaginários brasileiros, inclusive de estudantes do país, é que Tássia discorre sobre as dificuldades que educadoras/es enfrentam, ao cumprirem a legislação e, a depender do pertencimento étnico-racial que têm e caso não estejam seguras/os em relação ao "conhecimento decolonial", como cita Tássia, acabam por serem questionadas/os pelas/os próprias/os estudantes sobre a legitimidade de suas contribuições em aula. Daí talvez a permanência de um currículo eurocentrado, uma vez que se trata da zona de conforto dessas/es profissionais, que também passaram por processos educacionais com a mesma estrutura. Há, inclusive, um silenciamento, em algumas escolas, ao longo de grande parte do ano letivo, em torno da aplicação das prerrogativas dessas legislações. Esse silêncio também é carregado de sentidos, pois "pronuncia" a recusa dessas instituições ao se calarem (ORLANDI, 2013).

Duas outras perguntas respondidas pelo grupo de educadoras/es brasileiras/os buscavam identificar suas percepções acerca da existência de normas de uma educação eurocentrada nos currículos do Brasil e de São Paulo. Percebi uma repetição do padrão de respostas das/os participantes da pesquisa, pois as opções escolhidas, como respostas, foram iguais às duas primeiras perguntas anteriormente mencionadas. Mais uma vez, foi salientada a existência de normas de uma educação eurocentrada nos currículos brasileiro e paulista. Acerca disso, Tássia redigiu o seguinte depoimento:

"As colonialidades determinam a reprodução de práticas históricas, econômicas, sociais e políticas no espaço escolar. Exemplo: apenas no mês de novembro, a escola realiza o movimento de discutir/refletir sobre as colonialidades, sendo que as práticas antirracistas devem estar presentes a todo o momento para contribuir com a desconstrução de conceitos. Não há participação de pessoas negras na construção do currículo. Os livros didáticos ainda continuam apresentando os contextos oriundos do eurocêntrico e a inexistência de formações docentes corroboram cada vez mais para que continuem reproduzindo conteúdos que excluem e oprimem."

Pode-se depreender, com base no depoimento de Tássia, que, da mesma forma como apontado por Tupã, as discussões em torno das negritudes, por vezes, ocorrem também uma vez ao ano, mais especificamente durante o mês de novembro, por ser este o mês em que se celebra a Consciência Negra no Brasil, com base na existência do Dia da Consciência Negra, (20 de novembro), criado em homenagem à luta de Zumbi dos Palmares e que, até hoje, ainda não é feriado nacional. Ademais, Tássia também aponta conteúdos eurocentrados nos livros didáticos, bem como uma baixa participação de pessoas negras na construção dos currículos e ainda, segundo ela, a inexistência de formação docente acerca destes temas. No entanto, friso que cursos de formação continuada em relações étnico-raciais existem, porém não são suficientemente oferecidos a profissionais que atuam na educação brasileira.

Esse fato parece acontecer também porque as lógicas impostas pela branquitude e pelo racismo institucional impactam nas decisões tomadas por uma maioria de pessoas que atua na condução de políticas públicas – por estar presente nos imaginários sociais de parte da população brasileira – sejam brancas ou não brancas. Nesse sentido, trago à reflexão o que diz Santos (2021) em torno dos cargos de poder ocupados por pessoas negras no Brasil.

> Os negros brasileiros entregam um projeto perfeito de supremacia branca, afastados das tradições e culturas, sendo conectados a experiências superficiais da branquitude, criando um sentimento de não pertencimento. Mesmo quando conseguem ocupar posições sociais de destaque, a "sombra negra" persegue a trajetória independente do acúmulo social, emocional, político e econômico (SANTOS, 2021, p. 22).

Ao refletir sobre as realidades culturais do Brasil e de São Paulo, em outras duas perguntas do questionário on-line, que diziam respeito à presença de ideias que valorizam a branquitude em seus modos de ser e de estar, foi notável como todas/os educadoras/es participantes dessa fase da pesquisa consideram essas ideias presentes nas culturas desses territórios. E isso não é por acaso. Se há branquitude, é porque também há racismo estrutural (WERNECK, 2021). Sobre isso, trago à baila dois momentos de reflexão, coletados durante o diálogo que tive com a educadora autodeclarada amarela e cisgênera, Sayuri, que tem cerca de 50 anos de idade. Ela atua na direção de uma escola de educação infantil em um bairro de classe média de São Paulo, tendo trabalhado durante 30 anos na Rede Municipal de Educação da capital paulista.

> *"O preconceito, ele está na família, ele está nos professores, mas não nas crianças ainda. Então discutir essas questões faz parte do currículo, tá ali nos documentos, na legislação, a nível nacional e municipal. Mas aí vem os comentários dos educadores... Eu estou sempre me metendo, se eu escuto, eu vou intervir e vou falar 'espera lá, gente, não estou entendendo... Não entendi essa sua fala porque eu li o seu planejamento e aquilo que você propôs e essa sua fala agora condizem. Nós não estamos aqui num boteco, nós*

> estamos dentro da escola. E mesmo que a gente estivesse no boteco, sabe? Vocês são educadoras'. Então, assim, acho que a gente tem que repensar nas propostas que a gente tá passando com essas professoras."
>
> "Por mais que hoje falam o que é politicamente correto, você até pode falar que não é racista, que você não tem preconceito nenhum, que você não discrimina. Mas, na prática, não sei não. Eu acho que ainda está bem longe disso ocorrer."

Em seus apontamentos, Sayuri demonstra como o preconceito – e, por consequência, o racismo – estão presentes em alguns segmentos da sociedade. Por mais que afirme que as crianças ainda não carreguem em si essas ideologias, sabe-se que a reprodução é passível de acontecer, uma vez que elas interagem e constroem a si mesmas a partir dos espaços que frequentam e das pessoas com quem se vinculam. Além disso, a educadora também retrata uma realidade preocupante: a liberdade exercida por educadoras/es para verbalizar ideias preconceituosas que possuem, passando ao exercício da discriminação, por mais que, teoricamente, não se coloquem dessa mesma forma, por exemplo, nos planejamentos das aulas que dizem lecionar a seus e suas estudantes. Como ela aponta, é comum a sociedade brasileira não se reconhecer racista, mas a realidade em que vive desconstrói esse discurso e se apresenta de forma estruturalmente racista, como discutido anteriormente.

No que tange o contexto educacional do Brasil e de São Paulo, também pude apurar qual a percepção das/os educadoras/es entrevistadas/os em relação à importância do estabelecimento de uma educação decolonial nessas localidades, em duas outras perguntas realizadas via questionário on-line. As/Os educadoras/es demonstraram, por meio de suas respostas, concordar que uma educação decolonial é relevante, ou até mesmo, extremamente importante, nos contextos brasileiro e paulista. Acerca disso, Raimundo, o quarto e último educador brasileiro com quem dialoguei, fez uma provocação que considero útil para ser trazida nesse ponto da análise. Ressalto que Raimundo é um homem autodeclarado cisgênero e branco, de cerca de 30 anos de idade, que leciona História em uma escola de ensino fundamental da Rede Municipal de Educação de São Paulo, na zona leste da cidade, formada por uma maioria de estudantes negros e negras. A seguir, destaco uma das afirmações que ele realizou em nosso encontro:

> "Há pelo menos quase dez anos, a rede municipal de educação de São Paulo tem fomentado discussões a respeito da colonialidade do currículo, e, na verdade, isso tem aparecido também não só dentro da escola, mas fora também, na sociedade como um todo. O meu questionamento crítico é de que essa discussão se descola de uma perspectiva – que eu acho muito importante – que é a perspectiva de classe. (...) Porque, além de pretos, são trabalhadores, né?"

Conforme Raimundo declara, existem esforços educacionais – especialmente na Rede Municipal de Educação de São Paulo – para a realização de discussões e de práticas decoloniais nos currículos. Entretanto, o educador estabelece uma crítica justa e interessante acerca da necessidade de interseccionalizar essa práxis com os demais marcadores sociais da diferença, tais como classe e gênero, pelo menos, assim como apontei anteriormente neste trabalho. Uma abordagem decolonial e decolonizadora sobre, no e com o mundo que nos rodeia deve ser essencialmente interseccional (CRENSHAW, 2002), uma vez que uma das categorias sobre as quais discorri foi a da complexidade identitária, muito presente na realidade brasileira. Desse modo, acredito que apenas uma proposição ampla, cuidadosa e que se valha das complexidades identitárias que carregamos poderá acarretar resultados positivos por quem busca ter uma práxis decolonial e decolonizadora.

Consequentemente, essa práxis advém, em grande medida, dos posicionamentos que temos como sujeitos e sujeitas no mundo e também com base nas reflexões e nas práticas que nos propomos a fazer a partir do chão em que pisamos (FREIRE, 1996; KILOMBA, 2019), conforme a produção educomunicativa de Raimundo, a seguir destacada:

> *"Participar deste estudo como entrevistado além de honrar-me, especialmente, trouxe-me a experiência de melhor refletir sobre a branquitude, começando pela minha branquitude, ao meu desafio e compromisso de, sendo pessoa branca, me assumir como antirracista, começando por me compreender melhor, como pessoa com privilégio de cor e, mais do que nunca, como pessoa que precisa mudar, melhorar e atuar em prol de uma sociedade que valorize as culturas, as pessoas e toda história africana, negra, entre outras coisas. Ser escutado, neste contexto, como quem atua em escola pública, foi um privilégio, onde destaco a condução qualificada do trabalho em seus propósitos e princípios. Aprendi muito. Foi muito valioso. Isto me impulsiona a prosseguir meus estudos, onde, em minhas experiências pedagógicas, sempre tratei desta participação, muitas novidades e novos aprendizados a trilhar."*

É essencial o comprometimento que Raimundo demonstra ter em relação ao estabelecimento de uma criticidade à branquitude que carrega em si mesmo, por se tratar de um homem branco. Sendo uma pessoa branca, considero esse um passo primordial para quem busca contribuir com a luta antirracista em qualquer espaço. Como consequência, assim como apontado por Raimundo, são necessárias contínuas atualizações e pesquisas, principalmente quando nosso ofício é educar. Em uma perspectiva freiriana, todo/a educador/a é também pesquisador/a (FREIRE, 1967). Num país em que os apagamentos provocados pela branquitude e pelas colonialidades são tamanhos, esse processo é condição *sine qua non* para a construção de uma sociedade que possa vir a se declarar antirracista. Infelizmente, porém, está bastante distante disso, basta ver as atrocidades que acontecem no Brasil, conforme discutido no capítulo anterior. Como parte integrante da sociedade brasileira, a área da educação também ilustra essa realidade, de acordo com as respostas das/os educadoras/e participantes da pesquisa, quando perguntei se os sistemas de educação brasileira e paulista poderiam ser considerados exemplos de educação antirracista.

Na avaliação das/os participantes da pesquisa, como parte dos resultados obtidos via questionário on-line, há pouca ou nenhuma representatividade em termos da existência de um sistema de educação antirracista nas localidades mencionadas. Apenas uma pessoa acredita que há, entretanto, tal representatividade. Isso se deve, com base nas reflexões que realizo, à ausência de letramento racial na sociedade brasileira (PASSOS, 2019; TWINE; STEINBUGLER, 2006). Discorri sobre essa categoria promotora da branquitude neste trabalho e destaco as considerações de Tássia e de Raimundo que colaboram para esta reflexão. Começarei com uma das questões levantadas por Tássia, durante nosso diálogo, quando afirma:

> "A escola tem que ser, de fato, viva. Pra ser viva, ela tem que compreender que a presença das questões raciais é essencial, porque ela tem pessoas, têm vidas aqui dentro, e temos que fazer com que essas vidas não morram. E isso afeta toda a comunidade escolar, o professor, o diretor, o coordenador, os pais e os estudantes. Eu aprendi que Pedro Álvares Cabral descobriu esse Brasil. Você também. E não foi isso. Então por isso que eu falo de estabelecer uma Tábula Rasa. Chacoalhar. Contar a verdadeira história."

Uma escola "viva", como ressalta Tássia no depoimento supracitado, é necessariamente uma escola que realiza processos de letramento racial diários, pois como também destaca a educadora, para ela, a escola precisa garantir a proteção de quem passa grande parte de seus dias dentro dela. Para isso, é necessário haver o estabelecimento de currículos que não apenas "contem a verdadeira história do Brasil", como ela salienta, mas também promovam discussões e práticas disruptivas e que façam a devida crítica acerca da essencialidade das relações étnico-raciais nos cotidianos das pessoas que compõem a comunidade escolar ampliada. Exemplo disso é o fato de que, se a escola não discute e não se compromete com o combate ao genocídio negro brasileiro, por exemplo, perderá concretamente as vidas que compõem esse espaço. Por isso, a educadora fala em "chacoalhar" e evitar o estabelecimento de uma "tábula rasa", que parte do princípio de que não é necessário ir a fundo sobre o que se ensina nas escolas.

Na mesma linha de raciocínio de Tássia, o educador Raimundo também discorreu sobre um outro aspecto que está ligado à importância do estabelecimento de letramento racial na educação brasileira. Ele defende a necessidade de envolver toda e qualquer pessoa que está presente na comunidade escolar ampliada, incluindo quem detém o poder para a condução de políticas públicas que afetam diretamente o chão da escola. Nesse sentido, destaco o seguinte trecho do diálogo estabelecido com Raimundo:

> *"Por isso, o branco tem que ouvir, tem que olhar pro corpo preto, pros povos indígenas, pros LGBTs, pra gente construir diferenças porque, numa sociedade desigual como a nossa, a lógica não é a produção de diferença, mas de indiferenças e a gente vê políticas públicas demagógicas porque no fundo escondem as indiferenças."*

Novamente, o educador evidencia a necessária participação das pessoas brancas no processo de construção de uma educação antirracista e, de forma abrangente, também reflete sobre como, em uma sociedade desigual como a brasileira, é importante a valorização das diferenças e não a promoção da noção de igualdade humana. Apesar de sermos pessoas biologicamente da mesma raça, somos atravessadas por diferentes marcadores sociais de diferença. Portanto, assim como focaliza Raimundo, é significativo que também as políticas públicas ressoem esses valores e essas discussões críticas relacionadas à branquitude e às colonialidades, caso contrário somente será reafirmada a "indiferença" de quem tem o dever de aplicar a política pública de maneira coerente com a realidade em que vive.

O Brasil é um país originariamente indígena e que contém a maior população negra fora do continente africano[120], portanto não há como aceitar processos educativos que não incorporem essas representatividades como eixos norteadores de uma práxis educativa e educomunicativa. Segue urgente o estabelecimento perene da crítica à branquitude e às colonialidades, com base em uma visão abrangente que compreende que tudo e todas/os que compõem um espaço educacional colaboram para a co-construção dos currículos.

---

[120] Para mais informações acerca dessa informação, acesse o link: https://www.ethos.org.br/cedoc/no-brasil-o-racismo-e-coisa-rara/.

COM A PALAVRA, EDUCADORAS/ES DE JOANESBURGO

Beware, the Eagle - By F.Talk

In a quest for answers
On a mission to garner healing
From questions corrupted by pain and past
Corruption and politicians
Time and Memory

We look beneath and beyond existence
Above and below our conscious
spiritual and supernatural
Within and without ourselves, pineal glands and souls

In a Silhouette simultaneously
with both our elbows and fists
we knock on erected grounds
so the dead could hear our cries
rise aloud
accept our poured libation
and Gods bear our fast
        The incense we burn, blistered knees

My Sister said, "What's the point?
        Contacted mirrors
"Mirror mirror on the wall
Who is the fairest of them all?"[121]
"It's not the matter of being fair
But whose violence is severe"[122]
Our belief systems are in tartars
Suffering from schizophrenic attacks
We forget to love one another
We attack ourselves"

Oil spills
Hemorrhaging soil

---

[121] *Snow White and the Huntsman - The movie*

[122] *Shutter Island - The movie*

Raped land
Civilians sacrificed
Corona virus
Broken mirrors

The curse is a locust with a head of a man
ISIS rumours and invasion of lands
The smoke rising from the abyss it's a continuous cycle
Of fear, divide and conquer; fear, divide and conquer

The Eagle never rests
From South Africa to North America
It wants it all
The fish, priest, snake and children

The lizard has fled the sun
Nothing under the sun is safe
"I'd rather be cold"

Cuidado, a Águia – Por F.Talk (T.A.)

Em uma busca por respostas
Em uma missão para obter cura
De perguntas corrompidas pela dor e pelo passado
Corrupção e políticos
Tempo e memória

Nós olhamos abaixo e além da existência
Acima e abaixo do nosso consciente
espiritual e sobrenatural
Dentro e fora de nós, glândulas pineais e almas

Em uma Silhueta simultaneamente
com nossos cotovelos e punhos
nós batemos em terrenos erguidos
para que os mortos pudessem ouvir nossos choros
em alto volume
aceite nossa libação derramada
e os Deuses suportam nosso jejum
O incenso que queimamos, joelhos empolados

Minha irmã disse: "Qual é o objetivo?
        Espelhos contatados
"Espelho, espelho meu
Quem é o mais justo de todos?"[123]
"Não é questão de ser justo
Mas cuja violência é severa"[124]
Nossos sistemas de crenças estão em tártaros
Sofrendo de ataques esquizofrênicos
Esquecemos de amar uns aos outros
Nós nos atacamos"

Derramamentos de óleo
Solo hemorrágico
Terra estuprada
Civis sacrificados
Coronavírus
Espelhos quebrados

A maldição é um gafanhoto com cabeça de homem
Rumores do ISIS e invasão de terras
A fumaça subindo do abismo é um ciclo contínuo
Do medo, divida e conquiste; medo, dividir e conquistar
A Águia nunca descansa
Da África do Sul à América do Norte
Ela quer tudo
O peixe, padre, cobra e crianças

O lagarto fugiu do sol
Nada sob o sol é seguro
"Prefiro ser frio"

---

[123] Branca de Neve e o Caçador - O filme
[124] Ilha do Medo - O filme

A segunda parte deste capítulo é direcionada à análise de discursos e de temas presentes nas narrativas de cinco educadoras/es sul-africanas/os, que atuam em escolas públicas da cidade de Joanesburgo. Aproveito para ressaltar que utilizarei, como parte do corpo deste estudo, as traduções para a língua portuguesa de todo o material que foi produzido em língua inglesa, que será apresentado, por sua vez, em formato de notas de rodapé, para uma leitura mais fluida do texto.

O poema que dá início a esta parte foi redigido pelo educador F.Talk, autodeclarado cisgênero e preto (*Black*, de acordo com as categorias de cor/raça utilizadas na África do Sul), com cerca de 30 anos de idade, que leciona na comunidade em que foi criado há cerca de cinco anos. Ele é historiador de formação, mas, no momento atual, dá aulas para a quarta série (*Grade 4*), portanto trabalha com conteúdos gerais, uma vez que este grau de ensino é relativo ao ensino fundamental I, portanto tem uma perspectiva generalista. Inclusive, conforme relatou F.Talk durante o diálogo que tivemos, esta é a primeira série em que as crianças e o corpo docente não são autorizados a falar idiomas nativos em sala, apenas inglês. Até a terceira série, o ensino público é bilíngue, portanto há liberdade para o uso de diferentes línguas, conforme a região em que a escola está inserida.

F.Talk é também poeta e chegou a me mostrar uma pasta repleta de poemas que havia escrito e escolheu o que dá início a este capítulo para ser a produção educomunicativa que representava suas reflexões em torno dos temas relacionados à pesquisa. Assim sendo, é possível apreender em seus versos a crítica contundente às hegemonias (principalmente advindas do Norte Global, e mais especificamente dos Estados Unidos da América, por utilizar a águia como personificação, nesse poema, de quem vigia, controla e quer dominar a vida das pessoas). Nesse sentido, pode-se inferir que se trata de uma visão crítica em torno não apenas da branquitude, mas também do capitalismo e de várias formas de opressão que acometem a sociedade global na contemporaneidade, visto que até mesmo o Coronavírus é por ele citado. Além disso, o educador também pontua trechos de dois filmes, conforme notas de rodapé do poema, o que também demonstra que, assim como eu escolhi ter filmes como parte da pesquisa de campo, sua produção educomunicativa também contou com essa contribuição. Mas, ainda aqui, vale o registro de que são filmes da indústria de entretenimento global de origem estadunidense. Uma das formas mais bem desenvolvidas do chamado *soft power* (NYE JUNIOR, 2004). Para além da colonização por meio da indústria cultural hegemônica global, outras formas de colonização também aparecem assumindo a perspectiva do *hard power* (NYE JUNIOR, 2004) quanto o autor menciona "os rumores do ISIS"[125]. Embora seja possível aprofundar a análise em outras perspectivas, observa-se uma forte crítica às colonialidades que perfazem esse ciclo de opressão sofrida por quem não detém poder nas sociedades atuais, daí, por exemplo, o uso da ideia de "dividir e conquistar", lema que está diretamente relacionado à colonização.

Essa visão crítica à presença de valores e de ideias coloniais na África do Sul e, mais especificamente, em Joanesburgo, não é apenas apontada por F.Talk, mas por todas/os as/os educadoras/es com quem dialoguei durante a pesquisa de campo. Para demonstrar como se colocam em relação a isso, destaco que, no questionário on-line a que responderam, quatro participantes apontaram a presença de concepções coloniais nos modos de ser e estar na cultura sul-africana como "muito presente", e uma outra pessoa considerou essa presença "extrema". Quando a pergunta foi direcionada a Joanesburgo, a maioria ainda considerou as concepções coloniais como "muito presentes" na cultura da cidade, mas um/a participante selecionou a opção "extremamente presente", e outra pessoa selecionou a opção "pouco perceptível". Acredito que essa diferença de opiniões possa ter sido provocada pela ideia de que a cidade de Joanesburgo – cosmopolita e desenvolvida – possa apresentar uma menor influência de concepções coloniais em sua cultura se comparada a outras partes do país.

No entanto, F.Talk, durante nosso diálogo, foi bastante firme ao apontar que a decolonização dos currículos, por exemplo, ainda não ocorre no contexto sul-africano. Para comprovar sua afirmação, ele recorreu a um exemplo do seu cotidiano, quando leciona conteúdos de Ciências, por exemplo, a fim de demonstrar que é preciso haver novas abordagens pedagógicas para desconstruir as concepções coloniais que permeiam os cotidianos dos ambientes escolares do país (HUNTER, 2019). Destaco, a seguir, trecho da resposta do educador em que é possível observar essa reflexão.

> *"Sinto que a decolonização do currículo, no momento, não está acontecendo. Ainda temos o mesmo currículo que nossas mães tinham. Foi apenas modificado aqui e ali, não estruturalmente. No momento, estou ensinando plantas,*

---

[125] A sigla ISIS se refere ao *Islamic State of Iraq and Syria*, um grupo formado por jihadistas muçulmanos ultraconservadores, que são conhecidos por defenderem fundamentos radicais do islamismo.

mas tenho uma nova perspectiva. Agora, eu não vou ensiná-los como as pessoas foram ensinadas durante a educação Bantu. E há um professor mais velho [na escola em que trabalha], que tem cerca de 60 anos, que estava reclamando disso recentemente. O que estou dizendo é que talvez encontremos crianças que se interessem por esse tipo de aula, existem carreiras para isso. A pessoa que ama as plantas pode se tornar uma botânica, ou uma zoóloga, elas podem ser curandeiras tradicionais. (...) Agora, como professor, como lidar com isso, como fazer uma coisa diferente disso? Como trazer relevância para a aula com esses conceitos? Então eu tento dizer algo como, 'pessoal, Ciências é legal'. Quando você faz isso, você nota a diferença. Falamos sobre as diferenças das plantas, de modo que basta ir para a natureza, basta olhar para isso e tentar descobrir o que estou lhe dizendo na aula. É verdade ou é mentira? Eu não estou tentando te dar informações para que você [o/a estudante] venha para a escola, escreva e então pronto. Eu os encorajo a tentar trazer [essas informações] para suas próprias vidas" (T.A.)[126].

De acordo com o depoimento de F. Talk, o currículo sul-africano contemporâneo ainda está estruturalmente organizado com base nas colonialidades, por isso ele afirma que se trata do "mesmo currículo que nossas mães tinham". Por esse motivo, ele busca fazer uso de abordagens que, além de inovar os modos de ensino-aprendizagem, também sejam representativas da realidade que circunda as/os estudantes. O educador afirma incentivar seus e suas estudantes a irem a campo identificar o que aprendem na aula, por exemplo, sobre as plantas, na natureza, para que aquilo que estudam possa fazer sentido em suas vidas. Com base nisso, é possível perceber que ele se mostra comprometido com uma educação que colabore para a decolonização, uma vez que encoraja a leitura crítica dos conteúdos ensinados, quan-

---

[126] A versão original do trecho destacado pode ser lida a seguir: "I feel that decolonization of the curriculum, at the moment, is not happening. We still have the same curriculum our mothers had. It was just modified here and there, not structurally. At the moment, I'm teaching plants, but I have a new perspective. Now, I'm not going to teach them as guys were told during Bantu education. And there was this old teacher, who is around 60 years old, who was complaining about it now. What I'm saying is maybe we are going to find children who will be interested in this kind of lesson, there are careers for this. The person who loves plants can be able to become a botanist, or a zoologist, they can be traditional healers. (...) Now, as a teacher, how to deal with it, how to make a different thing from that? How to bring relevancy to class with these concepts? So I try to be like, 'guys, science is nice'. When you do, you know the difference. We spoke about the differences of plants, so just go to the wild, just look at this and try to find out what I am telling you in class. Is it true or is it a lie? I'm not trying to give you information so that now you came to school, you wrote and then you are fine. I encourage them to try to bring it into their own life".

do, por exemplo, no trecho acima mencionado, chega a questionar as/os estudantes sobre se o que está a dizer "é verdade ou mentira".

Seguindo a mesma lógica de pensamento que F.Talk, o também jovem educador e historiador, autodeclarado cisgênero e preto (*Black*), com cerca de 30 anos de idade, cujo pseudônimo escolhido por ele próprio foi Paulista, também apresenta uma visão crítica em relação à influência das colonialidades nos currículos. Uma de suas respostas ao questionário on-line pós-entrevista foi a seguinte:

> "As colonialidades moldam a forma como ensinamos e aprendemos nas escolas. Elas dificultam que os preconceitos sejam removidos do processo de aprendizagem. Por exemplo, o inglês é visto como uma língua de educação e é privilegiado em relação às línguas africanas, enquanto muitos estudantes são mais bem articulados em suas línguas maternas. A xenofobia vê estudantes de outros países africanos sendo marginalizados por não terem permissão para usar sua própria identidade e serem forçados a adotar a cultura e a identidade da maioria. A branquitude está presente na minha escola, mas muitas vezes é invisível. Está na forma como herdamos os maneirismos coloniais, como policiar o cabelo dos/as estudantes e exigir que usem blazers ou jaquetas. Está também na infraestrutura colonial da escola e nas formas de funcionamento da escola e na proximidade da escola a um bairro branco. As colonialidades moldam os padrões explícitos do currículo, moldando como ensinamos, nossa pedagogia, nossos exemplos e as maneiras sobre como inculcamos valores acerca do que é importante para nossos/as estudantes" (T.A.)[127].

O depoimento de Paulista demonstra a abrangência que as colonialidades têm nos cotidianos escolares sul-africanos. Ele faz uma crítica essencial ao predomínio da língua inglesa nas escolas – em um país em que existem 11 idiomas oficiais –, bem como sobre o desrespeito que há em relação a estrangeiros/as, que acabam por ter que se adequar aos moldes culturais da maioria dos/as estudantes, para que possam ter a

---

[127] Em sua versão original, o relato foi redigido da seguinte forma: *"Colonialities shape the way we teach and learn in schools. They make it hard for prejudices to be removed from the learning process. For example, English is seen as a language of education and given privilege over African languages, while many learners are articulate in their mother tongue. Xenophobia sees learners from other African countries being marginalised by not being allowed to draw upon their own identity and forced to adopt the culture and identity of the majority. Whiteness is present in my school but is often invisible. It is in how we have inherited the colonial mannerisms such as policing learners hair and requiring them to wear blazers or jackets. It is also in the colonial infrastructure of the school and the ways in which the school is operated and the proximity of the school in a white neighbourhood. Colonialities shape the explicit standards of the curriculum by shaping how we teach, our pedagogy, our examples and the ways we inculcate values to our learners about what is important".*

oportunidade de estudar. A hegemonia do inglês e a xenofobia foram pontos sobre os quais tratei no capítulo em que faço uma reflexão epistemológica em torno da branquitude na África do Sul. Nesse sentido, Paulista também faz referência à existência "invisível" da branquitude na escola em que trabalha. Outro ponto que ancora a produção de sentido no discurso de Paulista se refere a termos que opõem como visibilidade/invisibilidade, identidade/perda de identidade. Como se pode observar em seu discurso, são palavras que, enquanto signos ideológicos (BAKHTIN; VOLÓCHINOV, 2011) produzem sentido em um contexto extremamente "controlado" pelas colonialidades que perpassam todos os espaços físicos e simbólicos e instaura regimes de invisibilidade/visibilidade em relação aos corpos de pessoas negras, incluindo "o policiamento de cabelos", indicando o que deve ser visto e o que não deve. Sobre esse tema, o educador aponta que, em sua ótica, a branquitude é preservada a partir da influência das colonialidades nos modos de ensinar e de aprender, na localização e na arquitetura colonial das escolas, bem como na obrigatoriedade de as/os estudantes usarem uniformes que remetem ao período colonial, como blazers e jaquetas (e eu acrescento o uso de saias, para garotas)[128]. De maneira geral, como ele observa, os valores coloniais seguem firmes na infraestrutura, no pen-

---

[128] É válido ressaltar que Paulista leciona em uma escola, de ensino fundamental e médio, exclusiva para garotos. Acerca disso, quando perguntei sobre como se sentia ao trabalhar em uma das poucas escolas que ainda fazem essa segregação por gênero, o educador me respondeu o seguinte: «Acho que sinto que faz parte da cultura colonial porque essas escolas emergem do colonialismo: ver meninos na escola de meninos, para que possam ser ensinados a ser cavalheiros. E se houver uma urgência militar, eles podem prepará-los para a guerra. Isso é problemático. A gente precisa desmontar isso, dizer, ‹olha, essas escolas precisam se fundir› porque ainda há aquela - mesmo infelizmente entre a população negra -, obsessão com isso, dizer que ‹se meu filho for para escola de meninos, ele não vai estar com meninas›. Mas você percebe que essas escolas foram engendradas, com masculinidade tóxica e homofobia e também à ideia do que é ser um homem, que é uma pessoa que não chora…». A versão original do depoimento pode ser lida a seguir: *"I think I feel like it's part of colonial culture because these schools emerge from colonialism: to see boys in the boy's school, so that they can be taught how to be gentlemen. And if there is a military outbreak, they can prepare them for war. That is problematic. We need to dismantle that, to say, look, these schools need to merge because there is still that - even unfortunately among the black population -, obsession with it, to say if my child goes to a boy school, he won't be with girls. But you realize that these schools have been engenred, with toxic masculinity and homophobia and also the idea of what a man is, who is a person that doesn't cry…".*

sar e no agir de quem compõe as escolas, garantindo a permanência da branquitude, ainda que não de forma totalmente notável.

Quando indagadas/os sobre esta permanência da branquitude, a maioria das/os participantes da pesquisa percebe a presença das colonialidades como algo bastante relevante nas culturas sul-africana e de Joanesburgo, e o mesmo ocorre quando o questionamento se dá em relação à branquitude. Apenas uma pessoa entrevistada compreende que a branquitude é "pouco perceptível" em Joanesburgo, enquanto todas as demais identificam-na como "muito presente" ou "extremamente presente". Em relação a essa presença, destaco a ponderação realizada por F.Talk, quando afirma:

> *"Falando axiomaticamente, a branquitude não tem valor para outras culturas, pois essas culturas não se impõem aos brancos. Dizer como as pessoas devem definir e executar a moralidade com base em seus padrões é como dizer a um peixe que ele é inferior ao cavalo porque não pode galopar em terra como um cavalo"* (T.A.)[129]

Com base nesta ponderação de F.Talk, pode-se apreender que, em seu entendimento, a branquitude se apresenta enquanto padrão de poder, a ponto de hierarquizar, por meio de discursos e práticas sociais, pessoas e valores (FALKOF, 2016; WESTHUIZEN, 2017). A metáfora que o educador realiza sobre o peixe e o cavalo demonstra, de forma lúdica, a inadequação imposta pela branquitude a outras culturas que, por seu lado, não desempenham o mesmo processo hierarquizante sobre a cultura da população branca. Considero relevante trazer um outro enunciado de F.Talk, em que reflete sobre o *"dress code"* imposto a educadores/as:

> *"O 'dress code' é importante. Espera-se que os professores se vistam da mesma maneira, com gravata e ternos. É suposto que você se penteie. Eu gosto do meu cabelo assim. Mas quando eu vou para a escola, eu não posso ir com meu cabelo assim. Eu tenho que pentear. Se eu não sinto vontade de vestir a branquitude, por que eu deveria fazê-lo? Eu sinto que meu corpo é meu discurso, sabe, se eu venho para a escola assim, esse sou eu. O que mais querem de mim? Me dar a definição de beleza da branquitude, definida como limpeza? Ou me querem como professor? É a minha liberdade de expressão. Mas não posso. É uma*

---

[129] Em sua versão original, o trecho se apresenta da seguinte forma: *"Speaking axiomatically Whiteness has no values for other cultures as those cultures don't impose themselves on white people. To tell how people should define and perform morality based on your standards is like telling a fish that it's inferior to a horse because it cannot gallop on land as a stallion does"*.

obrigação para mim. Eu preciso deste trabalho. Então a branquitude está nos cercando em todos os lugares. Nunca nos deixa" (T.A.)[130].

Há muita potência nesse depoimento de F.Talk, pois, com base nas experiências em que vive – por ser um educador negro –, ele estabelece criticidade em relação ao impacto da branquitude em seu cotidiano. É igualmente interessante o questionamento que ele faz sobre ter que "vestir a branquitude" quando critica a imposição do *"dress code"* a educadoras/es que atuam nas escolas públicas sul-africanas. Segundo ele, há a presença da branquitude tanto nessa necessidade de ter que seguir moldes estéticos impostos pela branquitude, em relação a como pentear os cabelos e que tipo de roupa usar, como em todos os outros aspectos da vida, a branquitude "está em todos os lugares". Nesse sentido, também ressalto a importância de um outro ponto que F.Talk tensiona, sobre seu corpo ser também um discurso, que muito se assemelha ao *slogan* feminista "Meu corpo, minhas regras", e ainda à ideia de que a corporeidade é parte dos valores identitários que carregamos em nossa humanidade, portanto não deveria ser cerceada pela hipervisibilidade da branquitude que se impõe a qualquer custo (HERARD-WILLOUGHBY, 2015). A hipervisibilidade, ancorada em discursos, por sua vez, é uma das categorias que colaboram para a manutenção da branquitude sobre as quais discorri em capítulos anteriores, enquanto um ponto-chave para sustentar uma narrativa em prol da construção da criticidade.

Ao interseccionar branquitude e educação, como já vem sendo exposto até aqui, é importante mencionar o grau de eurocentrismo presente no sistema educacional. Para tanto, os/as docentes sul-africanas/os também responderam a uma pergunta que foca na presença de normas de uma educação eurocentrada nos currículos da África do Sul e de Joanesburgo. Como respostas, ficou visível que é ponto pacífico, entre todas/os educadoras/es, que os currículos sul-africano e de Joanesburgo são compostos por normas de uma educação eurocentrada. A única diferença que se apresenta nas respostas é o grau com que esse

---

[130] O relato apresentado, originalmente, pode ser lido a seguir: *"Dress code is important. Teachers are expected to wear in the same way, your tie, your suits. You're supposed to comb. I like my hair like this. But when I go to school, I cannot go with my hair like this. I have to comb. If I don't feel like wearing whiteness, why am I supposed to do it? I feel like my body is my speech, you know, if I come to school like this, this is me. What more do you want from me? Do you want to give me the definition of beauty as whiteness, defined as cleanliness? Or do you want me as a teacher? It's my freedom of speech. But I can't. It's a must for me. I need this job. So whiteness is surrounding us everywhere. It never leaves us".*

fenômeno é visto, tendo havido quem selecionasse "extremamente presente", como também apenas "presente" e uma maioria que escolheu a opção "muito presente", tanto acerca dos currículos escolares do país quanto da cidade. Desse modo, é notório como as/os educadoras/es participantes da pesquisa estabelecem diferentes níveis de criticidade em relação aos sistemas de ensino em que estão inseridos. Para ilustrar essa realidade, destaco contribuição enviada – também via questionário on-line – por Ella, uma educadora autodeclarada cisgênera e branca (*White*), com cerca de 30 anos de idade, que lecionou em uma escola de ensino fundamental II e médio exclusiva para meninas e que participou do movimento *"Fees Must Fall"*, ocorrido em universidades da África do Sul (no caso dela, na *University of the Witwatersrand*), em 2015 e 2016. Movimento que, segundo Ella, marcou seu maior despertar para o racismo institucional (MILAZZO, 2016):

> *"As colonialidades se apresentam na presença de normas, valores e centralizações brancas em 20% das escolas sul-africanas explicitamente e em todas as escolas sul-africanas de maneiras mais sutis e cruzando com normas e valores capitalistas e patriarcais. Elas existem em sala de aula, em reuniões e nos corredores, nas políticas, nas relações extracurriculares e de professor-aluno-pais que simultaneamente superdisciplinam, desvalorizam e negligenciam estudantes negros sul-africanos"* (T.A.)[131].

Conforme sintetiza a educadora, há presença das colonialidades – característica central de uma educação eurocentrada – em todas as escolas sul-africanas, todavia, na leitura que desenvolve, apenas em 20% delas isso se dá de forma explícita. Ademais, a educadora também intersecciona raça com classe e gênero, a fim de demonstrar que valores capitalistas e patriarcais também podem ser heranças coloniais e demarcam as relações que se estabelecem nos convívios escolares de diferentes formas: desde nas conversas de corredor até nas trocas que acontecem na comunidade escolar ampliada. Por fim, Ella faz um alerta: a super-disciplinarização acompanhada da desvalorização e da negligência a estudantes negros/as do país, que tendem a ser menos visibilizadas/os e hiper-disciplinadas/os nos contextos escolares da África do Sul. Certamente, um fenômeno que advém tanto das colonialidades, de maneira geral, quan-

---

[131] Originalmente, o trecho citado foi escrito da seguinte maneira: *"Colonialities present themselves in the presence of white norms, values and centring in 20% of South African schools explicitly and all South African schools in more subtle ways and intersecting with capitalist, patriarchal norms and values. It exists in classroom, assembly and corridor dynamics, policies, extra-curricula's and teacher-learner-parent relations which simultaneously over-discipline, undervalue and neglect Black South African learners"*.

to das políticas de apartheid implementadas (MODIRI, 2012; RATELE, 2010), conforme refleti a respeito no capítulo em que discuto as facetas da branquitude no território e em que destaco, dentre as categorias que criei, a garantia de direitos, que é sistematicamente negada à população negra sul-africana até os dias de hoje.

Durante nosso diálogo presencial, Ella também discorreu sobre os livros didáticos utilizados nas salas de aula sul-africanas. Segundo ela, esses materiais sofreram uma espécie de "limpeza" com valores próprios da branquitude e também do capitalismo, pois apesar de citarem histórias de personalidades combativas (inclusive socialistas), o fazem de um modo a mobilizar as/os estudantes a acreditar que podem transformar o mundo, mas sem ter que romper com o sistema vigente. A seguir, destaco este momento da conversa:

> "Os livros didáticos na África do Sul são escritos de uma forma muito liberal. Então, tudo é enquadrado em uma espécie de tradição capitalista e liberal silenciosa, então tem sido uma coisa estranha, onde eles falam sobre pessoas muito famosas, personalidades famosas, mas completamente fora de contexto. Mesmo que eles mencionem que esses líderes eram socialistas, eles vão fazer isso de uma forma muito neoliberal, dando a ideia de que você pode transformar o mundo, mas sem a estrutura que está por trás do sistema. Há uma lavagem branca e capitalista. (...) Não há enunciados sobre decolonização ou interseccionalidade, por exemplo" (T.A.)[132].

Dentro de uma mesma leitura crítica, Paulista também observa a educação eurocêntrica enquanto um problema nos currículos sul-africanos. Ele relata que, mesmo com os esforços já empreendidos para configurar os conteúdos didático-pedagógicos a terem uma ligação mais direta com a cultura do país, o que ele identifica é uma abordagem eurocentrada e, mais especificamente, britânica. Paralelamente a isso, o educador também pontua que ele próprio se enxerga mais como Tswana (com base em seu pertencimento étnico) do que como sul-africano (sua nacionalidade). O trecho a seguir foi parte de nosso diálogo presencial:

---

[132] A versão original do excerto pode ser lida a seguir: *"The textbooks in South Africa are written in a very liberal way. So everything is framed in a kind of quiet capitalistic, liberal tradition, so it's been a weird thing where they will speak about very famous people, famous personalities, but completely out of context. Even if they mention that those leaders were socialists, they will make it a very neoliberal way, giving the idea that you can transform the world, but without the structure that is behind the system. It's white and capitalistic washed. (...) There will be no statement about decolonization or intersectionality, for example".*

> "Então eu diria que há uma desconexão, como um amor por ideias inglesas ou britânicas e eurocêntricas no currículo. Ainda estamos obcecados com isso. Não estamos prontos para fazer uma ruptura decisiva com a fixação eurocêntrica do currículo, porque, quando você confere o currículo, ele é bem britânico. Eles tentaram torná-lo sul-africano. Na verdade, é bem difícil identificar o que é significativo porque, tipo, mesmo para mim, quero dizer, sou mais Tswana do que sul-africano" (T.A.)[133].

Paulista, em sua declaração, afirma haver uma "fixação eurocêntrica" nos currículos sul-africanos, uma vez que ainda estão impregnados de ideias inglesas ou britânicas, principalmente. Novamente, se observam as reminiscências do colonialismo interagindo na sociedade e, especialmente, na educação do país (VALLY, 2020). Inclusive, outra educadora que participou da pesquisa em Joanesburgo, em nosso diálogo presencial, também trouxe à tona a necessidade de estabelecer processos de leitura crítica a fim de decolonizar os currículos. Autonomeada como Melissa, a educadora se autodeclara uma mulher cisgênera e lésbica, tem cerca de 30 anos de idade e se reconhece racialmente como *Coloured* (em uma aproximação com o contexto brasileiro, poderíamos traduzir o termo livremente para "parda", de acordo com as categorias de raça/cor do Censo do IBGE). Ela afirma ter nascido em uma família bastante miscigenada e, por isso, trata seus e suas estudantes da mesma maneira, independentemente de suas pertenças étnico-raciais[134]. Eis a declaração de Melissa:

> "Nos disseram que, oh, houve uma corrida do ouro em Kimberley, e o ouro foi encontrado. Agora, as crianças estão dizendo: 'não, mas o ouro não foi encontrado. Estava lá. Simplesmente não estava sendo superestimado. Os africanos sabiam que tinham ouro'. (...) Então vamos seguir em frente, se elas quiserem incluir um conceito, vamos trabalhar nele. Refinar a ideia.

---

133 A versão original do trecho destacado pode ser lida a seguir: *"So I would say there's a disconnection, like a love for English or British and Eurocentric ideas in the curriculum. We're still obsessed about it. We're not ready to do a decisive break with the Eurocentric hold on the curriculum, because, when you check the curriculum, it is quite british. They did try to make it South African. In fact, it's quite difficult to identify what is significant because, like, even for me, I mean, I am more Tsuana than South African".*

134 Acerca dessa alegação, destaco o trecho do diálogo em que Melissa discorre sobre si e seus/suas estudantes. Ela afirma: *"Sou uma filha muito mestiça e tenho tantas cores diferentes na minha própria família que quando vejo minhas crianças na aula, eles/as não parecem diferentes. Não há nada diferente. Todos/as recebem o mesmo tratamento".* Originalmente, o excerto pode ser lido como segue: *"I'm a very mixed child and I've got so many different colors in my own family that when I see my kids in class, they don't look any different. There's nothing different. They all get the same treatment".*

> 'Deixe-me ver o que você quer dizer'. Porque elas estão se responsabilizando pela educação. Elas sabem o que querem aprender" (T.A.)[135].

Melissa é educadora da nona série em uma escola pública, majoritariamente formada por pessoas negras e com estudantes que se deslocam de áreas periféricas, como *Soweto*, para estudar, por considerarem esta escola mais qualificada. Com base em seu depoimento, observa-se que, assim como ela afirma, os/as estudantes atuais já estão possuem uma leitura crítica em relação a como os conteúdos são apresentados nos currículos. Daí o questionamento deles/as em relação ao período histórico da corrida para encontrar ouro em *Kimberley*, na região de *Northern Cape*, por exemplo.

Em relação aos conteúdos ensinados, Melissa – assim como seus e suas estudantes – também critica o que vem sendo ensinado/aprendido nas escolas sul-africanas, atuando como educadora no laboratório de informática da escola. No que diz respeito ao ensino de literatura, por exemplo, ela afirma que daria um basta à prevalência de estudos de obras de William Shakespeare e passaria a oportunizar esses conteúdos apenas na universidade como disciplina eletiva. Como ela própria explicita, seus questionamentos dizem respeito a não apenas a influência britânica nos currículos, como também às mensagens que são transmitidas a estudantes que leem alguns dos escritos shakespearianos:

> "Eu removeria Shakespeare para sempre. E então a pessoa poderia estudar Shakespeare como algo eletivo na universidade porque ela escolheu. Mas então a questão é: com o que eu substituiria Shakespeare? Porque, para mim, a história de Shakespeare é a do amor trágico. Mas se você pensar sobre isso, isso era amor tóxico. E Shakespeare está ensinando às crianças que você pode se sacrificar física, mental e emocionalmente pelo seu trabalho. E está tudo bem. Sacrificar-se é lindo. Você deveria fazer isso, se é amor, esse é o modelo. E é por isso que nossos filhos estão no espaço que estão agora por causa desses ensinamentos. Você não pode aceitar esse tipo de amor. Não sei com o que eu a substituiria, mas precisa haver uma história de amor melhor, uma história de amor próprio que possa ser traduzida para nossos amigos, nossa família e nossos colegas" (T.A.)[136].

---

[135] O trecho destacado pode ser lido, originalmente, a seguir: *"You know, we were told that, oh, but there was a gold rush in Kimberley, gold was found. And now children are saying 'no, but gold was not found. It was there. It just wasn't being overmind. The Africans knew they had gold'. So let's go forward and if they want to include a concept, let's work on it. Redefine this idea. 'Let me see what you mean'. Because they are taking charge of the education. They know what they want to learn".*

[136] A versão original do excerto destacado é a seguinte: *"I would remove Shakespeare for good. And then you can do Shakespeare as an elective in university because you've chosen it. But then the question is, what would I replace Shakespeare with? Because for*

Repensar os currículos e refletir quais seriam as modificações necessárias para que estes ganhassem novos sentidos entre as/os estudantes é parte integrante do pensamento decolonial na educação. Tal exercício deve acontecer em todos os âmbitos que se relacionam com as escolas. Melissa fez um outro alerta, em um depoimento que enviou, via questionário on-line, ao declarar que, no sistema de educação atual, os arquivos com dados das/dos estudantes são organizados por cores e, no caso de estudante africano/a "estrangeiro/a", há uma sinalização em cor vermelha em suas pastas[137] (BARRACLOUGH, 2021; GQOLA, 2016).

Decolonizar a educação, portanto, não significa retirar tudo o que representa o colonialismo dos livros, mas estabelecer um equilíbrio sobre o que é ensinado e também redefinir as formas como se ensina esse ou aquele aspecto cultural, histórico ou social nas escolas (ANJOS; GUEDES, 2021; YANCY, 2012). Nesse sentido, julgo relevante trazer a reflexão realizada pelo quinto e último educador que participou da pesquisa de campo. Trata-se de Clegg, um homem autodeclarado cisgênero e indiano (*Indian*), com mais de 50 anos de idade, que acumula 34 anos de experiência como docente da língua inglesa e que teve experiências, como educador, durante o apartheid, em um vilarejo e também na mesma escola em que leciona até os dias atuais. Essa escola de educação infantil em que ele está atualmente era exclusivamente indiana (e foi criada durante o apartheid com o objetivo de ensinar apenas estudantes indianos/as), mas, agora, é majoritariamente negra, porque a comunidade indiana passou a acreditar que a escola não era mais tão confiável quando passou a contar com estudantes de outras raças e etnias. A seguir, destaco um trecho da reflexão de Clegg:

> *"Mas agora, com o currículo atual, você precisa conhecer sua própria história primeiro. Mas acho que também é importante conhecer a história de outras culturas, países, tudo isso, para você expandir. Então, coisas como a Primeira Guerra Mundial, Segunda Guerra Mundial... E acho que, às*

me, the story about Shakespeare is the tragic love. But if you think about it, that was toxic love. And Shakespeare is teaching children that you can sacrifice yourself physically, mentally and emotionally for your work. And it's fine. Sacrificing yourself is beautiful. You're supposed to do it, if it's love, that's the model. And that is why our children are in the space they are now because of those teachings. You cannot accept that type of love. I don't know what I would replace it with, but there needs to be a better love story, a self love story that can translate over to our friends and our family and our colleagues".

[137] O relato, originalmente, redigido por Melissa foi enviado da seguinte maneira: "(...) *their personal information files are marked by colour, one interesting one is red files for "foreign" African learners".*

vezes, o impulso para querer mudar o currículo é torná-lo apenas sul-africano. É o outro extremo, acho que tem que haver um equilíbrio" (T.A.)[138].

A posição que Clegg assume é a de confrontar possíveis radicalismos em relação à decolonialidade dos currículos na África do Sul, todavia, isso não significa que, assim como as/os demais educadoras/es com quem dialoguei, ele não seja a favor do estabelecimento de um currículo decolonial no país. Prova disso é que a maioria das/os participantes, ao responder o questionário on-line, escolheu a opção "extremamente importante" no que diz respeito ao estabelecimento de uma educação decolonial tanto na África do Sul, quanto em Joanesburgo. Apenas uma pessoa escolheu a opção "importante", quando indagada sobre a educação na cidade pesquisada, porém, ainda assim, é possível perceber que houve unanimidade em relação à relevância desse processo. Uma maneira de ilustrar essa necessidade foi apontada por Clegg, em nossa conversa, quando declarou:

> "É uma atitude arrogante que alguns professores e pais e a sociedade têm como se Cambridge fosse assim, este é um sistema tão bom, é assim, mas eu não acho que seja apropriado para nós, especialmente para crianças africanas. Por que não? Por terem muito pouca oportunidade de serem expostas àquele estilo de vida. É um equívoco" (T.A.)[139].

Portanto, propor uma educação decolonial nas escolas sul-africanas também pressupõe a decolonização dos sistemas de ensino escolhidos pelo governo do país que, de acordo com o educador, ainda supervaloriza modos de aprender e de ensinar britânicos, daí a influência de Cambridge nos materiais pedagógicos utilizados (HUNTER, 2019). É notório que, quando Clegg clama por um equilíbrio nos currículos, para que não seja apenas sul-africano, não está também defendendo a lógica oposta, ou seja, o não referenciamento a nenhum dado cultural do país. Tanto é que sua primeira experiência enquanto educador

---

[138] A versão original do trecho destacado está descrita a seguir: *"But now, with the curriculum now, you need to know your own history first. But I think it's also important to know the history of other cultures, countries, all of it, so you expand outwards. So things like the First World War, Second World War… And I think, sometimes, the push for wanting to change the curriculum is to make it only South African. It's the other extreme, I think there has to be a balance".*

[139] Originalmente, o excerto pode ser lido a seguir: *"It's an arrogant attitude that some of the teachers and parents and society holds as if Cambridge is like, this is such a good system, it's this way, but I don't think it is, I don't think it's appropriate for us, especially for African children. Why not? To have very little opportunity to be exposed to that kind of life. It's a misconception".*

ocorreu durante o apartheid, em uma escola indiana no interior do país, e ele era contra as normas estabelecidas naquela época, como se pode verificar no excerto a seguir:

> "Eventualmente, quando nos qualificávamos, o governo nos mandava para áreas muito remotas. Então eu estava ensinando no caminho para Moçambique, em um lugar chamado Lydenburg. Agora o nome [dessa localidade] está mudando. Então eu ensinei em uma escola, que tinha apenas três salas de aula e 40 crianças. (...) Uma comunidade muito pequena. E foi a mando do departamento de Indian Affairs, porque na época tudo era separado. Então você tinha que ensinar em uma escola indiana, o que eu não gostava muito. Mas foi assim. (...) Então seus movimentos eram restritos em termos do que você ensinava. Era muito restrito. Você não podia falar sobre Nelson Mandela, você não podia falar sobre o ANC, sobre qualquer movimento de libertação, você não podia falar sobre ninguém que mostrasse ideias progressistas que se opunham às visões do governo. (...) Conheço pessoas que foram demitidas e perderam o emprego, porque fizeram isso" (T.A.)[140].

O discurso de Clegg sugere que sua busca por um currículo que seja decolonial, mas que também tenha equilíbrio, talvez esteja relacionada aos tempos em que lecionou durante o apartheid e o que via eram radicalismos por parte do governo da época, os quais impactavam diretamente a educação sul-africana. Ainda sobre esse momento histórico, tanto para o país quanto para o próprio Clegg, em nosso diálogo, ele também lembrou de um importante acontecimento: o primeiro estudante negro – Solomon Mahlangu – foi admitido, em 1991, na escola em que leciona. Tratava-se de um período derradeiro da política do apartheid na África do Sul, que veio abaixo, oficialmente, em 1994, com a eleição democrática de Nelson Mandela à presidência. Acerca disso, Clegg declarou o seguinte:

> "A equipe conseguiu vencer. Sim, porque estávamos desafiando [o sistema]. Você vê, mesmo que eu não fosse corajoso, nós devíamos isso às pessoas para serem educadas. (...) Caso contrário, seriam todos educadores/as indianos/

---

[140] A versão original do excerto destacado está descrita a seguir: "*Eventually, when we did qualify, the government then shunted us out into very remote areas. So I was teaching out on your way to Mozambique, there's a place called Lydenburg. Now the name is changing. So I taught in a school, which had just three classrooms and 40 children. (...) A very small community. And it was under the Indian Affairs, that time they were separated. So you had to teach in an Indian school, which I wasn't too keen on. But that's how it was. (...) So your movements were restricted in terms of what you taught. It was very restricted. You couldn't talk about Nelson Mandela, you wouldn't talk about the ANC, about any liberation movement, you couldn't talk about anyone that showed progressive ideas that were opposed to government views. (...) I know people who were fired and lost their jobs, because they did that*".

as, todas as crianças indianas. Parece bonito. Quando expliquei um pouco disso para alguns professores indianos, eles achavam que era um sonho, mas, para mim, era um crime" (T.A.)[141].

No entanto, é importante ressaltar que a admissão de Solomon Mahlangu não foi simples de ser efetivada, até porque, conforme conta Clegg, um grupo de educadores/as da escola teve que se juntar para comprar uniforme para o estudante, e cuidaram para que ele se mantivesse na escola até completar o ensino médio. A comunidade escolar, até então, exclusivamente indiana, não via com bons olhos a chegada de estudantes de outras pertenças étnico-raciais na escola em que Clegg leciona, conforme relata a seguir:

> "Tivemos que enfrentar muita resistência. Resistência do departamento [de educação] e resistência de algumas pessoas da comunidade indiana, porque queríamos aceitar crianças negras. Elas sentiam como se, ao aceitarmos crianças negras, seus filhos fossem começar a falar com sotaque africano, que era visto como sendo, você sabe, uma forma muito degradante de falar. Elas achavam que poderiam trazer doenças para seus filhos, tudo isso. Mas antes disso, eventualmente, tivemos esse estudante que foi aceito" (T.A.)[142].
>
> "Havia uma presença razoável de racismo, para ser honesto, entre crianças indianas que deixaram as escolas para viajar para os subúrbios de Randburg para escolas predominantemente brancas. (...) Então havia uma crença entre professores negros, pais negros, que a educação indiana dos professores indianos, em Lenasia, garantia uma boa escolarização, eles ainda acreditam que os professores são mais comprometidos, eles são mais bem formados. (...) E alguns professores indianos também achavam que não era mais viável dar aula lá, porque [a escola] havia enegrecido" (T.A.)[143].

---

[141] A versão original do trecho destacado pode ser verificada a seguir: "The team managed to win. Yes, because we were challenging [the system]. You see if I, well, wasn't brave, it was that we owed it to people to be educated. (...) Otherwise, it'd be all Indian teachers, all Indian children. Sounds beautiful. When I explained some of this to some of the Indian teachers, they thought it was a dream, but, for me, it was a crime".

[142] Originalmente, o depoimento pode ser lido como segue: "We had to face so much resistance. Resistance from the department [of education] and resistance from some people in the Indian community, because we wanted to accept black children. They felt as if we accepted black children, their children would start speaking with the African accent which was looked upon as being, you know, a very demeaning kind of way of speaking. They felt that they would bring in diseases to their children, all of that. But before that, eventually, we had this child that was accepted".

[143] Em sua versão original, o trecho pode ser lido como segue: "There was a fair amount of racism, to be honest, with Indian children who left the schools to travel out to the suburbs in Randburg to predominantly white schools. (...) So there was a belief among black teachers, black parents, that Indian education of Indian teachers in Lenasia provi-

Uma possível explicação para esse tipo de comportamento de pais indianos e de mães indianas pode estar relacionada a uma das categorias sobre a qual me debrucei, neste trabalho, que diz respeito à pureza que a branquitude acredita ter (RATELE, 2010). Nesse caso específico, não se trata de pessoas brancas, mas é sabido que, no contexto sul-africano, a população indiana, mesmo que também tenha sofrido perseguições durante o apartheid, ainda assim era vista como superior às populações preta e mestiça, mesmo tendo sido submetida à colonização britânica. Também é possível perceber, nessa declaração de Clegg, a presença de outra categoria, que identifiquei como "distanciamento". Isso acontece quando pessoas que se sentem superiores preferem se distanciar daquelas que consideram inferiores (RESANE, 2021). Inclusive, destaquei esses pontos, quando discorri sobre as facetas da branquitude durante os períodos de apartheid e do pós-apartheid sul-africano.

Para garantir o distanciamento de estudantes brancas/os de outros grupos étnico-raciais, o educador Paulista aponta para o que ele define como White flight. Esse "voo branco" acontece em escolas que eram, durante o apartheid, originalmente compostas apenas por estudantes brancas/os e, com o fim da segregação racial oficial, migraram para outras escolas, quando aquelas que frequentavam passaram a receber estudantes negras/os e mestiças/os. Essas escolas ficaram conhecidas como *"Model C"*, por terem se tornado espaços mistos, a priori. Na escola em que Paulista leciona, onde também foi estudante, esse fenômeno ocorreu, conforme ele aponta a seguir:

> *"O que eu também percebo é que existe algo chamado 'voo branco'. Então, como os negros estão entrando nessas escolas. Nós somos [eu também fui aluno desta escola] a última geração a realmente frequentar esta escola, por volta de 2000 e 2010, com crianças brancas, e então as crianças brancas deixaram a escola"* (T.A.)[144].

Enquanto pesquisadora que viveu na cidade de Joanesburgo por mais de um ano, observo que estas são marcas de uma sociedade e de um sistema

---

ded good schooling, they still believe that the teachers are more committed, they are better trained. (...) And some Indian teachers also believed they couldn't teach there anymore, since it [the school] became blacker".

[144] A versão original do relato destacado pode ser lida como segue: *"What I also realize is that there's something called white flight. So as black people are coming into these schools. We are [I was also a student at this school] the last generation to really attend this school, around 2000 and 2010, with white children, and then the white children left the school"*.

educacional que não chegaram ao ponto de serem totalmente antirracistas, conforme se observa nas respostas das/dos participantes da pesquisa em outras duas perguntas do questionário on-line: "Em que medida a educação de seu país pode ser considerada como sendo um exemplo de educação antirracista? Indique um valor de 1 a 5, sendo 5 extremamente representativa e 1 totalmente não representativa" e "Em que medida a educação da CIDADE em que atua pode ser considerada como sendo um exemplo de educação antirracista? Indique um valor de 1 a 5, sendo 5 extremamente representativa e 1 totalmente não representativa".

Apesar de a maioria das/os respondentes considerarem a educação antirracista como bem representada na educação sul-africana e, mais especificamente, naquela implementada em Joanesburgo, opiniões díspares entre as/os educadoras/es existem, como, por exemplo, na escolha pela opção "extremamente representativa" em detrimento à opção "pouco representativa" no que diz respeito ao país. Já em relação à cidade, também se observam duas opiniões bastante distintas, em que uma pessoa selecionou a opção "extremamente representativa" e outra optou por "não representativa". Esses registros são ilustrativos da realidade ainda vívida de quebra iminente de paradigmas nos processos educacionais locais.

Por conseguinte, uma das categorias da branquitude que precisa vir a ser derrubada, no contexto sul-africano, é a de *White Talk* (STEYN, 2004), discutida em capítulos anteriores. Em relação a esse ponto, a educadora Ella fez um relato, durante nosso encontro, interessante de ser mencionado a seguir:

> *"O racismo sutil em sala de aula, em uma escola de professores brancos, toda a dinâmica da sala de aula, da qual as crianças estão acostumadas, é moldada. Normalmente encontro crianças brancas com as mãos levantadas, que querem perguntar coisas, crianças brancas que são mais confiantes e que desenvolveram hábitos reforçados pelos adultos, o que significa que interrompem bastante. Eles não se desculpam, não estão preparados para ouvir e considerar os comentários de seus pares negros, também válidos. É injusto"* (T.A.)[145].

Pelas situações descritas pela educadora Ella, é possível depreender que estudantes brancas/os tendem a ser encorajadas/os pelas dinâmicas da

---

[145] A versão original do depoimento citada encontra-se a seguir: *"The subtle racism in classroom, in a white teaching staff school, is shaped by the whole dynamics of a classroom that the kids are used to. I usually would find white children whose hands are up, who want to ask stuff, white children who are more confident and they have developed habits reinforced by adults, which means that they interrupt quite a bit. They're not sorry, equipped to listen, and to consider their black peers' comments are also valid. It is unfair".*

branquitude em sala de aula e também por reforço parental. Tais hábitos podem ser construídos por pessoas (pais e demais familiares) que tiveram acesso à cultura escolar e aos rituais da cultura hegemônica eurocentrada. O enunciado "é injusto", ao final de sua fala, produz sentidos da dimensão da desigualdade institucionalizada entre estudantes negros e brancos e sua estruturação sobre a base do discurso das colonialidades. Por isso, a forma como estudantes brancas/os podem interagir e reagir a comentários que não sejam de seus pares em termos étnico-raciais. Traçando um paralelo com esse tipo de comportamento, observei que o mesmo acontece com o enaltecimento da língua inglesa – principal idioma nas escolas sul-africanas –, bem como com a supervalorização do chamado White tone (HUNTER, 2019), que poderia ser traduzido para "sotaque branco" ou "falar como uma pessoa branca", sobre o qual também discorri anteriormente, como uma das facetas da branquitude no país.

O grupo de educadoras/es com as/os quais dialoguei apresentou críticas recorrentes em relação a esse fenômeno social. Clegg, mesmo sendo professor de inglês, também aponta esse fator como um problema da realidade sul-africana, conforme segue:

> *"Então esse é o juiz de um julgamento. E eles vão dizer não, não vamos levar você a sério porque seu inglês não é tão bom assim. Mas, você sabe, a linguagem é apenas um meio de comunicação. E então eles querem falar, então eles querem ler aqueles livros europeus porque está no inglês da Rainha, Shakespeare ou qualquer outra coisa. (...) Mas aí vem uma pessoa que fala no noticiário, um negro que está tentando se explicar sobre o porquê de estar dormindo na rua ou por que está protestando contra as invasões de terra. E ele fala uma língua e é considerada fraca. Então você vê que as pessoas riem por causa da maneira como ele fala"* (T.A.)[146].

Como uma forma de se contrapor a essa obrigatoriedade em falar inglês nas escolas, Melissa também trouxe um questionamento, em nossa conversa, que destaco a seguir:

---

[146] Originalmente, o depoimento citado foi dito da seguinte maneira: *"So that's the judge of a judgement. And they will say no, we won't take you seriously because your English is not all that great. But, you know, language is just a mean of communication expediency. And then they want to speak so they want to read those European books because it's in the Queen's English, Shakespeare or whatever. (...) But here's the person speaking on the news, a black person who's trying to explain himself about why he's sleeping on the street or why he's protesting against land invasions. And he speaks a language and it's weak. So you see they laugh because of the way he says it"*.

> *"Poderia haver ensino em Zulu. Por que não? Em Pedi, em Xhosa... Mas o inglês como língua global. (...) E o inglês e o afrikaans são os únicos que são obrigatórios. Além de matemática e orientação para a vida"* (T.A.)[147].

Nessa reflexão de Melissa, é possível observar que, para além do inglês, apenas o afrikaans é língua obrigatória na maioria das escolas sul-africanas, o que causa uma série de dificuldades para estudantes e provoca abusos por parte de docentes africânderes:

> *"Eles [estudantes] não sabem o que as palavras significam. E se você está sentado em uma aula em africâner, você simplesmente passa pela sala (...) e ainda associam essa linguagem ao apartheid. Então você tem essa associação, você tem principalmente entre professores de afrikaans os instigadores de punições. E você tem que aprender, senão é criticado por não se sair bem. E os professores de afrikaans não têm vergonha de dizer a você, sim, você é um idiota, na frente de todos, durante a aula. Eu observei muitos deles no ano passado porque costumávamos dar uma volta e fazer o acompanhamento de temperatura corporal durante as aulas. Era teatral"* (T.A.)[148].

No discurso acima, é possível observar o domínio da língua do "antigo opressor" como ponto de diferenciação e distinção entre as/os estudantes. Quem não fala ou compreende a língua afrikaans pode chegar a sofrer agressões morais e verbais, uma lógica injusta em um país que possui 11 idiomas oficiais. Língua é poder e esse poder é exercido por meio do prestígio ou da desqualificação social que um determinado idioma recebe socialmente (BAKHTIN; VOLÓCHINOV, 1988). Há empecilhos que a língua inglesa impõe também em escolas formadas apenas por estudantes de um mesmo espectro racial, como é o caso da escola de F.Talk. Na unidade escolar em que trabalha, mesmo tendo apenas estudantes negras/os, o fato de haver diferentes etnias em sala provoca dificuldades:

> *"Estou ensinando apenas alunos negros. Mas temos etnias diferentes. Então vem o choque de línguas, então isso significa para nós, negros, ter que fazer*

---

[147] O trecho destacado pode ser lido a seguir: *"There could be education in Zulu. Why not? In Pedi, in Xhosa... But English as a global language. (...) And English and Afrikaans are the only ones that are an obligation. Apart from mathematics and life orientation"*.

[148] A versão original do excerto que citei está apresentada a seguir: *"They [students] don't know what the words mean. And if you're sitting in an Afrikaans lecture, you just walk by the class (...) and so they associate this language with apartheid. So you've got this association, you've got mostly the Afrikaans teachers who are the instigators of punishments. And you have to learn and then you're criticized for not doing well. And Afrikaans teachers are unashamed about telling you, yes, you are a dumbhead, in front of everyone, during class. I've observed too many of them last year because we used to go around and do the temperature screenings during lessons. It was theatrical"*.

a equação com o inglês, é sempre um problema para todos nós. Então, na aula, a gente se choca com as ideias, a gente não se entende, eles não me entendem. Eu não os entendo. Então, é tão injusto. (...) Estou dando aula na quarta série. É a primeira vez que eles vão para o inglês, então eu sinto que é quando eles experimentam a opressão do inglês, porque eles não entendem porque deveriam falar inglês. O que há de errado com o meu idioma? Eles não podem explicar e nós professores também não podemos explicar. Nós apenas dizemos a eles que precisamos estudar isso em inglês. (...) Eu quebro as regras porque quando a gente traduz para a língua deles, eles entendem, e quando é traduzido para o inglês, eles ficam presos, eles se sentem burros e não são burros, claro" (T.A.)[149].

Essa mesma criticidade é estabelecida pelo educador Paulista, como se observa no poema que ele redigiu, como produção educomunicativa da pesquisa e que apresento como encerramento do percurso de análise de discursos e de temas no contexto sul-africano.

Poem against racism - By Paulista
Racism is a cankerous sore to society,
It is ruining futures and lives,
Racism is a deep wound to the black diasporas.

Racism needs to be dealt with,
Whiteness needs to be interrogated,
White supremacy needs to be criminalized,
Colourism should no longer be the standard in society.

We as people need to come together,
Work against racial injustices in all corners,
Fight together to create a just society where freedom,
love and tolerance
Will reign supreme.

---

[149] Originalmente, o relato pode ser lido da seguinte forma: "*I'm teaching only black students. But we have different ethnicities. So there comes the clash of languages, so that means for us, blacks, having to do an equation with English, it is always a problem for all of us. So, in class, we clash with ideas, we don't understand one another, they don't understand me. I don't understand them. So, it's so unfair. (...) I'm teaching grade four. It's the first time they go to English so I feel like that's when they experience the oppression of English, because they don't understand why they are supposed to speak with English. What's wrong with my language? Why is that? They can't explain and we teachers can't explain. We just tell them that we need to study this in English. (...) I break the rules because when we translate to their language, they understand, and when it is translated to English, the get stuck, they feel stupid and they're not stupid, of course*".

Poema contra o racismo - Por Paulista (T.A.)

O racismo é uma chaga da sociedade,
Está arruinando futuros e vidas,
O racismo é uma ferida profunda nas diásporas negras.

O racismo precisa ser combatido
A branquitude precisa ser interrogada,
A supremacia branca precisa ser criminalizada,
O colorismo não deve mais ser o padrão na sociedade.

Nós, como pessoas, precisamos nos unir,
Trabalhar contra as injustiças raciais em todos os cantos,
Lutar juntos para criar uma sociedade justa onde a liberdade,
amor e tolerância
Reinarão supremos.

COM A PALAVRA, EDUCADORAS/ES DE MAPUTO

> *"Tenho história, contos, lendas, que atravessam o meu ser, mas a branquitude está patente no meu subconsciente.*
> *Foi assim que me senti ao assistir aos filmes, o que mais me tocou foi o "M-8". Este filme despertou em mim muita coisa (como a minha cor de pele revela sobre o meu eu). A partir das acções do filme, aprendi e aprendo que o currículo tem a sua originalidade colonial, pois tenho cultura, tradições que não foram e nem estão registados, possibilitando a influência cada vez mais para que a branquitude e a colonialidade sejam o modelo-padrão adequado para a aprendizagem.*
> *O que a branquitude e a colonialidade trazem ganham sentido para mim, à medida que aprendo com o currículo-padrão, vou fortalecendo a minha significação, construindo em colectivo, criando a possibilidade de acabamento implícito no entendimento e na construção do conhecimento.*
> *É possível se desenhar um currículo com marcas tradicionais por meio de material da colonialidade que é exposta dos exercícios e das experimentações, esses elementos vão fazer uma ligação da colonialidade, branquitude e aquilo que é nosso, tornando evidente que a interacção entre estes é possível, de salientar que não posso fugir da colonialidade nem da branquitude, pois são uma parte de mim (nós), atravessam aquilo que possuo como texturas que mexem com as nossas vidas, não só na escola, mas também na família, criando um campo vasto e rico em cooperação, sem que haja imposição e descrédito do que vou chamar de currículo nacional.*
> *Temos em algumas regiões do país o currículo local, neste estão patentes conteúdos que são vivenciados localmente, tal como hábitos e costumes. Neste currículo, a branquitude e a colonialidade não vigoram assim tanto como no currículo usado na cidade-capital de Maputo"*[150]

O depoimento acima foi enviado a mim, como resultado da produção educomunicativa de Mufuki, autodeclarada cisgênera e negra, que leciona para a quinta classe, no ensino fundamental II e público de Maputo. A educadora tem Mestrado em Ciências da Educação pela Universidade Federal do Rio Grande do Sul e acumula 18 anos de experiência em seu ofício, com cerca de 45 anos de idade. Com base em seu texto, acima descrito, é possível perceber que ela faz críticas à presença da branquitude na sociedade moçambicana, como, por exemplo, quando afirma que, apesar dela própria carregar, em sua constituição identitária, histórias, lendas e contos tradicionais, a branquitude atravessa o seu ser, pois está em seu inconsciente. Nesse sentido, Mufuki ressalta que, inevitavelmente, os currículos do país também são transversalizados por valores atribuídos à branquitude e resultantes da reificação das colonialidades,

---

[150] A linguagem original, falada em Moçambique, será mantida, uma vez que é possível compreender o que se fala, apesar de algumas distinções entre o português moçambicano e o brasileiro.

principalmente quando empregados na capital moçambicana. Todavia, a educadora também aponta para a possibilidade de coexistência desses valores com conhecimentos, hábitos e costumes nacionais, que são resultado do legado de uma história carregada por tradições que ainda seguem igualmente vivas, tanto nos ambientes escolares como no seio familiar. Por fim, destaco a relevância do momento em que Mufuki relata ter tido um novo despertar sobre sua pertença étnico-racial, ao assistir um dos filmes sugeridos como parte da pesquisa.

Realizar a pesquisa de campo em Maputo trouxe um desafio: encontrar educadoras/es de diferentes pertenças étnico-raciais, que lecionassem em escolas públicas da cidade. Esse desafio foi tamanho a ponto de eu não ter conseguido encontrar nenhum/a educador/a branco/a ou indiano/a e, como consequência, conversei apenas com educadoras/es autodeclaradas/os negras/os e, em nenhum caso, houve uma exatidão em relação a uma categoria de cor/raça específica por parte delas/es. Isso alertou quanto à ausência de classificação racial dentre moçambicanas/os, apesar de a população do país ser formada também por grupos minoritários – mas existentes – de pessoas brancas, chinesas, indianas e outras socialmente lidas como mulatas/os (mestiças/os).

De todo modo, o grupo que aceitou participar do campo se comprometeu, dentro de suas limitações de tempo, a realizar todas as etapas da pesquisa. Um dos resultados que obtive, a partir do questionário on-line respondido após os encontros presenciais, diz respeito à presença de concepções coloniais nos modos de ser e estar nas culturas de Moçambique e de Maputo. Foi possível identificar uma gradação de opiniões dentre as/os educadoras/es, desde a opção pelo item "pouco perceptível" até por "muito presente", passando por "presente". Desse modo, pode-se aferir que há, em maior ou menor grau, a percepção geral de que, sim, as concepções coloniais ainda fazem parte das culturas do país e de sua capital (AMÂNCIO, 2020; NGOENHA, 2018). Acerca dessa existência, outra educadora com quem dialoguei, autonomeada como NBila, que se autodeclara mulher cisgênera e negra, com cerca de 30 anos de idade e nascida na província de Gaza, que atua na educação infantil em uma escola dentro do Instituto de Formação de Professores de Maputo, afirmou:

> *"Se calhar, posso dizer que o negro ainda não conseguiu esquecer aquilo que o colono deixou para nós. Aqueles momentos maus, fora da escravidão, aquilo tudo que foi o colonialismo. (...) Não posso dizer que já sofri racismo diretamente. Mas procuro mostrar que eu, com esta cor, faço tudo que você [uma pessoa branca] pode fazer."*

No trecho destacado, NBila é bastante direta sobre a permanência de concepções coloniais na sociedade moçambicana. Isso se observa quando a educadora afirma que "o negro ainda não conseguiu esquecer aquilo que o colono deixou". Ao fazer uma ponte com suas próprias experiências, ela ressalta que não chegou a vivenciar a experiência do racismo diretamente, mas que faz questão de demonstrar que pode fazer tudo o que uma pessoa branca – no caso, eu – está apta a fazer. Mesmo sem ter vivido uma situação de discriminação racial, a educadora se antecipa a essa possibilidade, ao se apresentar na sociedade como igualmente capaz em relação a uma pessoa branca. Esse comportamento está relacionado à categoria de inferiorização negra, discutida no capítulo sobre branquitude em Maputo.

A educadora Mufuki, durante nosso encontro presencial, também desenvolveu parte de sua narrativa em torno do processo de inferiorização da pessoa negra, um constructo não apenas relacionado às colonialidades como também à valorização da branquitude. O exemplo que ela traz foi despertado pelo filme "M-8", dirigido por Jeferson De. Eis seu relato:

> "O primeiro filme que assisti foi o "M-8", foi o que me chamou mais atenção. Me fez recordar a década de noventa aqui em Moçambique quando um estudante concorria para a faculdade de medicina e era negro, lá era perguntado quem é médico na família. E havia prova. Mas eram perguntados sobre isso. Agora já não é mais assim, mas, nos hospitais antes, a maioria era de indianos, agora já há mais médicos negros. Porque, em Moçambique, existiam cursos pra negros e cursos pros brancos. A maioria dos negros trabalhava, por exemplo, nas indústrias, eram operários porque a nossa educação, nessa altura da colonização, poucas pessoas eram alfabetizadas e as poucas pessoas alfabetizadas eram alfabetizadas pra serem professores, pra dar continuidade à alfabetização dos outros e não precisavam ter nível superior."

As situações descritas por Mufuki são representativas do passado colonial de Moçambique, mas também ecoam na contemporaneidade do país. Por ser um território majoritariamente negro, seria natural encontrar pessoas negras – de pele retinta – nas mais diferentes posições, inclusive de poder. No entanto, na prática, há ainda uma priorização de pessoas, quando negras, de pele mais clara, para ocuparem posições de destaque, como, por exemplo, em altos cargos de bancos e de grandes empresas; ou então de pessoas nacionais ou estrangeiras, mas com racialidades branca ou indiana. Inclusive, pessoas mestiças, em Moçambique, às vezes, são socialmente lidas como brancas, mesmo tendo características fenotípicas que remetem à negritude, apesar de sofrerem com estereotipias negativas relacionadas à criminalidade ou à falta de comprometimento, por vezes (RIBEIRO, 2012).

Quando perguntadas, via questionário on-line, sobre a presença da branquitude nas culturas moçambicana e maputense, percebi que houve uma variação na forma como as pessoas identificam o espaço ocupado pela branquitude na capital, pois cada um/a dos/as quatro educadores/as participantes selecionou uma opção diferente, tais como "pouco perceptível", "presente", "muito presente" e "extremamente presente". Já no que diz respeito ao país, a maioria escolheu a opção "presente" e apenas uma pessoa optou por "muito presente". Minha leitura é a de que essas respostas são ilustrativas do ainda quase inexistente debate sobre a presença e os impactos da branquitude nessa sociedade, por isso uma grande variação de respostas, no caso de Maputo, e a escolha da opção menos radical, aquela "do meio" (como a contida em "presente"), direcionada a Moçambique. Como parte dos dados obtidos também pelo questionário, Mufuki redigiu o seguinte:

> "A branquitude interfere de uma forma que ofusca aquilo que é a essência do original da nossa cultura e tradição. É percebido nos exemplos que são trazidos na aula, para percepção de alguma matéria."

Em seu relato, a educadora estabelece uma ponte entre a branquitude e a escola, quando ressalta que é possível perceber essa relação sendo estabelecida em alguns exemplos dados nas salas de aula, por parte do corpo docente, quando precisam explicar algum conteúdo de suas disciplinas. Em posição de concordância com Mufuki parece estar outro educador com quem dialoguei. Trata-se de Dzovo, um homem autodeclarado cisgênero e negro, com cerca de 35 anos de idade, que leciona para sextas classes, no ensino fundamental II, após ter se licenciado em Línguas Bantu pela Universidade Eduardo Mondlane, em Maputo. No momento, o educador dá aulas de matemática e de ciências naturais, mas almeja lecionar línguas moçambicanas em escolas bilíngues, uma vez que já tem trabalhado em parceria com o Ministério da Educação de Moçambique em projetos com esse fim. Como parte dos dados coletados, Dzovo redigiu a seguinte reflexão, em torno da presença da branquitude nas escolas públicas:

> "Todo valor da branquitude é muito exaltado nas escolas públicas, por isso qualquer que seja o comportamento a esse nível está certo e eleva-se."

A partir da reflexão de Dzovo é possível apreender que existe uma superexaltação de valores da branquitude em escolas públicas de Moçambique. Esse fenômeno está diretamente relacionado à categoria de supremacia branca (CASTELO, 2020), sobre a qual refleti no capítulo em que discuto sobre branquitude em Moçambique. Com base nessa categoria, tudo aquilo que advém da branquitude tem lugar de destaque e/ou é priorizado e, assim como aponta o educador, é interpretado como "correto", como se os modos de ser e de estar de populações brancas pudessem ocupar um lugar de referência a ser seguida, daí o processo de colonização ter sido desempenhado por elas, como muito se tentou provar, antes de serem propagados os estudos decoloniais e pós-coloniais mundo afora.

Ao traçar um paralelo com a realidade atual do ensino moçambicano, pode-se verificar que existem processos similares ao colonialismo, mas com uma nova roupagem, direcionada mais ao capitalismo e que se apresenta nos cotidianos de quem executa as políticas públicas educacionais em Moçambique. A influência determinante para financiamento de iniciativas educativas por parte de empresas ou organizações não governamentais é premente no território (CABRITA, 2020). Esse fenômeno foi apontado por Dzovo em nosso diálogo presencial, quando ele relatou:

> "Moçambique é um país de terceiro mundo. Sendo um país de terceiro mundo, ainda não tem cem por cento suas pernas para andar. Tudo o que acontece no âmbito da educação em Moçambique é doado e por apoios. E cada doador tem seu pensamento. Cada doador pode dizer: 'tenho vinte mil dólares e eu quero que introduzam o currículo Y' e esse currículo é Y não tem nada a ver conosco. Se eles nos ensinassem a pescar, podiam ir embora, nós ficávamos a pescar, mas não é interessante."

As organizações que financiam a educação moçambicana acabam por desenvolver um papel bastante parecido com o da figura do colonizador, que chega às terras que invadiu com receitas sobre como desenvolver aquele determinado território e não se vale dos conhecimentos locais, de forma justa e igualitária, quando ali está. E não fazem isso porque sabem que, ao somarem-se e ao estabelecerem parcerias equânimes com a população local, acabarão por perder o poder que exercem sobre aquela sociedade. Essa lógica está diretamente ligada à categoria de hegemonia (SCHWENGBER e CHICAVA, 2019), sobre a qual refleti no capítulo sobre a presença da branquitude em Moçambique.

A quarta e última educadora de Maputo que participou da pesquisa foi Teface, autodeclarada mulher cisgênera e negra, com cerca de 30 anos de idade, que leciona para a quarta classe em uma escola pública do ensino fundamental I de Maputo, além de ter se licenciado em Línguas Bantu, pela Universidade Eduardo Mondlane. Como uma de suas respostas ao questionário on-line, ela apresentou uma reflexão que poderia ser considerada oposta àquelas feitas por Mufuki e Dzovo, no entanto, ao ler seu depoimento, é notável que ela associou branquitude apenas à raça branca, à brancura enquanto fenótipo. Seu posicionamento em relação à existência de valores da branquitude nas escolas foi o seguinte:

> *"No cotidiano, a interferência de valores, no que tange a branquitude, é uma questão que se nota sem uma implicação nas escolas públicas, raras vezes encontra-se essa raça, os filhos de brancos estudam em escolas privadas."*

Apesar da simplificação do conceito de branquitude, é salutar destacar a realidade observada por Teface, quando ela nos conta que raramente se vê estudantes brancos/as em escolas públicas, uma vez que, por serem pessoas brancas, em geral, têm um nível social economicamente mais favorecido. Cabe ressaltar que, no enunciado acima, observamos um certo deslocamento em termos de resposta à pergunta. Efetivamente, a resposta "foge" do que foi solicitado. Entretanto, Mufuki faz um apontamento relevante, que destaco a seguir:

> *"É difícil apanhar, por exemplo, um branco numa escola pública, até que se pode apanhar, mas lá onde eu estou não tem, são todos negros, e eu trabalho em uma zona mestiça, mas não se apanha essas crianças lá. Aquela zona é uma zona de elite. As crianças de lá se deslocam, pois os pais não acreditam no ensino público. E, mesmo as que não podem pagar uma escola privada, preferem ir estudar em uma escola pública próxima que tem dois andares. Acreditam que, por ter escada, a escola é melhor, sabe?"*

Na mesma lógica de pensamento, também é possível identificar, em outro trecho da conversa que tive com a educadora Teface, a hipervisibilidade de pessoas brancas em Moçambique (HUMBANE; CHEMANE, 2021), como apresentado a seguir:

> *"Por causa da cor da minha pele, se entrarmos aqui [em um restaurante], a doutora que será a primeira a ser atendida. Mesmo aqui na estrada, se formos sair juntas, esses meninos de rua vão primeiro à doutora pra pedir antes de mim, a pensar na pele, acham que a cor é alguma coisa, exageram."*

Ao falar sobre possíveis situações que poderiam vir a ocorrer, durante nosso encontro presencial, Teface descreve como a hipervisibilidade é característica da branquitude, uma vez que eu, sendo pessoa branca, seria a primeira a ser atendida em um restaurante e também poderia ser a escolhida para conceder algum tipo de ajuda monetária a crianças em situação de rua, que estavam próximas do local da nossa conversa. Na mesma linha de pensamento, NBila – nascida em uma província do interior de Moçambique – também usou a mim para exemplificar o que poderia ocorrer, caso eu viajasse para Gaza, sua terra natal:

> "Nas províncias do interior, se você, como branca, chega lá, não vai comer aquela comida que se cozinhou para toda a família. Vai se fazer de tudo para procurar um animalzinho. Porque é branco não pode comer hortaliça. Tem que comer carne. E branco não pode dormir na esteira. Mesmo que não tenha cama, vai-se juntar mantas até que tenham um conforto, então são desses privilégios que falo."

Com base na exemplificação dada por NBila, é perceptível como simples situações do cotidiano são marcadas pela hipervisibilidade que caminha de mãos dadas com o usufruto de privilégios por parte de pessoas brancas, mesmo estas sendo exceções no território moçambicano. Todavia, é importante frisar que NBila faz uma diferenciação entre os privilégios que pessoas brancas usufruiriam no interior e na capital de Moçambique. Essa leitura pode ser observada em outro trecho da conversa que tivemos, quando ela faz uma comparação entre os "tempos do colono" e a realidade atual especificamente em Maputo:

> "Se entrasse um branco no chapa [transporte público mais utilizado em Moçambique], nos tempos do colono, ele tinha direito a um assento. Alguém tinha que sair. Naqueles bancos de espera, em que o acompanhante senta no hospital, se chegasse um branco, eu saía daquele lugar. E não precisaria falar nada. Bastava chegar. Mas já agora, a coisa é interessante: no chapa, se é para inclinar, inclinamos todos nós; no hospital, se é para ficar de pé, ficaremos de pé todos nós, então o colono deixou a ideia de que é sinal de respeito, mas o respeito tem que ser mútuo."

Os sentidos produzidos pelo discurso de NBila e os exemplos que utiliza mostram que, em sua leitura, quando se trata das relações estabelecidas entre pessoas de diferentes pertencimentos étnico-raciais, no cotidiano atual da capital moçambicana, não se observam mais as mesmas lógicas impostas pelos colonizadores, que se consideravam superiores às populações locais e, por isso, deveriam receber um tratamento diferenciado delas. Por outro lado, a mesma educadora, como parte dos resultados obtidos via questionário on-line, quando discorre sobre a existência de normas de uma educação eurocentrada, em seu país, demonstra ter um posicionamento crítico em relação à permanência dos valores coloniais no sistema educacional de Moçambique, como demonstrado a seguir:

> "Para o caso de Moçambique, as colonialidades determinaram os modos de ensinar desde os tempos remotos, disseminando de forma obrigatória a sua cultura com maior desvalorização da cultura moçambicana. Um dos exem-

plos disto está na forte desvalorização das nossas línguas, onde o colono chegou a chamá-las de "línguas de cão". Por conta disso, era obrigatório o uso da língua portuguesa nas escolas, o que deixou marcas inapagáveis da desvalorização das nossas línguas. Ainda é patente, até hoje, nas escolas, o forte desprezo do uso destas línguas."

De acordo com o depoimento de NBila, como consequência da colonização portuguesa em Moçambique, as línguas nacionais passaram a ser desvalorizadas – por um processo forçado pelos colonizadores, que chegaram a demonizá-las –, e que se segue até a atualidade, visto as lutas que vêm sendo enfrentadas por quem defende a existência do ensino bilíngue no país (NHAMPOCA, 2015; 2021). Quando indagadas/os, por meio do questionário on-line, sobre a possível influência de normas de uma educação eurocentrada nos currículos do país e da cidade de Maputo, os/as docentes também demonstraram algumas divergências de opiniões. Ao interpretar as informações, percebi que, mais uma vez, houve a gradação dos graus elencados pelas/os educadoras/es no que diz respeito às perguntas realizadas: "Em que medida o currículo de seu país é composto pelas normas de uma educação eurocentrada? Indique um valor de 1 a 5, sendo 5 extremamente presente e 1 inexistente" e "Em que medida o currículo da CIDADE em que atua é composto pelas normas de uma educação eurocentrada? Indique um valor de 1 a 5, sendo 5 extremamente presente e 1 inexistente". As respostas dadas formaram um leque de opções, que variou entre "pouco perceptível", "presente" e "muito presente". Ao relacionar as respostas a dois apontamentos feitos por educadoras que responderam o questionário on-line, é possível visualizar como suas impressões variam, conforme demonstro a seguir:

> Mufuki: *"As colonialidades determinam os modos de ensinar e de aprender, pois o currículo nacional foi desenhado tendo em conta os currículos coloniais que vigoravam no país, estes orientavam que matéria lecionar, como lecionar, a postura do aluno no recinto escolar, estas são algumas das questões que se verificam até hoje."*
> Teface: *"A questão de branquitude, desigualdade, preconceitos, racismo, xenofobia, na minha opinião, não determinam os modos de ensinar nem de aprender, uma vez que na escola onde actuo não se verifica esses aspectos, principalmente a questão de branquitude, o racismo e preconceito podem se notar, mas não de forma explícita."*

De um lado, Mufuki critica a presença das colonialidades nos currículos moçambicanos, por orientarem desde quais conteúdos ensinar e como fazê-lo, passando pelas normas rígidas que estudantes devem seguir em sala de aula; de outro, Teface afirma não identificar, de maneira explícita, resultados das colonialidades – como a branquitude, as desigualdades, os preconceitos, o racismo e a xenofobia – na unidade escolar em que trabalha. Há um distanciamento entre as percepções das educadoras, por mais que ambas atuem no mesmo sistema de ensino. Isso pode ocorrer tanto pelo fato de haver diferenciações entre uma escola e outra, quanto também pelo nível de criticidade estabelecida pelas profissionais em relação a seus ambientes de trabalho. Outro ponto que pode ser relevante de se destacar diz respeito à diferença de anos de docência entre elas. Ao passo que Mufuki soma quase 20 anos de profissão, Teface está no início de carreira. Talvez por isso, no diálogo presencial que tive com Mufuki, ela também destacou o seguinte:

> "Os nossos currículos não são originais. Nossos aqui são importados. Ainda tem alguns vestígios de colonos lá. A influência portuguesa ainda é patente. Apesar de algumas mudanças que vêm sendo feitas nos livros recentemente, com histórias ligadas à cultura moçambicana. (...) Eu diria que o currículo aqui é 80% eurocentrado."

Mufuki é contundente em relação à crítica que estabelece em torno dos currículos moçambicanos e sugere que os mesmos estejam com cerca de 80% de influência de princípios de uma educação eurocêntrica, uma vez que a influência portuguesa ainda é fortemente vista em materiais que apoiam os processos de ensino-aprendizagem, mesmo tendo, recentemente, passado por algumas modificações, como é o caso dos livros didáticos utilizados em salas de aula (CHIMBUTANE, 2018; SEVERO; SITOE; PEDRO, 2014).

Quando questionadas/os acerca da importância de se estabelecer uma educação decolonial em Moçambique e em Maputo, o resultado adquirido, via questionário on-line, apresentou divergências de opiniões entre as/os educadoras/es que participaram da pesquisa. No que diz respeito à necessidade de estabelecer procedimentos para propagar a educação decolonial em Moçambique, duas pessoas consideram essa ação como "importante", uma outra acredita ser "muito importante" e a última acredita ser "pouco relevante". As mesmas opções aparecem quando a pergunta era direcionada à educação em Maputo, com a diferença de que, nesse caso, foram duas pessoas que escolheram "muito importante" como opção e outras duas pessoas ficaram com as mesmas outras opções já citadas. Essas disparidades de percepções das/os participantes podem se dar em razão de alguns aspectos: 1. a necessidade de se estabelecer um diálogo perene acerca dos princípios da educação decolonial tanto no país como na capital; e 2. a maior relevância dada pelas/os educadoras/es à implementação desses princípios em Maputo ser considerada mais importante, já que o interior do país já conta com um maior número de escolas com ensino bilíngue e/ou que dão ênfase a conteúdos tradicionais (PATEL, 2018).

Em relação às etapas ainda necessárias para a efetivação concreta do ensino bilíngue em todo Moçambique, destaco dois apontamentos que Dzovo fez, durante nosso diálogo:

> *"Há quem acredite que basta ensinar o português porque acha que aquela língua que é aprendida em casa já é suficiente, enquanto não há ali organização da estrutura da língua. Não há literacia. É um problema. A língua precisa de doze anos para ser bem aprendida. Então, se já tens seis anos em casa a falar o XiChangana, para depois entrar na escola e cumprir mais seis anos, vamos já ter doze anos e aí fecha a sétima classe a aprender a língua portuguesa. Mas se a primeira e a segunda línguas da criança são exclusivamente em língua portuguesa, ela só vai aprender a moçambicana a partir da oralidade. Aprende só a falar ou, às vezes, só percebe mas não fala. É negar a essas crianças um dos seus direitos, que é a língua."*
>
> *"Eu vou dar um exemplo da cidade de Maputo. Há um gestor que se negou a implantar o ensino bilíngue na escola dele porque disse que na zona já havia um desenvolvimento porque já está a andar com prédios e tudo mais. "Isso está a ficar bonito. Nós não queremos investir em ensino bilíngue", disse, como se fossemos retroceder. Para ele, o ensino bilíngue devia ser apenas com a língua inglesa."*

Um dos pontos que mais me chamou atenção, na narrativa de Dzovo, é a forma como ele identifica a literacia de uma língua como um direito humano. Essa concepção é de extrema importância, visto que, de fato, se uma pessoa não aprende a ler e escrever em seu idioma materno, está sendo retirado dela o direito de saber sobre si e sobre sua cultura, bem como estabelecer vínculos com a comunidade em que vive. Por mais que os ensinos bilíngues, muitas vezes, até se apresentem nas escolas de Maputo, como o educador salienta, é dada maior atenção ou exclusividade ao inglês, já que é um idioma necessário para o acesso ao mercado de trabalho. Entretanto, gestores, como esse diretor sobre o qual Dzovo comenta, parecem não perceber o erro que estão a cometer quando negam a possibilidade de inclusão de uma língua moçambicana no currículo, por crerem que as escolas terão menos legitimidade ou credibilidade ao compactuar com essa transformação.

Na esteira desse pensamento, Teface também faz uma crítica direcionada, principalmente, à linguagem usada nos livros didáticos de Moçambique. Segundo ela, há uso de termos que exigem maior grau de instrução, por parte das/os estudantes, bem como pesquisa – por parte de educadoras/es –, para poderem compreender o que querem dizer os enunciados ou os textos explicativos dos materiais pedagógicos. A seguir, destaco o trecho em que a educadora faz essa reflexão, como parte de nosso diálogo:

> *"Nos livros do currículo atual, há uma linguagem que, mesmo eu que sou professora, em algum momento, tenho que recorrer aos dicionários ou a colegas para tentar perceber o que querem dizer com um tal termo. O professor tem que criar formas de explicar ou até deixar fora aquele exemplo e procurar um exemplo que se adequa àquela criança, não é despejar conhecimento, mas tem que olhar essa criança para ler o nível dela quanto à linguagem."*

É importante esse depoimento de Teface, porque ela tem consciência de que educar não é simplesmente "despejar conhecimento", mas buscar adaptar a linguagem utilizada – seja nos materiais didáticos ou pelo/a educador/a – a fim de que as/os estudantes possam compreender os conteúdos e atingir as expectativas traçadas quanto ao desempenho que precisam demonstrar ter para avançar nos estudos (AMÂNCIO; PASTORE, 2019).

Por fim, a última questão que compunha o questionário on-line, respondido pelas/os educadoras/es, remetia às suas percepções em relação à possibilidade de a educação moçambicana e maputense serem consideradas como exemplos de educação antirracista. Foram escolhidas as mesmas opções, como respostas, seja para ilustrar a realidade da educação antirracista de Moçambique ou de Maputo. Duas pessoas selecionaram a opção "representativa", que representa o "caminho do meio", mais uma vez. Houve também uma pessoa que respondeu "muito representativa" e outra identificou o extremo oposto, optando pelo item "não representativa". Com base nesta divergência de opiniões, é possível depreender que não há um senso comum em relação a esse aspecto, no entanto, é importante frisar que foram apenas quatro educadoras/es participantes, o que não garante um olhar generalizado em relação às percepções de docentes moçambicanas/os como um todo. Mas, mesmo neste olhar micro, já é patente a necessidade de seguir com essas discussões, uma vez que a formação docente, no país, ainda é deficitária (CASTIANO, 2019).

Para encerrar essa parte do texto, destaco a produção educomunicativa de NBila:

> *"Se um país consegue receber a língua do outro, que ofereça também a sua própria língua a esse outro."*

PONTES ENTRE NARRATIVAS DE DOCENTES DE JOANESBURGO, DE MAPUTO E DE SÃO PAULO

Para fechar este capítulo, selecionei os temas – com base nas categorias de branquitude – que se apresentaram nas narrativas de educadoras/es de mais de uma cidade em que a pesquisa foi realizada. Portanto, demonstrarei quais foram os temas similares e também como as narrativas – coletadas ao longo dos diálogos presenciais – colaboraram para a compreensão das categorias que criei e que fizeram parte das análises neste trabalho. Dessa maneira, inicio com duas categorias que estão diretamente ligadas: a da autovitimização, encontrada em Joanesburgo (África do Sul), e a da fragilidade, apresentada como parte do contexto paulista, no Brasil. Para tanto, destaco, a seguir, um trecho da narrativa da educadora sul-africana Ella e outro depoimento do educador brasileiro Raimundo:

> Ella: *"As assembleias eram um pesadelo, tudo. Eles estavam desconfortáveis. Quero dizer, estou pensando agora, você sabe, as crianças negras celebravam umas às outras mais do que outras raças, tipo ao bater palmas e ao assobiar mais alto. E isso incomodava muito os outros. Descobri que a gestão branca e as crianças brancas se sentiam muito ameaçadas por toda e qualquer expressão sobre negritude por parte dos alunos negros. Então houve, uma vez, uma assembleia onde uma criança escreveu seu próprio poema sobre uma homenagem a Winnie Mandela, quando ela morreu. Foi muito honesto, ela falou muito explicitamente sobre como a branquitude a machucou. E isso causou semanas de drama, eles queriam acusar a criança por difamação. As pessoas estavam tão tocadas e não conseguiam lidar com isso. (...) A mediocridade branca era premiada e a excelência negra era desvalorizada na escola"* (T.A.)[151].
>
> Raimundo: "Muitas vezes, há pessoas que dizem que negros são racistas também, ou seja, como se, como se o racismo fosse uma roupa que você usasse, mas é um atributo do poder. Então, um negro e uma negra nunca

---

[151] A versão original do trecho destacado está apresentada a seguir: *"Assemblies were a nightmare, everything. They were uncomfortable. I mean, I'm thinking now, you know, the black kids would celebrate each other more than other races would, just like louder clapping and whistling. And that would annoy the others so much. I found that the white management and the white children were very threatened by any and all expressions about blackness from black students. So there was an assembly once where a child wrote her own poem about a tribute to Winnie Mandela, when she died. It was very honest, she spoke very explicitly about how whiteness had hurt her. And that caused weeks of drama, they wanted to call the child in for defamation. People were so touched and couldn't deal with that. (...) White mediocrity was awarded and black excellence was undervalued in the school".*

podem ser racistas. Só o branco vai ser racista. O máximo que o negro e a negra podem ser é reprodutores(as) de uma violência, de um racismo, mas que depois, pode recair contra si próprio, porque o racismo é a condenação do corpo, de uma pele, de uma história, de uma raça."

Apesar de os exemplos dados por Ella e Raimundo serem diferentes, ainda assim, o que é possível perceber é que, em ambos os casos, mesmo em contextos socioculturais diferentes, há a demonstração de que pessoas brancas tendem a se sentir mais fragilizadas e atingidas por ações realizadas por pessoas negras e, como resposta, muitas vezes, buscam condenar as pessoas não brancas (e, nesse caso, mais especificamente as negras) a juízos de valor que tanto não fazem sentido, como também supervalorizam os acontecimentos que experienciam. Por exemplo, no caso da narrativa de Ella, a educadora define como "mediocridade branca" a ação de buscar penalizar a pessoa negra, por algo que uma pessoa branca se sentiu ameaçada, no caso, o poema crítico à branquitude de uma estudante. Já no contexto brasileiro, Raimundo demonstra como a lógica de "racismo reverso" é perversa e não tem sentido, uma vez que, conforme reforça, só poderá haver racismo por parte de pessoas brancas. O máximo que poderá acontecer, dentre pessoas não brancas, é a reprodução do racismo e estas, às vezes, são duplamente penalizadas quando o fazem.

Nos diálogos realizados em Joanesburgo e em Maputo, também foi possível observar como a categoria de binaridade – discutida em capítulos anteriores – pode ser encontrada nas vivências socioculturais das pessoas nas duas cidades. Apesar de serem exemplos diferentes, a educadora Melissa e o educador Dzovo trazem um ponto de vista semelhante no que diz respeito ao fenômeno da binaridade nas sociedades em que vivem. Para confirmar o que aponto, destaco trechos das duas conversas a seguir:

> Melissa: "*Acho que o imposto dos negros vem em dobro para as pessoas de cor. Porque agora o fato é que você tem a qualificação, você tem o título. Portanto, você deve ser capaz de fornecer mais do que esperávamos. Olha, geralmente, se você for trabalhar, seus pais levariam cerca de 90% do seu salário de qualquer maneira. Eu acho que essa geração é diferente, mas é tipo, eu vou te dar um pouco do meu dinheiro. Não tudo isso. Mas também fazer coisas paralelas como construir a casa, comprar os móveis, fazer todas aquelas coisas que os pais não podiam fazer e ainda dar metade do dinheiro, mas na verdade vem à custa do crédito. E o crédito realmente mata o investimento da pessoa negra, o investimento da pessoa mestiça, não entendemos a cultura de poupar e investir. Então, realmente, como você equilibra*

que você foi para a escola, você obteve o diploma em que está trabalhando agora, você tem que sustentar nossa família, você e a potencial família de sua esposa, a família de seu marido. Então, isso apenas sobrecarrega, isso constantemente sobrecarrega" (T.A.)[152].

Dzovo: "Nós, negros, é que acabamos aplicando a herança da assimilação, queremos viver como brancos, ter comportamento de branco. Em Moçambique, aceitamos a nossa cultura na base, mas quando desenvolvemos, esquecemos que somos lá da base. Se negamos a nossa cultura pros nossos filhos, se eu nego o ensino em duas línguas, meu filho não ensinará os meus netos. E corro o risco de nem ver os meus netos. Temos a herança do colonizador, ainda não desapareceu cem por cento. (...) Temos uma estratégia, desenhamos esses conceitos todos e é preciso comungarmos para operacionalizar e aqueles que vão capacitar os professores precisam garantir que a estratégia flua, mas vamos ver que a cidade do cimento não está a aceitar introduzir as línguas bantu, mas a cidade do caniço está a aceitar. Por quê? Por acaso nós não dançamos a mesma música? Temos de dançar a mesma música para que façamos os outros dançarem a nossa música."

De um lado, a educadora sul-africana Melissa relata quais são os desafios enfrentados por pessoas pretas (*Black*) e mestiças (*Coloured*) quando obtêm seus diplomas e começam a trabalhar nas áreas em que estudaram. Com a titulação, as famílias, geralmente, passam a exigir dessas pessoas que contribuam com as despesas da casa e isso pode se somar aos custos de vida de seu próprio núcleo familiar, caso venham a se casar. Esse exemplo, reconhecido como *"Black tax"*, na África do Sul, demonstra como, diferentemente de pessoas brancas, tradicionalmente, pessoas negras não se responsabilizam apenas por seus trabalhos e por suas vidas, mas pela vida da família e da comunidade que as cercam, por isso a percepção de que há uma espécie de "imposto" adicional a ser pago, quando se é uma pessoa negra. Esse sistema é característico da binaridade porque, por mais que haja possibilidade

---

[152] Originalmente, o excerto pode ser lido da seguinte forma: *"I think the black tax comes in double for coloured people. Because now the fact is that you've got the qualification, you've got the title. So you should be able to provide more than what it is we would have expected. Look, generally, if you go and work your parents would take about 90% of your salary anyways. I think this generation is different, though, that it's like, I'll give you some of my money. Not all of it. But also do things on the side like build the house, buy the furniture, do all of those things that parents couldn't do, and still give half of the money but really comes at the expense of credit. And credit is really a killer of a black child's investments, brown child's investment, we don't understand the culture of saving and investing. So really, how do you balance that you went to school, you got the degree you're working now, you have to support our family, yourself and your wife's family potential, your husband's family. So this just strains, this constantly strains".*

de ascensão social com o maior grau de ensino e de profissionalização obtido por pessoas negras, ainda há, como uma outra faceta da mesma moeda, a necessidade de contribuir com as tradições e as normas que regem suas ancestralidades. Do mesmo modo, na narrativa do moçambicano Dzovo, é perceptível que a binaridade também se apresenta, todavia com uma outra contextualização. No caso moçambicano, o que o educador expõe é a dualidade entre tradição e modernidade quando há ascensão social. Segundo ele, quando a pessoa negra passa pelo processo de assimilação, ela passa a não mais querer interagir com as tradições, mesmo que esses conhecimentos façam parte de suas construções identitárias, daí a dificuldade de propagar a cultura tradicional moçambicana e as línguas nativas do país.

Dando prosseguimento à análise de temas similares entre os países, destaco a categoria de superioridade branca, que foi parte das narrativas de Raimundo, Sayuri e Tássia, que lecionam em escolas de São Paulo, como também de Dzovo, que é docente em Maputo. Esses/as educadores/as, durante nossas conversas individuais, trouxeram exemplos similares dos seus cotidianos, dentro e fora da escola, para demonstrar como a ideia de superioridade branca está no imaginário das sociedades das quais fazem parte. A seguir, destaco os quatro trechos que selecionei com o propósito de demonstrar essa similaridade:

Dzovo: *"Por exemplo, o banco abre às oito, oito e meia. Quando abre as portas, a pessoa branca não quer saber de ficar na fila e quem dá essa primazia é o negro. (...) Isso tem a ver com o fato de que elas estão tão influenciadas pelo capitalismo e isso faz com que elas se vejam em diferentes níveis, né? E o racismo vem junto com o capitalismo."*

Raimundo: *"A branquitude é tão perversa que não permite outra construção. Ou seja, por exemplo, não há nenhuma necessidade de se justificar que Jesus é branco. Agora, ai de mim se falar que Jesus é negro, tenho que justificar por documentos, pesquisas..."*

Sayuri: *"Apesar de ser uma escola com alunos brancos, loiros, houve um tempo em que tínhamos crianças que vinham da favela e isso gerava um problema com a comunidade. Porque a pessoa pode até dizer que não é preconceituosa, mas quando a filhinha dele, loirinha de olhos verdes, tá numa sala com o danadinho, mulatinho, pretinho, perguntam se não tem como trocar de sala."*

Tássia: *"A favela tem brancos e negros e o branco que está na favela se sente superior a este negro que também está na favela e ele esquece de ver que todo o conjunto da favela é discriminado por fora. Ele não é capaz de sentir que é discriminado. Na própria segurança pública, você vê que o atendimento ao branco, quando vai ser abordado, é de uma forma, com o negro é de outra, né? Quer dizer, isso vem mesmo dessa estrutura do racismo e da branquitude. O eurocentrismo domina uns 75% do nosso pensamento social."*

Nos quatro trechos supracitados, é possível verificar como a população branca, de uma maneira geral, pode utilizar de referenciais sociais que as coloquem em um patamar superior a pessoas de outras pertenças étnico-raciais. Dzovo exemplifica essa realidade por meio de uma situação comum, em que pessoas brancas não querem ficar na fila e, por isso, são autorizadas, por pessoas negras, a passarem na frente e serem atendidas com mais rapidez. O educador encontra no sistema capitalista a razão de pessoas negras permitirem que isso aconteça, uma vez que o racismo faz parte do sistema capitalista e, por esse motivo, consegue potencialmente cegar as pessoas negras quando aceitam priorizar o atendimento de pessoas brancas nos bancos da cidade de Maputo. Já no contexto brasileiro, Raimundo exemplifica a superioridade branca com base na idealização histórica de que a figura de Jesus Cristo é a de um homem branco e que apenas a tentativa de apontar para o oposto – a de um Jesus negro – já exige um longo debate e comprovações. Da mesma forma, a educadora brasileira Sayuri também relata que pais de crianças brancas, por vezes, demandam que seus/suas filhos/as não sejam colocados/as na mesma sala de aula que crianças negras e acreditam que têm o direito e a legitimidade para fazer essa solicitação. Por fim, Tássia aponta para a diferenciação que pessoas moradoras de favelas, no Brasil, fazem entre moradoras/es brancas/os e negras/os. Segundo a educadora, é como se as pessoas brancas não acreditassem que pudessem sofrer nenhum tipo de discriminação, por mais que vivam em favelas e, por isso, tenham potencial de sofrer discriminação social, por exemplo. Ademais, Tássia alerta para a diferença na maneira como ocorrem as abordagens policiais, no Brasil, que têm contribuído para o genocídio de jovens negros e periféricos no país.

Ao refletir sobre superioridade branca, pode-se estabelecer uma leitura crítica em torno do poder branco. Nesse sentido, quatro educadores – sendo dois brasileiros e dois sul-africanos – relataram situações em que esse poder é visivelmente exercido por pessoas brancas e, como consequência, reprimem pessoas não brancas de exercer seus direitos, como não manter suas tradições e/ou não se relacionarem no mundo contemporâneo a partir das cosmogonias ancestrais que contornam suas construções de identidades étnico-raciais. Para exemplificar a similaridade entre os discursos desses educadores, descrevo trechos das conversas que tivemos:

> Raimundo: *"O branco é a cor do poder, né? É a cor que explora e isso se reverbera na escola, por exemplo, quando você entra na sala de leitura, o acervo que prevalece é branco. A temática africana parece só ser necessária de ser debatida em uma semana ou em um mês, ou seja, é como se tivesse pedindo licença, tipo, vou atrapalhar vocês aqui por uma semana ou por um mês, mas depois vocês voltam pro livro 'normal', tá?"*

> F.Talk: *"O racismo está escondido na África do Sul. Uma pessoa branca pode ter vários empregos, larga um e encontra outro. Mas, eu tenho que lutar para ter um emprego. (...) O CNA recebeu o cargo de governar o país, mas a dona do país ainda é a branquitude. Então temos que viver de acordo com as regras da branquitude. Não dos negros. (...) O poder não está com os negros. Todo tipo de poder: raça, economia, educação, política... Para quem esses negros estão trabalhando? A branquitude está sempre presente!"* (T.A.)-[153]

> Tupã: *"A gente sabe a nossa língua, a gente sabe explicar tudo o que está acontecendo na nossa língua, mas, dentro da cultura não-indígena, a gente já se perde quando a gente fala em português. (...) No CECI [Centro de Educação e Cultura Indígena], eles aprendem em português e aprendem em guarani. Nós ensinamos sobre a nossa cultura. Mas, quando crescem e vão para escolas do Estado, têm que tentar compreender a escrita em português e isso dificulta, porque a maioria dos professores não é guarani."*

> Paulista: *"Então, em certo sentido, o ideal seria dizer: vamos ter um sistema de educação que construa as pessoas, para nos tornarmos adultos com as pessoas, coisas que elevem sua dignidade, sua autoestima, seu presente. Essas necessidades são feitas no sistema educacional. Não é um sistema que quer fazer você assimilar. Mas é um problema para a maioria de nós, pois quando entramos no sistema educacional, queremos nos tornar brancos. E, nesse sentido, aquilo é inconsciente, porque queremos falar com sotaque, ser parecidos com eles"* (T.A.)[154].

---

[153] A versão original do trecho descrito está apresentada como segue: *"Racism is hidden in South Africa. A white person can have different jobs, they quit one and find another. But I have to fight to have one job. (...) The ANC was given the position to run the country, but the owner of the country is still whiteness. So then we have to live by the rules of whiteness. Not of black people. (...) The power is not with the black people. Every kind of power: race, economy, education, politics... Who are these blacks working for? Whiteness is always there!".*

[154] Originalmente, lê-se: *"So, in a sense, what would be ideal is to say: let's have an education system that builds people, to become adults with the people, things that raise your dignity, your self-esteem, your present. Those needs are made in the education system. Not a system who wants to make you assimilate. But it is a problem for most of us. When we*

Mesmo vivendo em países diferentes, os quatro educadores parecem concordar que o poder branco ainda é uma importante arma para os processos em prol de manutenção da branquitude. Como Raimundo identifica, logo no início de sua fala, "branco é a cor do poder". Por isso, o que prevalece na escola, inclusive nos acervos das salas de leitura, ainda são as literaturas escritas por pessoas brancas e/ou que tratem de temáticas relativas à branquitude. Do mesmo modo, o educador sul-africano F.Talk estabelece uma leitura crítica em relação à governança do CNA, partido no poder desde a democratização de seu país, que, por mais que tenha representantes negros/as, ainda é mantido por ideais da branquitude, daí, segundo ele, as dificuldades para pessoas negras acessarem a oportunidades e ao poder.

Paralelamente, Tupã e Paulista também demonstram estar de acordo no que diz respeito às dificuldades que enfrentam ao ter que, como parte das estruturas de poder branco estabelecidas socialmente, serem obrigados a utilizarem a língua do colonizador, sendo que estariam muito mais confortáveis e seguros se tivessem o direito garantido de se comunicar por meio de seus idiomas maternos. Além disso, os educadores também pontuam os desafios que enfrentam ao terem que, por um lado, interagir com pessoas que não possuem seus pertencimentos étnico-raciais; e, por outro, ter que se alinhar ao padrão de poder imposto para serem mais bem aceitos na sociedade.

Construída conjuntamente com a categoria de poder branco, também existe a categoria de normatividade. Esta última foi parte das narrativas estabelecidas nas três cidades em que a pesquisa de campo se deu. Ressalto que também refleti sobre normatividade, de acordo com os contextos locais presentes em cada um dos territórios analisados. Assim sendo, destaco, a seguir, algumas impressões obtidas nos diálogos que travei com a brasileira Tássia e o brasileiro Tupã; com as moçambicanas Mufuki e Teface; e com o sul-africano Clegg e a sul-africana Melissa:

> Tássia: *"Pelo menos, aqui na minha escola, eu tento criar um lugar seguro, principalmente para as meninas pretas. Porque eu não tive diretores ou professores negros nem negras na escola pública em que estudei. Então eu vejo que, aqui, elas assumem os cabelos cacheados ou colocam tranças. Porque, mesmo eu, quando fui fazer a transição, a exteriorização, eu acreditava que eu tinha que alisar o meu cabelo pra isso. Quer dizer, pra eu ser a mulher*

---

get into the education system, we want to become white. And in that sense that is unconscious, because we want to speak with the accent, to be similar to them".

que eu sou, expor essa mulher, eu preciso ter os cabelos lisos, escorridos. Olha só o meu pensamento. É como aquela feridinha que está cicatrizada mas você sempre olha pra cicatriz. Esse é o colonialismo muito presente ainda na nossa sociedade."

Tupã: "*Dentro da aldeia, a gente segue com nossas tradições, principalmente ensinando as crianças, da mesma forma que eu fui ensinado, mas a gente foi dominado pelos não-indígenas e, para sermos respeitados, temos que aceitar as leis conforme elas funcionam no Brasil. Então cada pessoa, cada guaranizinho, já tem nome próprio também em português, além do nome que a gente recebe dentro da casa de reza. (...) Um dia, vieram filmar aqui na aldeia. Aí nós preparamos nossas crianças também para fazer uma pintura no braço, para dançar tudo igual e ali ficou todo mundo olhando pra cara um do outro, mas pediam pra tirar foto e tal e aí só fiquei olhando. Aí eu falei pro meu coordenador pedagógico, parece que mesmo pra nós também, hoje em dia, a gente se vê índio quando tá pintado. Quando a gente tira tudo, não é mais indígena.*"

Com o objetivo de facilitar a compreensão das impressões contidas nas narrativas das/os educadoras/es de cada país, a fim de explicitar o quanto elas são similares, significativas e criticam a normatividade enquanto categoria de reificação da branquitude, conforme apresentei em capítulos anteriores, irei iniciar pela discussão dos trechos citados por uma educadora e um educador que vivem em São Paulo. No caso brasileiro, Tássia busca romper com a normatividade branca por meio da exaltação da estética negra, principalmente entre as estudantes negras que frequentam a escola em que é diretora. Além disso, ela também faz uma reflexão sobre o seu próprio processo de transição de gênero, em que ela considerava necessário ter cabelos compridos e lisos para poder ser socialmente lida como uma mulher, tamanha é a força que a normatividade branca impõe nos modos de ser e de estar na sociedade brasileira. Em concordância com Tássia, o trecho destacado da conversa que tive com Tupã também estabelece crítica à normatividade, uma vez que as crianças indígenas de sua aldeia, logo ao nascer, recebem nomes na língua portuguesa, além de nomes em guarani, a fim de poder garantir suas sociabilidades com o mundo branco. Ademais, o educador reflete sobre a maneira como a normatividade afeta, inclusive, os imaginários das pessoas indígenas que, segundo ele, se compreendem com base nesse pertencimento étnico-racial, principalmente, quando estão com a pele pintada para alguma ocasião especial, caso contrário vivem como a normatividade branca pressupõe o que é viver em sociedade, ou seja, com uma estética e com valores que não são tradicionalmente indígenas, mas que procuram espelhar a cultura dominante branca. Isso não significa, de forma alguma, que a pessoa indígena precisa estar munida de pinturas no corpo ou cocar para ser indígena, mas é assim que, historicamente, o senso comum enxerga essa população e, conforme apontado por Tupã, as/os próprias/os indígenas podem incorrer no mesmo equívoco, uma vez que estão imersas/os numa sociedade regida pela normatividade branca.

Sendo a normatividade branca herança colonial, categoria promotora da branquitude, também em Maputo, foi possível encontrar relatos de educadoras que presenciam o agir dessa normatividade em seus cotidianos. No caso de Mufuki, ela demonstra compreender que nem todos os aspectos da tradição precisam estar vivos, como, por exemplo, estudantes sentarem no chão em vez de nas cadeiras; entretanto, ela também considera perigosa a forma como a normatividade branca impõe normas como as seguintes: 1. estudantes que não podem cruzar as pernas embaixo das carteiras da sala de aula; 2. não podem deitar suas cabeças sobre as carteiras; 3. não podem falar as línguas locais durante as classes; 4. a própria educadora não pode acessar a escola sem vestir bata. A refutação dos idiomas tradicionais também é citada por Teface, quando a educadora aponta para a falta de valorização das mesmas, uma vez que, para o mercado de trabalho, é mais importante falar inglês além de português. E ainda mais: o próprio governo moçambicano não oferece oportunidades contínuas para que a população acesse conhecimentos e informações nas línguas locais, conforme se pode observar a seguir:

> Mufuki: *"Está certo que nós sentamos no chão. A criança não pode estar sentada no chão. Agora já temos carteiras. Temos que falar o próprio português. Quem nos disse que existe o português correto? Então você tem que sentar sem estar com as pernas cruzadas. Pode apoiar-se na mesa, mas não pode deitar a cabeça na mesa. (...) E, como professora, eu não posso entrar para dar minha aula se não estiver a usar minha bata. (...) Por exemplo, aqui na zona sul de Moçambique, quase não há ensino bilíngue. Isso dificulta o processo de ensino e aprendizagem, não é? E quando as crianças estão a falar XiChangana são repreendidas."*

> Teface: *"Quando a pessoa está à procura de um emprego, a língua louvada sempre é o inglês e o português. Então porque é que um pai vai querer ver o seu filho a estudar na língua local, se, no futuro, essa língua não vai lhe beneficiar? Este, sim, é mais um problema da estrutura também do país, né? O Governo tem que criar formas de valorizar, valorizar de forma integral, obrigatória. Não basta ter um ou outro programa de rádio ou TV em língua nacional, uma ou duas vezes por semana."*

Em relação à presença da normatividade em seus cotidianos, o educador sul-africano Clegg e a educadora sul-africana Melissa também contribuem para esta discussão, com base na realidade sociocultural em que vivem. A seguir, estão dois trechos dos diálogos que estabeleci com cada um/a separadamente:

> Clegg: "Então, se você olhar para a mobilidade social, certo? Em uma cultura africana, significando que uma mobilidade ascendente é vista como o que os brancos fazem como mobilidade ascendente, não é sobre o que você determina. Trata-se de viver uma vida orientada para o Ocidente, o que não acho errado, mas estou dizendo que você está se esforçando para isso. Que tal uma identidade africana de riqueza, de bem-estar? Mantenha sua identidade" (T.A.)[155].

> Melissa: "Você pode ir a um restaurante na Cidade do Cabo, como uma pessoa parda ou negra. E esteja bem vestido, e o restaurante estará vazio assim. E vão te dizer que estão cheios, estamos em 2021, ainda acontece. Eu também experimentei um monte de vezes quando as pessoas estão como, você sabe, eu amo fazer isso, eu faço de propósito. Isso me dá prazer, eu me visto, me visto completamente. Porque para mim eu quero ver o tratamento que você recebe do pessoal que fala muito sobre quem eles são. E é muito raro você descobrir que as pessoas vão tratá-lo genuinamente porque você está aqui e eles oferecem serviço. Então você acha que a declaração da equipe é muito preconceituosa, ah, você não está vestido corretamente. E aí eles vão tratar os que estão vestidos de acordo, conforme o dinheiro que aparenta ter, vão te tratar de uma certa forma, porque esperam gorjetas melhores" (T.A.)[156].

De acordo com os excertos apresentados, pode-se depreender que a normatividade branca afeta, por exemplo, a construção identitária de pessoas não brancas, conforme apontado por Clegg. O educador suge-

---

[155] A versão original do excerto destacado está apresentada a seguir: *"So if you look at social mobility, right? In an African culture, meaning an upward mobility is looked upon as what white people do as upward mobility, it's not about what you determine. It's about living a Western oriented life, which I don't think it's wrong, but I'm saying you're striving for that. How about an African identity of richness of wealth? Keep your identity"*.

[156] Originalmente, o trecho pode ser lido a seguir: *"You can go to a restaurant in Cape Town, as a brown or black person. And be dressed in a sense of well, and the restaurant will be empty like this. And they'll say to you they are full, this is 2021, it still happens. I have also experienced it a bunch of times when people are like, and you know what, I love doing it, I do it purposefully. It gives me a throw, I dress down, completely dress down. Because for me I want to see the treatment you get from the staff that tells you a lot about who they are. And it's very rare that you'll find that people will treat you genuinely because you're here they offer service. So you find that the staff statement is very prejudiced, oh, you're not dressed a certain way. And then they'll treat those who are dressed accordingly, according to the money you have, they will treat you in a certain way, because they wait for better tips"*.

re que, mesmo estando em África, a noção de ascensão social se coloca com base nos padrões hegemônicos da branquitude, por isso a meta é muito mais configurada a partir do Ocidente do que com base nas africanidades. Paralelamente, Melissa também faz uma crítica à normatividade branca, com base no exemplo que descreve, em que uma pessoa preta ou mestiça, quando está "bem vestida" (para os padrões impostos pela branquitude), é mais bem tratada em restaurantes, no caso especificamente da Cidade do Cabo (África do Sul). O tratamento melhor acontece tanto porque a entrada dessa pessoa no estabelecimento comercial é mais facilmente autorizada, quanto porque os/as funcionários/as acreditam que irão receber gorjetas mais altas, uma vez que aquela pessoa adere aos padrões sociais impostos.

Como é passível de se observar, a normatividade branca transversaliza as sociedades interraciais, como as que compõem as cidades de Joanesburgo, Maputo e São Paulo. Por isso, a iminente necessidade de estabelecer processos de leitura crítica contínua em torno do regimento descrito pelos valores da branquitude e das colonialidades na vida global contemporânea. Para isso, o capítulo que fecha este livro, a seguir, tem como principal intuito proporcionar reflexões em torno da noção de decolonialitudes, bem como acerca da relevância do pensamento crítico e do uso de filmes para colaborar em processos educacionais que busquem, na práxis educomunicativa decolonial e decolonizadora, para tornar viáveis maneiras diversas de ensinar e de aprender, a fim de garantir o estabelecimento de uma educação antirracista nas escolas de educação formal no mundo e, principalmente, em África (com especial destaque para a África do Sul e Moçambique) e na América Latina (mais especificamente no Brasil), visto a proximidade das vivências entre esses países, como busquei apresentar até o momento.

PONTO DE CHEGADA

DECOLONIALITUDES E EDUCOMUNIDADES

Figura 20: *Fotografia da decoração da sala da casa da minha mãe, em São Paulo.*

Fonte: A autora (2021).

ODE TO AFRICAN CHILD...

Napo Masheane

"So you and me, both
Should know that education is a gift
That can curl itself around any African child
And gather inside their palms
To dance with the waves
Move with the seas
Rock-roll
Roll-rock
With water that can set their soul free
For we should inspire growth
(...)
Inspire vision
Inspire distinction
Inspire change
Inspire diversity
Inspire UBUNTU - BOTHO - (Humanity)"[157]

---

[157] A livre tradução dos excertos do poema *"Ode to African Child…"* ("Ode à Criança Africana…") está descrita a seguir: "Então você e eu, ambos / Devemos saber que a educação é um dom / Que pode enrolar-se em torno de qualquer criança africana / E reunir-se dentro de suas palmas / Para dançar com as ondas / Mover-se com os mares / Rock-roll / Roll-rock / Com águas que podem libertar sua alma / Pois devemos inspirar o crescimento / (…) / Inspirar visão / Inspirar distinção / Inspirar mudança / Inspirar a diversidade / Inspirar UBUNTU- BOTHO - (Humanidade)".

Por acreditar que o caminho se faz ao caminhar e por compreender que esse ele é inexoravelmente coletivo – no capítulo que encerra este livro (mas não necessariamente dá por concluídas as reflexões que trago e as que espreitarei adiante acerca do que foi discutido até aqui) – almejo apresentar relações possíveis entre a crítica à branquitude e a promoção de decolonialitudes e educomunidades, por meio da práxis educomunicativa decolonial e decolonizadora. Para tanto, farei considerações entre essas propostas epistemo-ideológicas a fim de não apenas buscar resumir o que demonstrei nas páginas anteriores deste trabalho, mas ir além, no sentido de propor uma tríade politicamente engajada, de ação e de reflexão, que pressupõe transformar realidades educacionais contemporâneas, principalmente encontradas em escolas públicas de ensino básico do Sul Global, mas especialmente em África e na América Latina.

> O papel dos acadêmicos é evidentemente fundamental na de(s)colonização do conhecimento e na desmarginalização dos saberes, porém, não poderão sozinhos levar adiante e com sucesso esse grandioso desafio sem a participação e conexão com as comunidades dentro das quais as instituições de ensino estão inseridas e que, muitas vezes, ignoram. As instituições precisam se abrir tanto para receber os sábios das comunidades como verdadeiros professores, assim como, para sair do seu lugar de conforto e ir até às comunidades (AMÂNCIO, 2020, p. 102).

Como protagonistas deste almejado processo de transformação educacional, compreendi que esta pesquisa deveria ser realizada com base em narrativas de educadoras oriundas e de educadores oriundos dos territórios supracitados. Porém como seria humana e metodologicamente impossível dialogar com toda a gama de docentes que trabalham em escolas públicas de ensino básico dessas regiões, estabeleci algumas escolhas políticas e metodológicas, conforme destaco a seguir:

1. Para obter um recorte geográfico da pesquisa de campo deste estudo, estabeleci diálogos e vínculos com educadoras/es que atuam em escolas públicas do ensino básico das cidades de Joanesburgo (na África do Sul), de Maputo (em Moçambique) e de São Paulo (no Brasil). A abordagem foi, do início ao fim, educomunicativa, ou seja, valorizando a horizontalidade e as trocas como fundamentais para a construção de conhecimentos, em qualquer parte do mundo, mas principalmente naquela que reconheço como Áfricas, em que as diásporas africanas – como o Brasil – também são somadas à totalidade do continente-mãe numa perspectiva plural. Para isso, além de educomunicativa, a abordagem realizada também foi transdisciplinar:

No contexto africano, o problema é exacerbado pela resistência obstinada da colonialidade e sua concomitante ignorância das contribuições de dentro da África e do Sul Global em geral. Isso, sem dúvida, criou lacunas nas conversas críticas necessárias para aprofundar e complexificar os insights na disciplina. O corretivo necessário, argumentamos, é uma abordagem transdisciplinar que centralize e leve a sério as "escolas de pensamento" africanas (...) para destacar diferenças filosóficas e empíricas relacionadas a conceitos-chave que se conectam às experiências vividas africanas, incluindo, por exemplo, participação, justiça e transformação que continuam importantes para África (milton; MANO, 2021, p. 256, T.A.)[158].

2. Quanto à diversidade étnico-racial desse grupo de docentes, busquei encontrar profissionais de diferentes pertencimentos étnico-raciais, conforme as populações de cada uma das localidades. Para obter um número adequado a um estudo de caso, dialoguei com quatro a cinco participantes de cada cidade, sendo a maioria mulheres negras, se somadas todas as participações. Com isso, acredito ter contribuído para a percepção de Gomes (2018) quando propõe "virar a interpretação colonial sobre raça de ponta-cabeça":

> Trabalhar conceitualmente com a categoria raça ressignificada política e conceitualmente implica um processo de descolonização do conhecimento e dos sujeitos que o produzem. Trata-se de um processo complexo e potente. Representa reelaborar e ressignificar uma categoria produzida no contexto da colonização nos termos e na visão daqueles cujos ancestrais foram escravizados. Corresponde a virar a interpretação colonial inicialmente dada à raça de ponta-cabeça. E trabalhá-la enquanto construção histórica, cultural e política ressignificada de maneira afirmativa no contexto das lutas de emancipação de negras e negros política e academicamente cada vez mais organizados (GOMES, 2018, p. 266).

3. Também busquei atender para a garantia de equidade de gênero do grupo participante da pesquisa, uma vez que se trata de uma abordagem interseccional. Para isso, o diálogo foi a principal estratégia a fim de estabelecer processos de escuta ativa e sensível e que garantisse a valorização das representatividades de cada participante da pesquisa:

---

[158] Originalmente, o excerto destacado foi redigido da seguinte forma: *"In the African context, the problem is exacerbated by the stubborn resilience of coloniality and its concomitant ignorance of contributions from within Africa and the global South in general. This has arguably created gaps in critical conversations needed to deepen and complicate insights in the discipline. The necessary corrective, we argue, is a transdisciplinary approach that centers and takes seriously African "schools of thought" (...) to highlight philosophical and empirical differences related to key concepts that connect to African lived experiences, including for example, participation, justice and transformation which remain important for Africa".*

> Construir alianças políticas entre homens e mulheres diversos requer o desenvolvimento de diálogos que rompam com a lógica de apagamento de outras formas de conhecimento e que também desnaturalizem hierarquias de gênero, classe e raça (CASTILLO, 2020, p. 58, T.A.)[159].

4. Em relação ao processo da pesquisa de campo, assim como detalhado no capítulo em que discuto os percursos metodológicos realizados, mesmo vivenciando esse processo durante a pandemia do Covid-19, ainda assim, assegurei para que os diálogos com as/os educadoras/es fossem presenciais, seguindo todos os protocolos de segurança necessários nestes tempos. Essa opção, ressalto, está atrelada ao fato de que, com base nos princípios educomunicativos que regem esta pesquisa, assim como pelas limitações de acesso à internet encontradas em parte dos territórios em que estive, o encontro presencial seria – e definitivamente foi – a melhor escolha. Pisar o chão do campo onde foi realizada a pesquisa foi essencial para conhecer os desafios e as potencialidades da realidade em que me encontrava:

> O pensar não existe desvinculado da realidade e, por isso, a palavra ao mesmo tempo que reforça o pensar, vincula o homem à sua realidade, pois toda palavra está ligada a uma realidade concreta, da qual partiu para existir no mundo. E para o homem ter consciência de onde saiu a palavra em que realidade ela está vinculada, é preciso que tenha noção de si e do espaço que ocupa no mundo, assim como é preciso que perceba que há vários outros indivíduos ocupando esse mesmo espaço, com outras realidades também concretas, e que essas, em boa parte do tempo, estão em disputa de espaço e poder (PEREIRA; FOSSÁ, 2021, p. 36).

5. Compreendi a mim mesma como parte do processo de pesquisa e, por isso, inicio com um capítulo genuinamente autoral que, espero, tenha inspirado reflexões posteriores, que presumo seguirem o mesmo tom. A proposta foi a de construir também as minhas narrativas com base nos enunciados das/os docentes que estiveram comigo no processo da pesquisa, para que as trocas entre nós provessem legitimidade e credibilidade aos resultados expostos neste estudo, conforme reflexão a seguir destacada:

---

[159] A versão original do trecho citado está apresentada a seguir: *"Constructing political alliances between diverse men and women requires developing dialogues that break with the logic of erasing other knowledge forms and that also denaturalize gender, class and race hierarchies"*.

> Temos muito que aprender, se nos permitirmos ser ensinados por outros com experiências a partilhar. No entanto, esses outros foram iludidos por estudiosos que, em sua maioria, se contentaram em relacioná-los em suas pesquisas mais como informantes do que como professores, interrogados pelo que pode ser extraído de suas mentes ao invés de procurados pelo que podem nos ensinar sobre o mundo (INGOLD, 2019, p. 11).

6. Para sustentar os parâmetros críticos e epistemológicos que busquei estabelecer, ao longo de todo o texto, me ative – em grande parte – a referenciar autorias não hegemônicas, a fim de visibilizar, principalmente, intelectuais contemporâneos e que, assim como eu, falam desde localidades ao Sul do globo terrestre. A maioria das citações utilizadas são de pensadoras/es que comungam da práxis decolonial e decolonizadora e que, em muitos casos, não fazem parte dessa espécie de "Olimpo" acadêmico colonial e internacionalmente amplificado. Entretanto, tenho consciência dos riscos a que me submeto quando me valho de "conhecimentos alternativos", como discute Collins (2018) a seguir:

> Conhecimentos alternativos, por si só, raramente colocam em xeque conhecimentos convencionais. Eles são geralmente ignorados, desacreditados ou simplesmente absorvidos e marginalizados frente aos paradigmas existentes. Os questionamentos que as epistemologias alternativas impõem ao processo fundamental utilizado pelos detentores do poder de legitimar o conhecimento e, assim, justificar seu direito de dominar, têm impactos muito mais relevantes. Se a epistemologia utilizada para validar o conhecimento é questionada, todos os conhecimentos anteriores validados pelo modelo dominante são colocados sob suspeita. As epistemologias alternativas desafiam todos os conhecimentos legitimados e introduzem questionamentos acerca da validade dos construtos que foram considerados verdades quando confrontados com formas alternativas de validação da verdade (COLLINS, 2018, p. 180).

7. A meta é que o resultado dessa investigação seja promotor de pontes possíveis de serem estabelecidas entre as pessoas que habitam os territórios pelos quais passei e em que fui moradora. Todavia, não tenho a pretensão de que seja uma receita a ser seguida. Basta que sirva de base para inspirar novos esperançares e transformações, se calhar. A intenção central é potencializar os diálogos entre realidades que se aproximam, como as que pesquisei, em prol de um viés disruptivo das colonialidades contemporâneas:

> Afirmamos que os estudos que promovam o diálogo entre países do sul global, a partir da incorporação de referentes teóricos decoloniais, são uma forma de reposicionar socialmente os sujeitos e democratizar a produção de conhecimento (MARTINS; ROSA, 2021, p. 33).

8. O que trago a público é parte de meu percurso de vida e contribuição social, sendo uma mulher cisgênera, branca, crítica à (também minha) branquitude, feminista interseccional, latinoamericana, brasileira, de classe média, ativista, educomunicadora e escritora – e tudo isso em mim coexiste, não há uma sistematização hierárquica dessas características. Diariamente, me atento a não reproduzir o *modus operandi* colonial que, estruturalmente, beneficiou mulheres brancas em relação a homens e a mulheres que tiveram seus corpos racializados pelos colonizadores. A meta é combater a seguinte realidade:

> A mulher branca foi literalmente uma produção da colônia. (...) O modelo feminino da "mãe" branca, saudável, maternal, em oposição às figuras de uma feminilidade "degenerada" – a feiticeira, a escrava africana –, dá corpo à Nação. A seus olhos [de mulheres europeias], as mulheres do Sul estão privadas de saberes, de uma real concepção da liberdade, daquilo que faz uma família ou daquilo que constitui o ser "mulher", que não estaria necessariamente ligado ao gênero ou ao sexo definidos no nascimento (VERGÈS, 2020, p. 44).

Essas reflexões não se findam em si mesmas, pelo contrário, partem da ideia de que é na incompletude (NYAMNJOH, 2021) que fazemos nossos caminhares. Com base no exposto, discorrerei sobre a tríade que concebi para configurar uma proposta de intervenção social possível, amparada nos percursos de pesquisa realizados, bem como nas leituras empreendidas para a composição teórica deste estudo. Partindo do pressuposto de que, ao estabelecer uma leitura crítica à branquitude, esta ação é movida pela reflexão crítica às colonialidades. As formas pelas quais a branquitude se apresenta nos cotidianos contemporâneos – dentro e fora das salas de aula nas cidades de Joanesburgo, de Maputo e de São Paulo – são resultantes da permanência de concepções e de valores coloniais que transversalizam os modos de ser e de estar nessas sociedades. Apoiando-se nas colonialidades é que se garante a hegemonia desta ideologia dominante, historicamente imposta e disseminada por populações brancas e, principalmente, europeias, que afetam as cosmovisões de quem guarda memórias de um passado colonial não muito distante.

> Onde quer que a Europa tenha ido no globo, ela plantou sua memória. Fez isso primeiro na paisagem: a Europa mapeou, examinou a configuração do terreno e, em seguida, nomeou-o. (...) A mesma Europa plantou sua memória nos corpos dos colonizados. (...) A Europa foi mais longe e plantou a sua memória no intelecto. Isso foi conseguido através da imposição de línguas europeias aos conquistados. Na África, isso significou

elevar as línguas europeias ao nível de um ideal cuja realização foi o auge da iluminação pura. (...) O resultado é realmente a sujeição do colonizado à memória da Europa (parafraseando Sylver Winter), sua conceituação do mundo, incluindo suas noções de democracia, sua concepção do Estado na forma de Estado-nação, ou sua concepção de racionalidade, epistemologia, digamos, sua organização do conhecimento, incluindo métodos de organização e codificação desse conhecimento (THIONG'O, on-line, T.A.)[160].

Como elenca Thiong'o (s./d.), diversas foram as marcas deixadas pela colonização europeia nas mentes, nos corpos, nos espaços e nas formas de ser e de estar em sociedades pós-coloniais. Exatamente por esse legado é que a noção de eurocentrismo se tornou parte dos viveres dessas comunidades que foram oprimidas com diferentes aspectos das colonialidades. Para Amin (1989, p. 9), "o eurocentrismo é um culturalismo na medida em que supõe a existência de invariantes culturais que moldam as trajetórias históricas de diferentes povos, irredutíveis entre si". Por mais que se proponha universal, o autor se opõe a essa ideia, pois identifica nas lógicas do eurocentrismo uma pretensa inexistência de variações entre as culturas, como se a Europa pudesse criar um monobloco cultural por onde quer que tenha deixado aspectos de sua própria cultura, como parte do processo colonial.

Como se fosse coerente e possível, foi parte do colonialismo europeu a busca por estabelecer uma lógica de igualdade entre as pessoas, a fim de que as populações colonizadas pudessem, quando muito, se esforçar para se tornarem similares ou iguais ao ideal arquitetado pela chamada "euromodernidade" (NDLOVU-GATSHENI, 2018). Havia a disseminação – entre incentivadores da colonização – de que a chegada da população europeia em territórios ameríndios e africanos, por exemplo, tornariam as populações nativas "civilizadas" e "desenvolvidas", como se a única régua possível de ser utilizada para balizar a eficácia do colonialismo fosse aquela usada pelos próprios colonizadores. No entanto,

---

[160] A versão original da citação pode ser lida como segue: *"Wherever Europe went in the globe, it planted its memory. It did so first on the landscape: Europe mapped, surveyed the lay of the land, and then named it. (...) The same Europe planted its memory on the bodies of the colonized. (...) Europe went further and planted its memory on the intellect. This was achieved through an imposition of European languages on the conquered. In Africa this meant raising European languages to the level of an ideal whose achievement was the pinnacle of pure enlightenment. (...) The result is really the subjection of the colonized to Europe's memory (to paraphrase Sylver Winter), its conceptualization of the world, including its notions of democracy, its conception of the state in the form of the nation state, or its conception of rationality, epistemology, say its organization of knowledge, including methods of organizing and coding that knowledge".*

a modernidade foi construída, "pelo menos nos últimos 500 anos, por meio de processos de expropriação, apropriação, escravização, extração, e esses processos são centrais para as maneiras pelas quais as sociedades pensaram sobre si mesmas" (BHAMBRA, 2020, p. 63, T.A.)[161].

Nesse sentido, comungo da indagação de Mills (2013, p. 51), quando questiona: "Como, então, pode fazer sentido uma conceptualização da sociedade como se, no período moderno, a igualdade se tornasse a norma geralmente aceita, quando na verdade uma parcela tão pequena da população como essa é que foi de fato vista como igual?". Esta população "vista como igual" era a europeia, que não só se supunha como "mais igualitária", mas também "capacitada" para educar os que consideravam desiguais a obterem status de igualdade, conforme suas normas e seus regimentos. Não sem motivo o próprio conceito de modernidade foi assimilado – pré-estudos decoloniais – como resultado do colonialismo, como se tudo o que existia antes não podia se enquadrar nas exigências que a modernidade impunha, como as ideias de civilização e de meritocracia, apenas para citar dois exemplos.

> No Ocidente, a "Modernidade", que começa com a invasão da América pelos espanhóis, cultura herdada dos muçulmanos do Mediterrâneo (Andaluzia) e do Renascimento italiano (pela presença Catalã, no sul da Itália), é a "abertura" geopolítica da Europa para o Atlântico; é a implantação e o controle do "sistema-mundo" no sentido estrito (pelos oceanos e não mais pelas caravanas continentais lentas e perigosas) e ainda a "invenção" do sistema colonial, que, por 300 anos, irá inclinar lentamente o equilíbrio econômico-político em favor da antiga Europa isolada e periférica. Tudo o que é simultâneo com a origem e o desenvolvimento do capitalismo (mercantil a princípio, de mera acumulação primitiva de dinheiro), ou seja, a Modernidade, o colonialismo e o sistema-mundo, denota aspectos de uma mesma realidade simultânea e mutuamente constitutiva (DUSSEL, 2016, p. 58).

O colonialismo impôs a sociedades não europeias a estruturação de um sistema-mundo capitalista/patriarcal/ocidental-cêntrico/cristão-cêntrico/moderno/colonial (GROSFOGUEL, 2011), que subjugou conhecimentos, vivências e saberes pré-coloniais, ao estabelecer uma tábula rasa regida pelo eurocentrismo. Saliento a premissa de "(...) que ninguém coloniza inocentemente, que ninguém coloniza impunemente; que uma nação que coloniza, que uma nação que justifica

---

[161] Originalmente, o trecho citado pode ser lido como segue: *"The modern world is constructed, over the past 500 years at the very least, through processes of dispossession, of appropriation, of enslavement, of extraction, and these processes are central to the ways in which societies have thought about themselves".*

a colonização – e portanto a força – é uma civilização doente, uma civilização moralmente ferida" (CESAIRE, 1978, p. 21). Não há processo colonial positivo ou benéfico, como se fosse uma transação justa e mercantil, pelo contrário, tratava-se de opressão e de subjugação para a garantia da permanência da hegemonia colonial como central para o *status quo*. Daí a relação entre colonialidade e branquitude: ambas são movidas pelas desigualdades e pela hegemonia branca.

> Além disso, a desigualdade assim produzida é vivenciada por ambos os lados como forma de troca e como forma de dádiva. Nesse jogo de dominação e sujeição, cerimônias, rituais, trocas e presentes permitem, por um lado, engendrar (e fingir quitar) dívidas e, por outro, a instituição de redes de dependência recíproca que assentam um mesmo ethos em virtude da participação comum (MBEMBE, 2005, p. 27, T.A.)[162].

Nessa relação dúbia regida pelas colonialidades, em que há quem domina e quem não tem como escapar da sujeição, as memórias dos "tempos do colono", como se ouve falar em Moçambique, exigem a implantação de um movimento que se dá a partir da periferia para a periferia, em que as diferenças são potências para o combate à hegemonia do sistema-mundo desigual que ecoa na contemporaneidade. Trata-se de estabelecer trocas dialógicas interculturais Sul-Sul, que impulsionam para um reinventar-se de(s)colonial e de(s)colonizador, como proposto a seguir:

> Devemos olhar para a descolonização como uma luta tanto pela propriedade quanto pela individualidade em um período de transição dramática, e isso permanece não resolvido e em andamento como parte integrante da pós-colonialidade. Também precisamos olhar para o modo de descolonização – suas condições de possibilidade – como fundamentalmente moldando os contornos pós-coloniais de um lugar (GUPTA, 2020, p. 157, T.A.)[163].

---

162 A citação destacada foi redigida, originalmente, da seguinte maneira: *"Besides, the inequality produced in this way is experienced by both sides as a form of exchange and as a form of the gift. In this game of domination and subjection, ceremonies, rituals, exchanges, and gifts permit, on the one hand, the engendering (and pretense of settling) debts, and, on the other, the institution of networks of reciprocal dependence that are cemented to a same ethos by virtue of common participation".*

163 Originalmente, lê-se: *"We must look at decolonization as both a struggle over ownership and self-hood in a period of dramatic transition, and that remains unresolved and ongoing as part and parcel of postcoloniality. We also need to look at the manner of decolonization – its conditions of possibility – as fundamentally shaping the postcolonial contours of a place".*

Nesse sentido, incentivo a todas, todos e todes a se comprometerem com a convocatória decolonial, apresentada como alternativa de combate e refutação da permanência das cosmovisões coloniais na atualidade. Ressalta-se que essa convocatória é generalizada, envolvendo qualquer sujeito/a interessado/a em contribuir para a desconstrução e para a reconstrução de modos de ser e de estar no mundo globalizado em que vivemos. Parte-se da premissa de que é possível "reconfigurar a responsabilidade e a autoridade acadêmica, de modo que derivam de mutualidade e pluralidade rigorosa, em vez de hierarquias de cima para baixo de exclusão social e profissional" (KESSIA; MARKSB; RAMUGONDO, 2020, p. 272, T.A.)[164].

> Esse objetivo de desierarquização que move o pensamento decolonial também significa um movimento libertador no interior dos processos de produção do conhecimento, (...) libera todas e todos que se deixam afetar por ele do desperdício de recursos pessoais e coletivos, implicados em ocupar e se manter em espaços de dominação (MARTINS; ROSA, 2021, p. 34).

Movida pela quebra da hierarquização da construção de conhecimentos, que também se pressupõe ser colaborativa e pluriversal, as propostas decoloniais e decolonizadoras também devem se valer de sabedorias das populações originárias, que, infelizmente, passaram – e, por vezes, ainda passam – por processos seculares de refutação e de epistemicídio (SANTOS; MENESES, 2009; CARNEIRO, 2005). A crítica teórica e a prática decoloniais e decolonizadoras pressupõem contrapor-se às colonialidades do poder, do saber, do pensar (MALDONADO-TORRES, 2018), assim como a colonialidade do ser e a "colonialidade cosmogônica ou da mãe natureza, que se relaciona à força vital-mágico-espiritual da existência das comunidades afrodescendentes e indígenas, cada uma com suas particularidades históricas" (WALSH, 2019, p. 15).

> Temos que pensar em uma episteme que reconheça a condição do sujeito ao que comumente se chama de objetos; sejam plantas, animais ou entidades materiais imensuráveis, como as estrelas. É evidente que há outras estrelas que nos olham no sul, além daquelas que olham as pessoas que vivem no norte. E olhar para a luz noturna do sul é uma experiência única, um aprendizado que já nas cidades é difícil de colocar em prática devido à luminosidade urbana (CUSICANQUI, 2019, p. 235, T.A.)[165].

---

[164] O excerto citado foi originalmente escrito como segue: *"to reconfigure academic accountability and authority, so that it derives from mutuality and rigorous plurality, rather than top-down hierarchies of social and professional exclusion"*.

[165] A versão original da citação se encontra a seguir: *"Tenemos que pensar en una episteme que reconozca la condición del sujeto a lo que comúnmente se llama objetos; ya sea plantas, animales o entidades materiales inconmensurables, como las estrellas. Es evi-*

Parafraseando a reflexão literalmente iluminada de Cusicanqui (2019), o chamamento decolonial e decolonizador se assenta em pilares que nos devolvem – uma vez que somos parte de populações pós-coloniais – o direito de ser quem somos e de agir para o bem-viver (ACOSTA, 2016), guiados pelas estrelas que nos iluminam ao Sul. Isso não significa se desfazer completamente de qualquer conceituação ou proposição intelectual que advenha de acadêmicos/as do Norte Global, mas buscar privilegiar as narrativas que vão ao encontro daquilo que genuinamente e originalmente somos, pensamos e realizamos. Por conseguinte, trata-se de uma convocatória que contribua para a ampliação – e necessária revisitação, inclusive, por parte de intelectuais que estão no Sul Global, mas que não são latino-americanos/as – das dez teses elencadas por Maldonado-Torres (2018, p. 37-56), a seguir descritas:

1. Colonialismo, descolonização e conceitos relacionados provocam ansiedade (p. 37);
2. Colonialidade é diferente de colonialismo e decolonialidade é diferente de descolonização (p. 39);
3. Modernidade/colonialidade é uma forma de catástrofe metafísica que naturaliza a guerra que está na raiz das formas moderno/coloniais de raça, gênero e diferença sexual (p. 45);
4. Os efeitos imediatos da modernidade/colonialidade incluem a naturalização do extermínio, expropriação, dominação, exploração, morte prematura e condições que são piores que a morte, tais como a tortura e o estupro (p. 46);
5. A colonialidade envolve uma transformação radical do saber, do ser e do poder, levando à colonialidade do saber, à colonialidade do ser e à colonialidade do poder (p. 48);
6. A decolonialidade está enraizada em um giro decolonial ou em um afastar-se da modernidade/colonialidade (p. 49);
7. Decolonialidade envolve um giro epistêmico decolonial, por meio do qual o condenado emerge como questionador, pensador, teórico e escritor/comunicador (p. 53);
8. Decolonialidade envolve um giro decolonial estético (e frequentemente espiritual) por meio do qual o condenado surge como criador (p. 54);
9. A decolonialidade envolve um giro decolonial ativista por meio do qual o condenado emerge como um agente de mudança social (p. 55);
10. A decolonialidade é um projeto coletivo (p. 56).

---

dente que son otras las estrellas que nos miran en el sur, que las que miran a la gente que vive en el norte. Y mirar la luz nocturna del sur es una experiencia única, un aprendizaje que ya en las ciudades es difícil de poner en práctica por la luminosidad urbana".

Apesar de ter definido as dez teses mencionadas em um artigo individual, Maldonado-Torres (2018) reforça, em sua última tese, que a decolonialidade é um projeto e esse projeto é coletivo. Por isso, antes de descrever os itens supracitados, reforcei a importância de que esses princípios sejam revisitados por intelectuais que possuem diferentes visões de mundo. Como comentei anteriormente, nesta tese, é exatamente por ter feito essa revisitação que optei por utilizar os termos «decolonial» e «decolonizador/a» quando me remeto às práxis invocadas por este estudo, uma vez que a perspectiva decolonial está assentada em saberes latino-americanos, que, por vezes, não se assemelham a outras leituras, como, por exemplo, de intelectuais africanos/as que não se sentem representados/as pelos valores decoloniais concebidos na América Latina.

É também essencial a proposta dos giros decoloniais – epistêmico, estético e ativista – elucidada por Maldonado-Torres (2018), uma vez que a radicalidade é o pressuposto para o combate à reificação das colonialidades impostas pela ideia de euromodernidade sobre a qual busquei refletir até o momento. Não sem motivo, o autor elenca, como primeira tese, o fato de que tudo o que se relaciona ao colonialismo e à descolonização gera ansiedade, pois estamos imersas/os em um sistema-mundo que, muitas vezes, nos desorienta em relação à convocatória decolonial e decolonizadora e, com isso, podemos incorrer na falta de vigilância epistêmica e política em torno da urgência da decolonialidade e da decolonização.

Como uma contraposta às colonialidades e à branquitude, para o alcance da transformação social, também suscitada por Maldonado-Torres (2018), recorro à práxis educomunicativa decolonial e decolonizadora, prioritariamente no terreno da educação formal. A educomunicação prescinde da realização desse tipo de práxis. Se não há um processo genuinamente decolonial e decolonizador em ação e que integra as reflexões educomunicativas, eu arriscaria a dizer que não há ali educomunicação. Porque apenas utilizar mídias, como parte de mediações educomunicativas – como o uso de filmes realizado nesta pesquisa – não significa dizer que já estão sendo implementados os princípios e os valores educomunicativos. O uso de filmes como parte do ensino-aprendizagem é sempre válido, mas isso não significa, consequentemente, que a mediação realizada foi balizada pela educomunicação e, como resultado, foi implementada com base em uma práxis decolonial e decolonizadora. É possível utilizar filmes, em sala de aula, apenas como ferramentas de preenchimento de espaços no cotidiano escolar, quando há falta de um/a educador/a, por exemplo. Quando isso acontece, em geral, as/os estudantes assistem à película, mas não têm a oportunidade de conectar o que fora assistido aos conteúdos em curso naquela disciplina.

É interessante apontar as impressões das/os educadoras/es que participaram da pesquisa de campo deste doutoramento, quando indagadas/os sobre as vantagens e/ou desvantagens em utilizar filmes nos currículos que empregam. «Metodologicamente, argumenta-se que ligações inovadoras entre teoria e prática, promovendo relacionamentos mutuamente benéficos entre pesquisadores/as e as comunidades que estudam, podem iniciar uma aprendizagem transformadora» (milton; MANO, 2021, p. 266. T.A.)[166]. No caso das/os docentes brasileiras/os, a receptividade foi bastante positiva, como pode-se observar por um de seus enunciados que destaco:

> Raimundo: *"O filme tem um potencial muito rico pedagógico porque a linguagem cinematográfica é uma arte muito mais familiarizada dos alunos, porque eles assistem a filmes, né? O filme é uma obra de arte que pode ser introduzida numa sala de uma forma lúdica e até despretensiosa, é como se você desarmasse o ambiente. É um convite, é um deleite, mas aí cumpre à professora e ao professor mostrar para a aluna e para o aluno que, através de um filme, a gente pode desenvolver uma experiência pedagógica rica, séria, crítica, problematizadora sobre uma temática, pois o bom filme é aquele que me possibilita fazer perguntas."*

No entanto, houve educadoras/es sul-africanas/os que identificaram, nas linguagens cinematográficas, maneiras de estabelecer trocas profundas com as/os estudantes, vinculando as películas com temas que compõem os currículos do país, como pode-se identificar no depoimento a seguir:

> F.Talk: *"[Os filmes assistidos na pesquisa] são muito informativos, embora estejam ligados à dor, o que pode gerar mais raiva contra pessoas brancas. Além disso, nossas emoções afetam nosso comportamento e essas mensagens são muito vívidas para desviar o olhar delas. Mas, de qualquer forma, é uma boa metodologia, já que estudantes preferem assistir em vez de ler livros, por exemplo."*[167]

---

166 A versão original da citação direta no texto está descrita a seguir: *"Methodologically, it is argued that innovative linkages of theory and practice fostering mutually beneficial relationships between researchers and the communities they study, can initiate transformative learning"*.

167 Lê-se, originalmente, como segue: *"They are very informative movies, although they are connected to pain, which can generate more anger against white people. Besides that, our emotions affect our behavior and those messages are too vivid to look away from. But, anyways, it's a good methodology, since students prefer watching rather than reading books, for example"*.

O ponto sensível destacado por F.Talk a respeito das histórias dos filmes utilizados na pesquisa estarem relacionadas a dores, que poderiam afetar negativamente as/os estudantes, demonstra não apenas o compromisso deste educador com o bem-estar das crianças que ensina, mas também aponta para um fator primordial na práxis educomunicativa decolonial e decolonizadora: a mediação (necessariamente horizontalizada, não hierárquica, dialógica, que evidencia o protagonismo estudantil, que valoriza a autonomia e o respeito, a partir do reconhecimento das diferenças na coletividade).

Em Maputo, as educadoras Mufuki, NBila e Teface demonstraram reconhecer algumas vantagens no uso de filmes como parte do ensino-aprendizagem, no entanto, Mufuki ressaltou que isso não costuma ocorrer, pela falta de infraestrutura tecnológica nas escolas públicas da capital. Já Teface aparentou ter a mesma preocupação do educador F.Talk, mas, em contrapartida, acredita que, ao permitir que as crianças se expressem sobre o que assistiram, pode mediar possíveis leituras negativas da turma.

> Teface: *"Primeiro tem que fazer a criança perceber que, ao assistir o filme, tem que tirar o lado bom, tem que tirar aquilo que é positivo e deixar o negativo. A criança tem que ser capaz de saber separar essas coisas. Tem que deixar o aluno assistir e dar espaço para cada um falar, comentar. É ali onde o professor poderá perceber se aquele filme foi percebido."*

Ao ler os depoimentos das/os docentes participantes da pesquisa supracitados, busco estabelecer um processo de investigação que já propusesse uma práxis educomunicativa decolonial e decolonializadora parece ter sido alcançada. Invariavelmente, as/os educadoras/es se comprometeram com o percurso da pesquisa e aproveitaram para refletir sobre suas próprias práticas pedagógicas. Ademais, (re)conheceram narrativas cinematográficas que criticam, de forma mais ou menos explícita – a depender do filme –, as colonialidades e as diferentes facetas da branquitude que transversalizam nossas vidas, mesmo estando em três diferentes países do mundo, mas todos ao Sul do globo, ressalto. Por meio dos diálogos que estabeleci com essas/es profissionais, foi possível propor essa reflexão crítica em espaços tradicionalmente dominados pelas colonialidades e, por consequência, pela branquitude, como as escolas e a universidade públicas[168].

---

[168] Saliento que a opção política e ideológica, por escolher desenvolver a pesquisa junto da educação pública também está relacionada aos valores de uma práxis educomunicativa decolonial e decolonizadora, que não compactua com os ideais impostos pela hegemonia neoliberal da atualidade. Assim como explica Vally (2020,

> A colonialidade é resultado de uma imposição do poder e da dominação colonial que consegue atingir as estruturas subjetivas de um povo, penetrando na sua concepção de sujeito e se estendendo para a sociedade de tal maneira que, mesmo após o término do domínio colonial, as suas amarras persistem. Nesse processo, existem alguns espaços e instituições sociais nos quais ela opera com maior contundência. As escolas da educação básica e o campo da produção científica são alguns deles. Nestes, a colonialidade opera, entre outros mecanismos, por meio dos currículos (GOMES, 2018, p. 246).

> Historicamente, a educação nos países colonizados tem atuado como mecanismo central do poder hegemônico, que antes era representado pelos colonizadores, agora, são pelas classes e sistemas que dominam as relações político-administrativas, econômicas, culturais e sociais, com o intento de reproduzir as ideologias eurocêntricas, os interesses do capitalismo e a manutenção do status quo das classes privilegiadas (ANJOS; GUEDES, 2021, p. 81).

A fim de transformar essa realidade, a práxis educomunicativa decolonial e decolonizadora pressupõe que educadoras/es, seja na educação básica formal ou em espaços de educação não formal, propiciem a implantação de ecossistemas educomunicativos (SARTORI; SILVA, 2021), declaradamente inspirados por princípios freirianos e, por isso, libertários e inclusivos, não segregacionistas e que não compactuam com estruturas de poder dominantes, aliadas a concepções coloniais e à branquitude. "Por isto, o diálogo é uma exigência existencial. (...) não pode reduzir-se a um ato de depositar ideias de um sujeito no outro, nem tampouco tornar-se simples troca de ideias a serem consumidas pelos permutantes" (FREIRE, 2014, p. 51). Vale dizer que o pensamento do educador brasileiro não está apenas ligado à educomunicação. Mesmo na África do Sul, durante o regime de apartheid, foram distribuídas cópias clandestinas do livro "Pedagogia do oprimido" (FREIRE, 1987) como recurso para conscientização de ativistas anti-apartheid, principalmente localizados nas periferias urbanas e nas áreas rurais do país (SEFATSA, 2020).

Um dos principais desafios propostos pela pedagogia freiriana é o pensamento crítico, com base na leitura do mundo (FREIRE, 2008). Por meio dessa prática, tanto educador/a quanto educando/a são parte de um processo interativo em que ação e reflexão são concomitantes, bem como

---

p. 3, T.A.): "O estreito foco da globalização neoliberal nos negócios e no sistema de mercado continua a minar e distorcer os propósitos de uma educação pública de boa qualidade". Meu compromisso está atrelado à garantia de uma educação pública de boa qualidade. Ademais, descrevo, a seguir, a versão original da citação que realizei nesta nota: *"Neoliberal globalisation's narrow focus on business and the market system continues to undermine and distort the purposes of good quality public education"*.

fazem parte do começo, do meio e do fim dos processos de ensino-aprendizagem. E mais: somente por meio da leitura crítica do que se passa em nossas vidas é que se pode transformar a realidade que habitamos.

Por mais que o sistema educacional não privilegie a criticidade e, como consequência, não combata as colonialidades e a branquitude, há sempre educadoras/es comprometidas/os com uma educação digna e justa, que seja potencialmente transformadora. São docentes que politicamente resistem e seguem seus estudos, mesmo enquanto trabalham, porque sabem da necessidade de pesquisarem e de se atualizarem em prol do desenvolvimento de seus e suas estudantes. Numa perspectiva decolonial e decolonizadora, são estas/es mesmas/os profissionais que creem em um outro mundo possível, com novas maneiras de aprender e de ensinar, assim como declara Raimundo:

> "Eu acredito numa escola que seja construída pelas pessoas daquele lugar. Eu quero uma escola na faixa de Gaza construída pelas crianças da faixa de Gaza, pelas professoras e professores, pela comunidade da faixa de Gaza. Eu quero uma escola indígena no Jaraguá construída pelas crianças indígenas, pelas professoras e professores indígenas, no sentido de que a gente tenha, de fato, a experiência autoral e colaborativa."

Apesar de talvez a narrativa do educador aparentar conter uma realidade utópica, ela é representativa da práxis educomunicativa decolonial e decolonizadora, que, constantemente, (se) alimenta e, quando possível, torna sonhos e transformações em realidade. Movida por esse pensamento é que me desafiei a compor uma análise acadêmica politicamente engajada, que pudesse vir a contribuir, por meio da educomunicação, com o combate à manutenção das colonialidades e da branquitude na educação formal. Para isso, não havia outra interlocução possível que não a feita com educadoras/es que, assim como eu, também demonstram compactuar com os valores que este estudo carrega, por mais que, em alguns casos, as discussões epistemológicas em torno da branquitude, da decolonialidade/decolonização e da educomunicação não fossem por elas/es conhecidas.

Smith (2012, p. 226, T.A.) afirma: "O ideal da pesquisa de beneficiar a sociedade é um ideal importante. Curiosamente, é uma noção muito ativista porque implica que as sociedades vão mudar, que serão melhoradas e que as vidas vão melhorar. Espera-se que a pesquisa leve à transformação social"[169]. Com base nesse desejo, concebi – a partir de

---

[169] Originalmente, lê-se: *"The research ideal of benefiting society is an important ideal. Interestingly it is a very activist notion because it implies that societies will change, that*

uma perspectiva educomunicativa – o conceito de "decolonialitudes". Ressalto, entretanto, que o termo foi já utilizado por Thiam (2014), como parte do título da introdução de seu livro *"Return to the Kingdom of Childhood: Re-envisioning the Legacy and Philosophical Relevance of Negritude"*. No entanto, em nenhum momento da obra, o autor descreve ou reflete sobre o termo utilizado. A única pista que deixa a quem o lê se apresenta quando explica a etimologia do conceito de "negritude", que também é nomenclatura para um dos principais movimentos anti-racistas e anti-colonialistas da chamada modernidade. Acerca da etimologia de "negritude", ele destaca o seguinte:

> O prefixo "-Negr" denota sua definição de Negritude como um movimento organizado em torno da singularidade das culturas das pessoas negras, sua experiência compartilhada de sofrimento e suas consequentes relações com o mundo. O sufixo "-itude", por outro lado, apresenta a Negritude mais como uma atitude e uma performance da Negrura do que como um conceito teórico (THIAM, 2014, p. 33, T.A.)[170]

Os escritos do pesquisador senegalês têm como objetivo contribuir para análises em torno das contribuições de Léopold Sédar Senghor que, conjuntamente com Aimé Césaire, Léon Gontran Damas e diversos outros intelectuais, no início da década de 1930, passaram a questionar a validade da colonização francesa e, por sua vez, estabelecer formas de celebrar a negritude na diáspora, o que ficou conhecimento como o movimento *Négritude*. De acordo com Thiam (2014, p. 7, T.A.), Senghor propunha "uma epistemologia original, uma ontologia afri-centrada (sic) e uma teoria progressiva sobre raça e mestiçagem"[171]. Amparando-se nas contribuições contemporâneas de Diagne (2010) e Jones (2010), o intelectual defende que as contribuições epistemológicas senghorianas representam não apenas uma ontologia em que a pessoa negra é o centro, mas o enegrecimento da filosofia ocidental moderna.

---

they will be improved and that lives will get better. Research is expected to lead to social transformation".

[170] A versão original da citação está apresentada a seguir: *"The prefix "-Negr" denotes his definition of Negritude as a movement organized around the singularity of Negroes' cultures, their shared-experience-of-suffering, and their consequent relations to the world. The suffix "-itude," on the other hand, presents Negritude more as an attitude and a performance of Negroness than as a theoretical concept"*.

[171] O trecho citado pode ser lido a seguir, em sua versão original: *"an original epistemology, an Afri-centered ontology and a progressive theory of race and métissage* (grifos do autor)".

> Apesar das categorias 'antirracistas' em que a crítica tradicional da Negritude coloca sua teoria, Senghor apaga as linhas de demarcação estabelecidas entre uma suposta África pré-colonial autêntica e uma África híbrida pós-colonial e apresenta os/as negros/as como constantemente misturados/as com outras culturas com as quais estão em contato (THIAM, 2014, p. 9, T.A.)[172].

Ao ler o trecho que acabo de citar, é possível depreender que Thiam (2014) identifica, nas obras de Senghor e no movimento *Négritude*, uma proposição assumidamente decolonial, ou seja, que compreende o continente africano como um território que se desenvolveu antes e após o colonialismo, de modo a não ser coerente a leitura moderna que separa África em pré e pós-colonial, como se não houvesse qualquer hibridismo cultural mesmo antes da colonização europeia e da imposição de valores ligados à branquitude, como o racismo, para citar um exemplo. Desse modo, suponho que Thiam (2014) utilizou o termo "decolonialitudes" por compreender essa perspectiva decolonial existente nas reflexões de Senghor, bem como pelo nome do movimento do qual foi co-fundador ter o sufixo *-tude*, o que representa esse chamado à prática, à transformação pela atitude.

Assim como o intelectual senegalês identifica a relevância da noção de "atitude", para o empreendimento de uma práxis decolonial, o porto-riquenho Maldonado-Torres (2018), em uma de suas teses (conforme apresentado anteriormente) também convoca as sociedades a se comprometerem com uma atitude decolonial para poder efetivar processos de decolonização. Segundo o autor, "uma mudança de atitude é crucial para um engajamento crítico contra a colonialidade do poder, saber, ser e para colocar a decolonialidade como um projeto. A atitude decolonial é, então, crucial para o projeto decolonial e vice-versa" (MALDONADO-TORRES, 2019, p. 51). Essa atitude, para o intelectual, está intimamente ligada à emergência de uma episteme também decolonial. Portanto, não há como realizar uma práxis decolonial e decolonizadora sem agir em prol da concepção de teorias e de práticas que estejam imersas no devir decolonial e decolonizador.

> O conceito decolonial remete a ir além da ideia de desconstruir o legado colonial construindo projetos alternativos. Tendo em vista a decadência do potencial humanizador do projeto de modernidade, parece-me necessário promover uma mudança de atitude, insurgir, em prol de novas formas de pensar e agir capazes de assegurar novos modelos epistêmicos e cognitivos,

---

[172] Originalmente, o excerto descrito pode ser lido como segue: *"In spite of the 'anti-racist' categories in which the traditional critique of Negritude places his theory, Senghor erases the established lines of demarcation between a supposed authentic pre-colonial Africa and a postcolonial hybrid Africa and presents Negroes as constantly mixing with other cultures with which they are in contact".*

novas formas de viver que estejam em consonância com princípios éticos universais (visando ao bem comum) (SILVA, 2021, p. 9).

Com base na reflexão exposta até aqui, proponho resumir esse chamado decolonial e decolonizador no conceito que invoco como "decolonialitudes". Essa construção epistemológica não foi por mim criada apenas porque me apoio nas leituras de Thiam (2014), Maldonado-Torres (2018) e Silva (2021), mas porque, ao me identificar como educomunicadora, assento ideias e práticas, seja nesta pesquisa ou no cotidiano, movida pela crença de que a práxis educomunicativa, além de ser genuinamente decolonial e decolonizadora, é também diretamente relacionada às transformações sociais, meta final de qualquer processo educomunicativo.

Em uma perspectiva interseccional, não há como estabelecer outras formas de educação – seja nas escolas ou fora delas – se estas não prescindirem do pacto transformador que só quem age e acredita nas mudanças de atitude é capaz de realizar. Como também apresentado, como parte destas proposições epistemológicas, as potenciais educomunidades têm como fundamento a co-construção de comunidades educomunicativas que creem em outros mundos possíveis e que, para torná-los realidade – ou minimamente se aproximar deles – compreendem que é necessário se comprometer com mudanças de atitude. Por isso, sugiro, fortemente, que a quem se dispôs a ler este livro, possa não apenas refletir sobre o que fora exposto, mas também passar a compor educomunidades comprometidas com as decolonialitudes.

É necessário reforçar que é possível co-construir educomunidades em qualquer espaço e em diferentes formatos. Podem ser presenciais ou virtuais, ou ainda híbridas. Elas podem integrar pessoas dos mais diversos pertencimentos étnico-raciais, de gênero, de classe etc. Também podem ser representadas por salas de aula ou unidades escolares como um todo, ou até mesmo por um grupo que se une a um/a educador/a debaixo de um baobá ou de qualquer outra sombra de árvore, em um vilarejo em uma zona recôndita de África ou da América Latina, por exemplo. Basta ter a atitude de quem confia que, juntas, juntos e juntes, realmente nos tornamos mais fortes e resistentes. Essa força e resistência que emanam da coletividade é parte da episteme que compõem as decolonialitudes, a partir da leitura que faço. Ademais, somente por meio das decolonialitudes – que também se realiza com e por meio dos afetos e das trocas respeitosas – é que podemos agir para o combate à manutenção das colonialidades e da branquitude a partir das educomunidades que forem sendo co-construídas, a partir dos vínculos estabelecidos, seja com pessoas ou com os demais seres vivos que habitam os territórios que pisamos.

Uma vez que este estudo tem como principal foco o ensino básico, público e formal, com destaque para as realidades ilustradas pelas narrativas de docentes de Joanesburgo, de Maputo e de São Paulo, reafirmo a necessidade urgente de que as comunidades escolares se tornem – dentro da medida do que for possível (pois o princípio aqui exaltado é o da educomunicação possível, como apresentado em capítulos anteriores) – educomunidades empenhadas em colocar as decolonialidades em prática, ou seja, co-construir espaços de acolhimento em que o agir é coletivo, descentralizado, não hierárquico, dialógico e afetuoso.

Nessas potenciais educomunidades, a abordagem didático-pedagógica está atrelada à transdisciplinaridade e a promoção das decolonialitudes podem advir tanto de quem está na posição de educador/a quanto na posição de educando/a. Inclusive, a sala de aula, ainda que em um formato tradicional que, por vezes, remete ao século XIX, também pode se tornar um espaço que promova os princípios que regem as decolonialidades e as educomunidades. Nesse sentido, compactuo com as reflexões a seguir apresentadas:

> Para mim, a sala de aula continua sendo um espaço onde o paraíso pode ser concretizado, um lugar de paixão e possibilidade, um lugar onde o espírito tem valor, onde tudo que aprendemos e tudo que sabemos nos leva a uma conexão ainda maior, a uma compreensão maior da vida em comunidade (hooks, 2021, p. 274).

> O amor na sala de aula prepara docentes e estudantes para abrir a mente e o coração. É a fundação sobre a qual toda a comunidade de ensino pode ser criada. Professores e professoras não precisam temer que a prática do amor na sala de aula os leve ao favoritismo. O amor sempre nos moverá para longe da dominação em todas as suas formas. O amor sempre nos desafiará e nos transformará. É esse o cerne da questão (hooks, 2021, p. 215).

São ensinamentos como esses que também me movem a propor os conceitos de decolonialidades e de educomunidades, pois, como já é sabido – por quem circula pela área da educomunicação – o lema "Educom é amor e luta" (criado por estudantes da primeira turma da Licenciatura em Educomunicação da Universidade de São Paulo) é vivido por quem se assume educomunicador/a. Particularmente, me identifico com ele e percorro as vias educomunicativas amparada por esse lema e percebo que há muitas, muitos e muites companheiras, companheiros e companheires que também o fazem.

Dessa forma, creio que a contribuição que espero oferecer à sociedade está diretamente relacionada à concepção de que o agir educomunicativo é potencializador de conquistas para o estabelecimento de equidades. Neste estudo, o centro é a equidade étnico-racial, que pode vir a se tornar parte do cotidiano e da razão de existir (e, em alguns casos, isso já acontece) da educação básica formal e pública. Todavia, obviamente, como sonho que se sonha acompanhada, pode-se colocar as equidades em prática em outros espaços educativos. Para isso é que conceituo as decolonialitudes e as educomunidades como possíveis motores das transformações em busca de justiça e de reparação.

Ao longo do desenvolvimento de minha tese de doutoramento, senti que fui transformada juntamente com ela. Já não sou mais a mesma pessoa e pesquisadora que era, no início do doutoramento, da mesma forma que este estudo também não é idêntico ao projeto de pesquisa que apresentei à Universidade de São Paulo e à minha orientadora (em 2018). Pelo contrário, mudanças e evoluções ocorreram e, humildemente, tenho orgulho do processo que realizei, conjuntamente com cada pessoa que se relacionou comigo, em maior ou menor grau, enquanto eu pesquisava, refletia e escrevia o texto que trago a público.

Espero contribuir para as áreas de pesquisa com as quais me identifico, assim como propor olhares e esperançares transformadores, como a noção da práxis educomunicativa decolonial e decolonizadora *per se*; enquanto motor para a crítica à branquitude e às colonialidades; do mesmo modo que creio que seja oportuno ampliar as reflexões em torno dos conceitos de "decolonialitudes" e "educomunidades" que proponho, como parte das intervenções que visam colaborar para a inovação das epistemologias e das práticas educomunicativas e educacionais sobre as quais me dispus a pensar, seja em solo paulista, em Maputo ou em Joanesburgo.

As mudanças advêm de atitudes que ganham força na pluralidade. Almejo que esta pesquisa possa colaborar para a concretização de educomunidades que sejam transversalizadas pelas decolonialitudes, a fim de estabelecer futuros sonhados, por meio de agires que se constituem no presente em prol da valorização de diferentes – e talvez novas – formas de ensinar e de aprender e em que as colonialidades e a branquitude se tornem cada vez menos visibilizadas e garantidas por esse sistema-mundo – colonial, desigual, patriarcal, racista, LGBTQIA+fóbico etc. –, que impõe suas próprias normas sobre nossas cabeças, mas que, possivelmente, possa vir a ser desmantelado pela luta e pelo amor.

REFERÊNCIAS

ACOSTA, A. *O bem viver*: uma oportunidade para imaginar outros mundos. São Paulo: Autonomia Literária, Elefante, 2016.

AHMED, S. A phenomenology of whiteness. *Feminist Theory*, Nova Iorque, v. 8, p. 149-168, 2007.

AHMED, S. Declarations of Whiteness: The Non-Performativity of Anti-Racism. *Borderlands*, Sidney, v. 3, n. 2, 2004.

ALMEIDA, S. *O que é racismo estrutural?* Belo Horizonte: Letramento, 2018.

ALVES, L. O valor da brancura: considerações sobre um debate pouco explorado no Brasil. *Cadernos Cenpec*, São Paulo, v. 2, n. 2, p. 29-46, 2012.

ALVES, V. C. *Dimensões emancipatórias da práxis cinematográfica contra-hegemônica*. 2019. 235 f. Tese (Doutorado em Serviço Social) – Pontifícia Universidade Católica, Porto Alegre, 2019. Disponível em: http://tede2.pucrs.br/tede2/handle/tede/8832. Acesso em: 10 abr. 2021.

AMÂNCIO, H. P. De(s)colonizar o conhecimento, desmarginalizar os saberes e interligar as lutas políticas ao Sul. In: MORTARI, C. WITTMANN, L. T. (Org.). *Narrativas Insurgentes*: decolonizando conhecimentos e entrelaçando mundos. Florianópolis: Rocha Gráfica e Editora, 2020. p. 71-108.

AMÂNCIO, H. P.; PASTORE, M. D. P. A persistência da colonialidade na educação escolar no Moçambique contemporâneo. *Cadernos de África Contemporânea*, São Francisco do Conde, v. 2, n. 3, p. 9-39, 2019.

AMIN, S. *El eurocentrismo*: crítica de una ideología. Cidade do México: Siglo XXI Editores, 1989.

ANJOS, A. P. S. do P.; GUEDES, M. Q. A voz e o diálogo como princípios pedagógicos para enfrentamento das discriminações étnico-raciais. In: ROCHA, W. H. A. da (Org.). *Racismo e antirracismo*: reflexões, caminhos e desafios. Curitiba: Editora Bagai, 2021. p. 77-90.

ANSELL, A. E. Casting a Blind Eye: The Ironic Consequences of Color-Blindness in South Africa and the United States. *Critical Sociology*, Nova Iorque, v. 32, n. 2-3, p. 333-356, 2006.

APPADURAI, A. *Dimensões Culturais da Globalização*: a modernidade sem peias. Lisboa: Teorema, 1996.

ARAÚJO, C. S. Whites, but not quite. Settler imaginations in late colonial Mozambique, 1951–1964. In: DUNCAN, M. e ZYL-HERMANN, D. van (Org.). *Rethinking White Societies in Southern Africa – 1930s–1990s*. Londres e Nova Iorque: Routledge, 2020. p. 97-114.

ARAUJO, G. A. Black migrants in Brazilian and South African tabloids: Representations on the Global South. *Journal of Global Diaspora and Media*, Lincoln, v. 1, n. 1, p. 35-53, 2020.

ARIAS, G. Corazonar desde el calor de las sabidurías insurgentes, la frialdad de la teoría y la metodología. *Sophia*. Quito, n. 13, p. 199-228, 2012. Colección de Filosofía de la Educación.

BACCEGA, M. A. A construção do "real" e do "ficcional". In: FÍGARO, R. (Org.). *Comunicação e Análise do Discurso*. São Paulo: Contexto, 2012.

BACCEGA, M. A. *Palavra e discurso*. História e literatura. São Paulo: Ática, 2003.

BAKHTIN, M. e VOLÓCHINOV, V. *Marxismo e filosofia da linguagem*. São Paulo: Hucitec, 1988.

BAKHTIN, M. e VOLÓCHINOV, V. *Palavra própria e a palavra outra na sintaxe da enunciação*. São Carlos: Pedro e João Editores, 2011.

BAKHTIN, M. *Para uma filosofia do ato responsável*. São Carlos: Pedro & João Editores, 2010.

BAKHTIN, M. *Estética da criação verbal*. São Paulo: Martins Fontes, 2000.

BAKHTIN, M. *Questões de literatura e estética* – a teoria do romance. São Paulo: Unesp, 1998.

BAKHTIN, M. Toward a reworking of the Dostoevsky book (1961). *Problems of Dostoevsky's Poetics*. Minneapolis: University of Minnesota Press, 1994.

BALLARD, R. Middle Class Neighbourhoods or 'African Kraals'? The Impact of Informal Settlements and Vagrants on Post-Apartheid White Identity. *Urban Forum*, v. 15, n. 1, p. 48-73, jan./mar. 2004.

BARRACLOUGH, J. A. *Facebook's 'white genocide' problem*: a sociotechnical exploration of problematic information, shareability, and social correction in a South African context. 2021. 147 p. Mestrado (Dissertação em Film and Media Studies) – Faculty of Humanities, Cidade do Cabo, 2021. Disponível em: https://open.uct.ac.za/handle/11427/33636. Acesso em: 01 dez. 2021.

BASTOS, J. R. B. *Na trama da branquitude mestiça*: a formação de professores à luz do letramento racial e os meandros da branquitude brasileira. 2021. 274 p. Tese (Doutorado em Educação) – Faculdade de Educação, Universidade de São Paulo, São Paulo, 2021. Disponível em: https://www.teses.usp.br/teses/disponiveis/48/48138/tde-24062021-184253/fr.php. Acesso em: 01 dez. 2021.

BATISTA, L. L. e LEITE, F. *O negro nos espaços publicitários brasileiros*. Perspectivas contemporâneas em diálogo. São Paulo: Escola de Comunicações e Artes/USP e Coordenadoria dos Assuntos da População Negra, 2011.

BAUER, M. W.; GASKELL, G. e ALLUM, N. C. Qualidade, quantidade e interesses do conhecimento – evitando confusões. *In*: BAUER, M. W.; GASKELL, G. (Org.). *Pesquisa qualitativa com texto, imagem e som*: um manual prático. Petrópolis: Vozes, 2002. p. 17-36.

BRASIL. *Lei nº 9.394/96, de 20 de dezembro de 1996*. Lei de Diretrizes e Bases da Educação Nacional – LDB. Brasília, DF: Presidência da República, 1996. Disponível em: http://www.planalto.gov.br/ccivil_03/leis/l9394.htm. Acesso em: 24 fev. 2009.

BRASIL. *Lei nº 10.639/03, de 9 de janeiro de 2003*. Brasília, DF: Presidência da República, 2003. Disponível em: http://www.planalto.gov.br/ccivil_03/leis/2003/l10.639.htm. Acesso em: 10 mar. 2009.

BRASIL. *Lei nº 11.645/08, de 10 de março de 2008*. Brasília, DF: Presidência da República, 2008. Disponível em: http://www.planalto.gov.br/ccivil_03/_ato2007-2010/2008/lei/l11645.htm. Acesso em: 06 jun. 2010.

BECK, K. *Feminismo branco*: das sufragistas às influenciadoras digitais e quem elas deixam para trás. Rio de Janeiro: Harper Collins Brasil, 2021.

BENTO, M. A. S. O branco na luta antirracista: limites e possibilidades. In: *Branquitude*: racismo e antirracismo. São Paulo: Instituto Ibirapitanga, 2021. p. 12-39.

BENTO, M. A. S. Pactos narcísicos no racismo: branquitude e poder nas organizações empresariais e no poder público. 2002. 185 p. Tese (Doutorado em Psicologia) – Instituto de Psicologia, Universidade de São Paulo, São Paulo, 2002. Disponível em: https://www.teses.usp.br/teses/disponiveis/47/47131/tde-18062019-181514/pt-br.php. Acesso em: 15 mar. 2019.

BENTOa, B. Crítica da crítica à meritocracia. *Le Monde Diplomatique Brasil*, São Paulo, 27 abr. 2021. Disponível em: <https://diplomatique.org.br/a-critica-da-critica-a-meritocracia/>. Acesso em: 2 nov. 2021.

BENVENISTE, E. *Problemas de linguística geral II*. Campinas: Pontes Editores, 2006.

BENVENISTE, E. *Problemas de Linguística Geral I*. Campinas: Pontes Editores, 2005.

BHABHA, H. K. *O local da cultura*. Belo Horizonte: UFMG, 2013.

BHAMBRA, G. K. Intermezzo I – Knowledge Orders. In: BENDIX, D.; MÜLLER, F.; ZIAI, A. (Org.). *Beyond the Master's Tools?* Decolonizing Knowledge Orders, Research Methods and Teaching. Londres: Rowman & Littlefield, 2020. p. 63-66.

BIZZO, K. de S. e A. e RIBES, R. M. P. As crianças e as telenovelas. In: LOPES, M. I. V. de (Org.). *Ficção televisiva no Brasil*: temas e perspectivas. São Paulo: Globo, 2009. p. 217-234.

BRANDÃO, H. N. Enunciação e construção do sentido. In: FÍGARO, R. (Org.). *Comunicação e Análise do Discurso*. São Paulo: Contexto, 2012. p. 19-43.

BRUNER, J. *A cultura da educação*. Porto Alegre: Artmed Editora, 2001.

BUTLER, J. *Relatar a si mesmo*: crítica da violência ética. Belo Horizonte: Autêntica Editora, 2015.

CABRITA, P. L. N. *Modelo de negócio de ONGDs na área da Educação em Moçambique*. 2020. 114 p. Dissertação (Mestrado em Estudos de Desenvolvimento) – Instituto Universitário de Lisboa, Lisboa, 2020. Disponível em: https://repositorio.iscte-iul.pt/bitstream/10071/22449/1/master_pedro_nunes_cabrita.pdf. Acesso em: 01 mar. 2022.

CALIXTO, D. de O. *Memes na internet*: entrelaçamentos entre educomunicação, cibercultura e a 'zoeira' de estudantes nas redes sociais. 2017. 234 p. Dissertação (Mestrado em Ciências da Comunicação) – Escola de Comunicações e Artes, Universidade de São Paulo, São Paulo, 2017. Disponível em: https://www.teses.usp.br/teses/disponiveis/27/27154/tde-01112017-102256/pt-br.php. Acesso em: 12 ago. 2021.

CANCLINI, N. G. *Culturas híbridas*: estrategias para entrar y salir de la modernidad. Buenos Aires: Sudamericana, 1995.

CAMPOS JUNIOR, W. R. de. *Produções de sentido de trabalho e de consumo nas narrativas de superação da telenovela Viver a Vida*. 2013. 156 p. Dissertação (Mestrado em Comunicação) – Associação Escola Superior de Propaganda e Marketing, São Paulo, 2013. Disponível em: http://bdtd.ibict.br/vufind/Record/ESPM_9f30d2e0304bd0bf09ef69b4a1986581. Acesso em: 13 jun. 2020.

CARDOSO, C. e DIAS, L. R. A branquitude como entrave à implementação da Lei Federal 10.639/03 na educação infantil. *Educação*, Santa Maria, v. 46, n. 1, jan./dez., p. 1-28, 2021.

CARDOSO, L. *O branco ante a rebeldia do desejo*: um estudo sobre o pesquisador branco que possui o negro como objeto científico tradicional. A branquitude acadêmica: v. 2. Curitiba: Appris, 2020.

CARDOSO, L. A branquitude acadêmica, a invisibilização da produção científica negra e o objetivo-fim. *130 anos de (des)ilusão*: a farsa abolicionista em perspectiva desde olhares marginalizados. Belo Horizonte: Editora D'Plácido, 2018. p. 295-311.

CARDOSOa, L. Branquitude e Justiça: Análise sociológica através de uma fonte jurídica: Documento técnico ou talvez político? *Journal of Hispanic and Lusophone Whiteness Studies* (HLWS), Monmouth, v. 1, p. 84-106, 2020.

CARNEIRO, S. A. *A Construção do Outro como Não-Ser como fundamento do Ser*. 2005. 339 p. Tese (Doutorado em Educação) – Faculdade de Educação, Universidade de São Paulo, São Paulo, 2005. Disponível em: https://negrasoulblog.files.wordpress.com/2016/04/a-construc3a7c3a3o-do-outro-como-nc3a3o-ser-como-fundamento-do-ser-sueli-carneiro-tese1.pdf. Acesso em: 15 fev. 2020.

CARONE, I.; BENTO, M. A. S. (Org.) *Psicologia social do racismo*: estudos sobre branquitude e branqueamento no Brasil. Petrópolis: Vozes, 2014.

CASTELLS, M. *The Rise of the Network Society*. Cambridge: Blackwell Publishers, 1996.

CASTELO, C. "Village Portugal" in Africa Discourses of differentiation and hierarchisation of settlers, 1950s–1974. In: DUNCAN, M.; ZYL-HERMANN, D. van (Org.). *Rethinking White Societies in Southern Africa – 1930s–1990s*. Londres e Nova Iorque: Routledge, 2020. p. 115-133.

CASTIANO, J. P. Vigilância epistemológica através da educação. In: NGOENHA, S. E.; CASTIANO, J. P. (Org.) *Pensamento engajado* – ensaios sobre filosofia africana, educação e cultura política. Maputo: Editora EDUCAR, Universidade Pedagógica, 2011. p. 173-184.

CASTIANO, J. P. Os tempos da educação em Moçambique. In: CASTIANO, J. P.; PEREIRA, R. R. P.; MUIANGA, S.; MORAIS, M. J. (Eds.). *Moçambique neoliberal*. Perspectivas críticas teóricas e da práxis. Maputo: Editora Educar; Ethale Publishing, 2019. p. 275–279.

CASTILLO, R. A. H. Decolonizing Feminism: Reflections from the Latin American Context. In: BENDIX, D.; MÜLLER, F.; ZIAI, A. (Org.). *Beyond the Master's Tools?* Decolonizing Knowledge Orders, Research Methods and Teaching. Londres: Rowman & Littlefield, 2020. p. 37-62.

CESAIRE, A. *Discurso sobre o colonialismo*. Lisboa: Livraria Sá da Costa Editora, 1978.

CHIMBUTANE, F. Language and Citizenship Education in Postcolonial Mozambique. *Journal of Social Science Education*, Bielefeld, v. 17, n. 4, p. 8-25, 2018.

CITELLI, A. *Inter-relações comunicação e educação no contexto do ensino básico*. São Paulo: ECA-USP, 2020.

COLLINS, P. H. Epistemologia feminista negra. In: BERNARDINO-COSTA, J.; MALDONADO-TORRES, N.; GROSFOGUEL, R. (Org.). *Decolonialidade e pensamento afrodiaspórico*. Belo Horizonte: Autêntica Editora, 2018. p. 150-185.

CONCEIÇÃO, W. L. da. *Branquitude*: dilema racial brasileiro. Rio de Janeiro: Papéis Selvagens, 2020.

COROSSACZ, V. R. Nomear a branquitude. Uma pesquisa entre homens brancos no Rio de Janeiro. In: MÜLLER, T. M. P.; CARDOSO, L. (Org.). *Branquitude*: estudos sobre a identidade branca no Brasil. Curitiba: Appris, 2017. p. 197-221.

CRENSHAW, K. Documento para o Encontro de Especialistas em Aspectos da Discriminação Racial Relativos ao Gênero. *Estudos Feministas*, Nova Iorque, n. 10, p. 171-188, 2002.

CUNHA, M. C. da. *Negros, estrangeiros*. Os escravos libertos e sua volta à África. São Paulo: Companhia das Letras, 2012.

CUSICANQUI, S. R. Fragmentos de yapa en torno a la noción de lo ch'ixi. *Arte & Ensaios*, Rio de Janeiro, n. 38, p. 226-238, jul. 2019.

DALMAGE, H. M. Mixed Race Families in South Africa: Naming and Claiming a Location. *Journal of Intercultural Studies*, Sidney, v. 39, n. 4, p. 399-413, 2018.

DAVIES, R. *Afrikaners in the New South Africa*. Identity Politics in a Globalised Economy. Nova Iorque: Tauris Academic Studies, 2009.

DÁVILA, J. Entre dois mundos: Gilberto Freyre, a ONU e o apartheid sul-africano. *In*: *História Social*, Campinas, v. 19, p. 135-148, 2010.

DAVIS, D. De opresivo a benigno: Historia comparada de la construcción de la blancura en Brasil en la época de la post-abolición. *Journal of Hispanic and Lusophone Whiteness Studies* (HLWS), Monmouth, v. 1, p. 29-46, 2020.

DIAGNE, S. B. In Praise of the Postracial: Negritude Beyond Negritude. Beyond Negritude: Senghor's Vision for Africa. *Third Text*, v. 24, n. 2, p. 241–48, 2010.

D'ANGELO, R. O branco na luta antirracista: limites e possibilidades. In: *Branquitude*: racismo e antirracismo. São Paulo: Instituto Ibirapitanga, 2021. p. 12-38.

DJIK, T. A. van. Discourse and the denial of racism. *Discourse & Society*, Londres, Newbury Park e Nova Delhi, v. 3, n. 1, p. 87-118, 1992.

DJIK, T. A. van. Discourse and Racism. In: GOLDBERG, D.; SOLOMOS, J. (Orgs.). *The Blackwell Companion to Racial and Ethnic Studies*. Oxford: Blackwell, 2001. p. 145-159.

DUSSEL, E. Transmodernidade e interculturalidade: interpretação a partir da filosofia da libertação. *Revista Sociedade e Estado*, Brasília, v. 31, n. 1, p. 51-73, jan./abr. 2016.

EDDO-LODGE, R. *Por que eu não converso mais com pessoas brancas sobre raça*. Belo Horizonte: Letramento, 2019.

ERRANTE, A. White Skin, Many Masks: Colonial Schooling, Race, and National Consciousness among White Settler Children in Mozambique, 1934-1974. *The International Journal of African Historical Studies*, Boston, v. 36, n. 1, p. 7-33, 2003.

ESCOBAR, A. *Sentipensar con la tierra*: nuevas lecturas sobre desarrollo, territorio y diferencia. Medellín: Ediciones UNAULA, 2014. Colección Pensamiento vivo.

ESTEVES, M. R. *Cartografias cinematográficas*: Johannesburgo, Maputo e Harare em filmes contemporâneos produzidos na África Austral. 2021. 242 p. Tese (Doutorado em Literatura, Cultura e Contemporaneidade) – Pontifícia Universidade Católica do Rio de Janeiro, Rio de Janeiro, 2021. Disponível em: https://www.maxwell.vrac.puc--rio.br/colecao.php?strSecao=resultado&nrSeq=53406@1. Acesso em: 10 mar. 2021.

EVARISTO, C. Escritora Conceição Evaristo é convidada do Estação Plural: depoimento. *TV BRASIL*, 2017. Disponível em: <https://www.youtube.com/watch?v=Xn-2gj1hGsoo>. Acesso em: 15 jul. 2018.

FALKOF, N. *The end of whiteness*: Satanism & Family Murder in Late Apartheid South Africa. Joanesburgo (África do Sul): Jacana, 2016.

FANON, F. *Pele negra, máscaras brancas*. Salvador: Universidade Federal da Bahia, 2008.

FAUSTINO, D. O protagonismo negro no desvelar da branquitude. In: *Branquitude*: racismo e antirracismo. São Paulo: Instituto Ibirapitanga, 2021. p. 69-80.

FERREIRA, A. *A cidade que queremos*: produção do espaço e democracia. Rio de Janeiro: Consequência, 2021.

FÍGARO, R. (Org.). *Comunicação e Análise do Discurso*. São Paulo: Contexto, 2012.

FONSECA, D. J. *Você conhece aquela?* A piada, o riso e o racismo à brasileira. São Paulo: Selo Negro, 2012.

FRANKENBERG, R. A miragem de uma branquidade não-marcada. In: WARE, V. (Org.). *Branquidade*: identidade branca e multiculturalismo. Rio de Janeiro: Garamond, 2004. p. 307-338.

FRANKENBERG, R. *White women, race matters*: The social construction of whiteness. Londres: Routledge, 1993.

FREIRE, P. *Pedagogia da Indignação*: Cartas Pedagógicas e Outros Escritos. São Paulo: Paz e Terra, 2014.

FREIRE, P. *Cartas à Guiné Bissau*: registros de uma experiência em processo. Rio de Janeiro: Paz e Terra, 2013.

FREIRE, P. *Extensão ou comunicação?* Rio de Janeiro: Paz e Terra, 2010.

FREIRE, P. *A importância do ato de ler*. Em três artigos que se completam. São Paulo: Cortez, 2008.

FREIRE, P. *Pedagogia da Autonomia*: saberes necessários à prática educativa. Rio de Janeiro: Paz e Terra, 1996.

FREIRE, P. *Pedagogia da Esperança*: um reencontro com a Pedagogia do Oprimido. Rio de Janeiro: Paz e Terra, 1992.

FREIRE, P. *Pedagogia do Oprimido*. Rio de Janeiro: Paz e Terra, 1987.

FREIRE, P. *Ação cultural para a liberdade e outros escritos*. Rio de Janeiro: Paz e Terra, 1981.

FREIRE, P. *Educação como prática de liberdade*. Rio de Janeiro: Paz e Terra, 1967.

FREYRE, G. *Um Brasileiro em Terras Portuguesas*. Rio de Janeiro: José Olympio, 1953.

FREYRE, G. *Sobrados e Mucambos*: decadência do patriarcado rural e desenvolvimento do urbano. Rio de Janeiro: Livraria José Olympio Editora, 1951.

GILL, R. Análise de Discurso. In: BAUER, M. W.; GASKELL, G. (Org.). *Pesquisa qualitativa com texto, imagem e som*: um manual prático. Petrópolis: Vozes, 2002. p. 244-270.

GOMES, N. L. O Movimento Negro e a intelectualidade negra descolonizando os currículos. In: BERNARDINO-COSTA, J.; MALDONADO-TORRES, N.; GROSFOGUEL, R. (Org.). *Decolonialidade e pensamento afrodiaspórico*. Belo Horizonte: Autêntica Editora, 2018. p. 243-271.

GOMES, N. L. *O Movimento Negro educador*: saberes construídos nas lutas por emancipação. Petrópolis: Vozes, 2017.

GOMES, N. L. Trajetórias escolares, corpo negro e cabelo crespo: reprodução de estereótipos ou ressignificação cultural? *Educação como exercício de diversidade*, Unesco, MEC, ANPEd, p. 40-51, 2002.

GOMES, N. L. *Alguns termos e conceitos presentes no debate sobre relações raciais no Brasil*: uma breve discussão. Brasília: Ministério da Educação, Secretaria de Educação Continuada, Alfabetização e Diversidade, 2005. p. 39-62.

GOMES, V. P. A Colonialidade e a Emancipação no filme Emitai de Sembène Ousmane. *Em Tempo de Histórias*, Brasília, v. 37, p. 9-27, 2020.

GONÇALVES, E. Mulheres negras e a cidade. In: CANECO, C. [et al.] (Org.). *Recortes de uma cidade por vir*. São Paulo: Instituto Pólis, 2020. p. 48-51.

GONZÁLES, L. Racismo e sexismo na cultura brasileira. *Revista Ciências Sociais Hoje*, Anpocs, São Paulo, p. 223-244, 1984.

GQOLA, P. D. Intimate foreigners or violent neighbours? Thinking masculinity and post-apartheid xenophobic violence through film. *Agenda*, Joanesburgo, v. 30, n. 2, p. 64-74, 2016.

GRAMSCI, A. *Os Intelectuais e a Organização da Cultura*. Rio de Janeiro: Ed. Civilização Brasileira, 1982.

GROSFOGUEL, R. Para uma visão decolonial da crise civilizatória e dos paradigmas da esquerda ocidentalizada. In: BERNARDINO-COSTA, Joaze; MALDONADO-TORRES, Nelson; GROSFOGUEL, Ramón (Org.). *Decolonialidade e pensamento afrodiaspórico*. Belo Horizonte: Autêntica Editora, 2018. p. 61-87.

GROSFOGUEL, R. Decolonizing Postcolonial Studies and Paradigms of Political-Economy: Transmodernity, Decolonial Thinking and Global Coloniality. *Transmodernity*: Journal of Peripheral Cultural Production of the Luso-Hispanic World, São Francisco, v. 1, n. 1, p. 1-37, 2011.

GUPTA, P. *Portuguese Decolonization in the Indian Ocean World*: History and Ethnography. Nova Iorque: Bloomsbury Publishing, 2020.

HALL, S. A ideologia e a teoria da comunicação. *MATRIZes*, São Paulo, v. 10, n. 3, p. 33-46, set./dez. 2016.

HALL, S. Entrevista com Stuart Hall: de Heloísa Buarque de Hollanda e Liv Sovik. *Muiraquitã*, Revista de Letras e Humanidades, Rio Branco, v. 2, n. 1, p. 196-207, jul./dez. 2013.

HALL, S. *A identidade cultural da pós-modernidade*. São Paulo: DP&A, 2006.

HARAWAY, D. Saberes localizados: a questão da ciência para o feminismo e o privilégio da perspectiva parcial. *Cadernos Pagu*, Campinas, n. 5, p. 7-41, 1995.

HASENBALG, C. *Discriminação e desigualdades raciais no Brasil*. Rio de Janeiro, Graal, 1979.

HERARD-WILLOUGHBY, T. *Waste of white skin*. The Carnegie Corporation and the Racial Logic of White Vulnerability. California: University of California Press, 2015.

HOLLANDA, H. B.; SOVIK, L. Entrevista com Stuart Hall. *Muiraquitã*, Revista de Letras e Humanidades, Rio Branco, v. 2, n. 1, p. 203-214, 2013.

hooks, b. *Ensinando comunidade*: uma pedagogia da esperança. São Paulo: Elefante, 2021.

hooks, b. Intelectuais negras. *Estudos Feministas*, Florianópolis, Ano 3, n. 2, 1995.

hooks, b. Vivendo de amor. *Geledés*, 09 mar. 2010. Disponível em: <https://www.geledes.org.br/vivendo-de-amor/>. Acesso em: 10 jan. 2020.

HUMBANE, E. M. J.; CHEMANE, O. D. Até quando as máscaras brancas? Educação e racismo em Moçambique. *Roteiro*, Joaçaba, v. 46, p. 1-24, jan./dez. 2021.

HUNTER, M. *Race for education*. Gender, White Tone, and Schooling in South Africa. Nova Iorque: Cambridge University Press, 2019.

INGOLD, T. *Antropologia*: para que serve? Rio de Janeiro: Vozes, 2019.

JESUS, C. M. de. A persistência do privilégio da brancura: notas sobre os desafios na construção da luta antirracista. In: MÜLLER, T. M. P.; CARDOSO, L. (org.). *Branquitude*: estudos sobre a identidade branca no Brasil. Curitiba: Appris, 2017. p. 69-89.

JESUS, C. M. de. Branquitude x branquidade: uma análise conceitual do ser branco. In: III Encontro Baiano de Estudos em Cultura, 2012, Cachoeira. *Anais*..., p. 1-14, abr. 2012.

JESUS, C. M. de. *Quarto de despejo*: diário de uma favelada. São Paulo: Livraria Francisco Alves, 1960.

JONES, D. *The Racial Discourses of Life Philosophy*: Négritude, Vitalism, And Modernity. Nova Iorque: Columbia University Press, 2010.

JULIO, T. M. *Pedagogia da branquitude*: o branco-discurso hegemônico nos artefatos midiáticos. 2021. 197 p. Dissertação (Mestrado em Educação) – Centro de Educação, Universidade Federal da Paraíba, João Pessoa, 2021.

KESSIA, S.; MARKSB, Z.; RAMUGONDO, E. Decolonizing African Studies. *Critical African Studies*, Edinburgh, v. 12, n. 3, p. 271–282, 2020.

KILOMBA, G. *Memórias da plantação*: episódios do racismo cotidiano. Rio de Janeiro: Cobogó, 2019.

LABORNE, A. A. de P. Branquitude, colonialismo e poder: a produção do conhecimento acadêmico no contexto brasileiro. In: Müller, T.; Cardoso, L. (Org.). *Branquitude*: estudos sobre identidade branca no Brasil. Curitiba: Appris, 2017. p. 91-105.

LABORNE, A. A. de P. Branquitude e colonialidade do saber. *Revista da ABPN*, Guarulhos, v. 6, n. 13, p. 148-161, mar./jun. 2014.

LAISSE, S. J. *Letras e palavras*. Convivência entre culturas na literatura moçambicana. Maputo: Escolar Editora, 2020.

LEITE, F; BATISTA, L. L. (Org.). *Publicidade antirracista*: reflexões, caminhos e desafios. São Paulo: ECA-USP, 2019.

LEITE, F. *Publicidade Contraintuitiva*. Inovação no Uso de Estereótipos na Comunicação. Curitiba: Appris, 2014.

LOPES, J. S. Pontuações e proposições ao branco/a e à luta antirracista: ensaio político-reflexivo a partir dos estudos críticos da branquitude. In: V Simpósio Internacional Lutas Sociais na América Latina, Londrina, 10-13 set. 2013. *Anais*... Londrina, p. 134-150, 2013.

MABANCKOU, A. As Áfricas móveis de Alain Mabanckou. In: *O Correio da Unesco*, 2019. Disponível em: <https://unesdoc.unesco.org/ark:/48223/pf0000367693_por.locale=en>. Acesso em: 29 jul. 2021.

MABANCKOU, A. *Le Sanglot de l'homme noir*, Paris: Fayard, 2012.

MACAMO, E. S. Denying modernity: the regulation of native labour in colonial Mozambique and its postcolonial aftermath. In: MACAMO, E. (Ed.). *Negotiating modernity*: Africa's ambivalent experience. Dakar: Codesria Books; Londres, Nova Iorque: Zed Books; Pretória: University of South Africa Press, p. 67-97, 2005.

MACHAVA, B. Galo amanheceu em Lourenço Marques: O 7 de Setembro e o verso da descolonização de Moçambique. *Revista Crítica de Ciências Sociais*, Coimbra, 106, p. 53-84, mai. 2015.

MACHEL, S. M. *Estabelecer o poder popular para servir as massas*. Maputo: Imprensa Nacional de Moçambique, 1975.

MAINGUENEAU, D. *Discurso e análise do discurso*. São Paulo: Parábola Editorial, 2015.

MAINGUENEAU, D. *Análise de textos de comunicação*. São Paulo: Cortez, 2004.

MALDONADO-TORRES, N. Analítica da colonialidade e da decolonialidade: algumas dimensões básicas. In: BERNARDINO-COSTA, J.; MALDONADO-TORRES, N.; GROSFOGUEL, R. (Org.). *Decolonialidade e pensamento afrodiaspórico*. Belo Horizonte: Autêntica Editora, 2018. p. 30-60.

MALDONADO-TORRES, N. Sobre la colonialidad del ser: contribuciones al desarrollo de un concepto. In: CASTRO-GÓMEZ, S.; GROSFOGUEL, R. (Orgs.). *El giro decolonial*. Reflexiones para una diversidad epistémica más allá del capitalismo global. Bogotá: Universidad Javeriana-Instituto Pensar, Universidad Central-IESCO, Siglo del Hombre Editores, 2007. p. 127-167.

MALOMALO, B. Retrato dos brancos/as antirracistas feito do ponto de vista de uma educação macumbista. In: MÜLLER, T. M. P. e CARDOSO, L. (Org.). *Branquitude*: estudos sobre a identidade branca no Brasil. Curitiba: Appris, 2017. p. 259-276.

MALOMALO, B. Branquitude como dominação do corpo negro: diálogos com a sociologia de Bourdieu. *Revista ABPN*, Guarulhos, v. 6, n. 13, p. 175-200, mar./jun. 2014. Dossiê Branquitude.

MALOMALO, B. *Filosofia do Ubuntu*: valores civilizatórios das ações afirmativas para o desenvolvimento. Curitiba: Editora CRV, 2014a.

MARIANO, E. Ser antropóloga entre local e global. *Revista Antropologia*, São Paulo, v. 60, n. 3, p. 65-88, 2017.

MARTÍN-BARBERO, J. *Dos meios às mediações*: comunicação, cultura e hegemonia. Rio de Janeiro: Editora UFRJ, 2008.

MARTINS, M. C. Mediações culturais e contaminações estéticas. *Revista Gearte*, Porto Alegre, v. 1, n. 2, p. 248-264, ago. 2014.

MARTINS, V. e ROSA, R. Ao Sul das referências: Reflexões decoloniais para desierarquizar os processos de produção de conhecimento. *Comunicação, Mídia e Consumo*, São Paulo, v. 18, n. 51, p. 16-35, jan./abr. 2021.

MBEMBE, A. *Sair da grande noite*: ensaio sobre a África descolonizada. Petrópolis: Vozes, 2019.

MBEMBE, A. *Necropolítica*. São Paulo: N-1 Edições, 2018.

MBEMBE, A. Aesthetics of Superfluity. In: NUTALL, S.; MBEMBE, A. (Org.). *The Elusive Metropolis*. Londres: Duke University Press, 2008. p. 37-67.

MBEMBE, A. On the postcolony: a brief response to critics. *Qui Parle*, Durham, v. 15, n. 2, p. 1-49, 2005.

MENESES, M. P. G. Xiconhoca, o inimigo: Narrativas de violência sobre a construção da nação em Moçambique. *Revista Crítica de Ciências Sociais*, Coimbra, v. 106, p. 9-52, mai. 2015.

MENESES, M. P. G. Images Outside the Mirror? Mozambique and Portugal in World History. *Human architecture*: journal of the sociology of self-knowledge, Boston, v. 10, p. 121-136, 2012.

MENESES, M. P. G. Poderes, direitos e cidadania: O 'retorno' das autoridades tradicionais em Moçambique. *Revista Crítica de Ciências Sociais*, Coimbra, v. 87, p. 9-42, dez. 2009.

MESSIAS, C. A perspectiva histórica da educomunicação: um paradigma, novas acepções de visão de mundo. In: NAGAMINI, Eliana; ZANIBONI, Ana Luisa (Orgs.). *Territórios migrantes, interfaces expandidas*, Ilhéus, Editus, v. 5, p. 16-32, 2018. Série Comunicação e Educação.

MHLAMBI, S. *From Rationality to Relationality*: Ubuntu as an Ethical and Human Rights Framework for Artificial Intelligence Governance. Harvard Kennedy School, Harvard University, Spring 2020.

MIGNOLO, W. D. Epistemic Disobedience and the Decolonial Option: A Manifesto. *Transmodernity*: Journal of Peripheral Cultural Production of the Luso-Hispanic World, São Francisco, v. 1, n. 2, p. 44-66, 2011.

MILAZZO, M. On White Ignorance, White Shame, and Other Pitfalls in Critical Philosophy of Race. *Society for Applied Philosophy*, Oxford, p. 1-16, 2016.

MILLS, C. W. O contrato de dominação. *Meritum*, Belo Horizonte, v. 8, n. 2, p. 15-70, jul./dez. 2013.

milton, v. c.; MANO, W. Afrokology as a transdisciplinary approach to media and communication studies. In: milton, v. c.; MANO, W. (Org.). *Routledge Handbook of African Media and Communication Studies*. Londres: Routledge, 2021. p. 256-276.

MINISTÉRIO DA SAÚDE (Brasil). Guia de implementação do quesito Raça/Cor/Etnia. Brasília, DF: Ministério da Saúde, 2018. 42 p.

MIRANDA, J. H. de A. Branquitude invisível – pessoas brancas e a não percepção dos privilégios: verdade ou hipocrisia? In: MÜLLER, T. M. P.; CARDOSO, L. (Org.). *Branquitude*: estudos sobre a identidade branca no Brasil. Curitiba: Appris, 2017. p. 57-70.

MODIRI, J. M. The Colour of Law, Power and Knowledge: Introducing Critical Race Theory in (Post-)Apartheid South Africa. *South African Journal on Human Rights*, Joanesburgo, v. 28, n. 3, p. 405-436, 2012.

MOGADOURO, C. de A. Cinema e escola: ver, sentir e fazer. *In*: II Conferência Internacional de Cinema de Viana, 2013. Anais... Viana: Escola Superior de Educação de Viana do Castelo, p. 1-17, 2013.

MONDLANE, E. *The Struggle for Mozambique*. Londres: Zed Books, 1983.

MOUTINHO, L. The other side? Das implicações morais de certos horizontes imaginativos na África do Sul. *Anuário Antropológico*, Brasília, v. 2, p. 77-97, 2015.

MOUTINHO, L. Diferenças e desigualdades negociadas: raça, sexualidade e gênero em produções acadêmicas recentes. *Cadernos Pagu*, Campinas, v. 42, p. 201-248, jan./jun. 2014. Dossiê Antropologia, Gênero e Sexualidade no Brasil: Balanço e Perspectivas.

MUNGIOLI, M. C. P. Narrativas e Discursos: produção de sentido e subjetividade. In: PRANDINI, P. *A cor na voz*: identidade étnico-racial, educomunicação e histórias de vida. Belo Horizonte: Letramento, 2018. p. 59-65.

MUNGIOLI, M. C. P. Minisséries Brasileiras: um lugar de memória e de (re)escrita da nação. In: II Colóquio Binacional Brasil-México de Ciências da Comunicação – Comunicação nas culturas locais e nacionais, 2009, São Paulo. *Anais*… São Paulo: Escola Superior de Propaganda e Marketing, p. 578-602, 2009.

MUNGIOLI, M. C. P.; VIANA, C. E.; RAMOS, D. O. Uma formação inovadora na interface educação e comunicação: aspectos da licenciatura em educomunicação da Escola de Comunicações e Artes da USP. *Revista Latinoamericana de Ciencias de la Comunicación – ALAIC*, v. 14, n. 27, p. 218-228, 2017.

NAGAMINI, E. *Comunicação em diálogo com a Literatura*: mediações no contexto escolar. 2012. 193 p. Tese (Doutorado em Ciências da Comunicação) – Escola de Comunicações e Artes, Universidade de São Paulo, São Paulo, 2012. Disponível em: https://www.teses.usp.br/teses/disponiveis/27/27154/tde-22052013-104907/en.php. Acesso em: 21 set. 2021.

NASCIMENTO, A. do. *O genocídio do negro brasileiro*: processo de um racismo mascarado. São Paulo: Perspectivas, 2016.

NDLOVU-GATSHENI, S. J. *Epistemic freedom in Africa*: deprovincialization and decolonization. Nova Iorque: Routledge, 2018.

NEWITT, M. Mozambique. In: CHABAL, P.; BIRMIGHAM, D., FORREST, J.; NEWITT, M. (*et al*) (Eds.). *A History of Postcolonial Lusophone Africa*. Londres: Hurst, 2002. p. 185-235.

NGOENHA, S. E. *Filosofia africana* – das independências às liberdades. Maputo: Paulinas, 2018.

NGOENHA, S.; CARVALHO, C. Desconseguimentos. In: *Severino Ngoenha Website*. Disponível em: https://www.severinongoenha.com/artigos/o-desconseguimento. Acesso em: 10 ago. 2021.

NHAMPOCA, E. A. C. Educação e direitos das mulheres em tempos de pandemia em Moçambique. *Revista de Educação Pública*, Cuiabá, v. 30, p. 1-21, jan./dez. 2021.

NHAMPOCA, E. A. C. Ensino bilíngue em Moçambique: introdução e percursos. *Working Papers em Linguística*, Florianópolis, v. 16, n. 2, p. 82-100, ago./dez. 2015.

NJERI, A. Reflexões artístico-filosóficas sobre a humanidade negra. Ítaca, Rio de Janeiro, n. 36, p. 164-226, 2020. Especial Filosofia Africana.

NOVAES, L. K. de. A linguagem como mediação: uma análise de discurso da expressão midiática telenovela bíblica. *Dispositiva*, Belo Horizonte, v. 8, n. 13, p. 85-91, jan./jul. 2019.

NYAMNJOH, F. B. Cecil John Rhodes: 'The Complete Gentleman' of Imperial Dominance. *The Jugaad Project*, 23 Feb. 2021, Disponível em: <http://thejugaadproject.pub/rhodes-the-complete-gentleman>. Acesso em: 10 mar. 2021.

NYE JUNIOR, J. S. *Soft Power*: The Means To Success In World Politics. Nova Iorque: PublicAffairs, 2004.

OLIVEIRA, A. C. de. Estesia e experiência do sentido. *Cadernos de Semiótica Aplicada*, Araraquara, v. 8, n. 2, p. 1-12, dez. 2010.

OLIVEIRA, L. F. de e CANDAU, V. M. F. Pedagogia decolonial e educação antirracista e intercultural no Brasil. *Educação em Revista*, Belo Horizonte, v. 26, n. 1, p. 15-40, abr. 2010.

OLIVEIRA, M. R. G. *O diabo em forma de gente*: (r)existências de gays afeminados, viados e bichas pretas na educação. Salvador: Editora Devires, 2020.

OLIVEIRA, M. R. G. *Nem ao centro, nem à margem!* Corpos que escapam às normas de raça e de gênero. Salvador: Editora Devires, 2020.

ORLANDI, E. P. *As formas do silêncio*: no movimento dos sentidos. Campinas: Editora da Unicamp, 2013.

ORLANDI, E. P. *Análise de Discurso*: Princípios e Procedimentos. Campinas: Pontes, 1999.

PASSOS, A. H. I. *Um estudo sobre branquitude no contexto de reconfiguração das relações raciais no Brasil, 2003-2013*. Porto Seguro: Editora Oyá, 2019.

PATEL, S. A. O Letramento na Formação de Formadores em Moçambique: O Caso da Educação Bilingue. *Línguas e letras*, Cascavel, v. 19, n. 44, p. 183-198, 2018.

PAVEAU, M. Palavras anteriores. Os pré-discursos entre memória e cognição. *Filologia e linguística portuguesa*, São Paulo, n. 9, p. 311-331, 2007.

PEREIRA, F. da C.; FOSSÁ, I. Pedagogias de Paulo Freire: educando para a cidadania com protagonismo na comunicação. *Comunicação & Educação*, São Paulo, ano XXVI, n. 2, p. 29-42, jul./dez. 2021.

PHIRI, M. Z.; MACHEVE JÚNIOR, A. Mozambique's peace decades since the end of the conflict: Inclusive or managed democracy? *African Journal on Conflict Resolution*, Durban, v. 1, p. 37-62, 2014.

PIZA, E. Porta de vidro: entrada para a branquitude. In: CARONE, I.; BENTO, M. A. S. (Orgs.). *Psicologia social do racismo*: estudos sobre branquitude e branqueamento no Brasil. Petrópolis: Vozes, 2009. p. 59-90.

PIZA, E. Adolescência e racismo: uma breve reflexão. In: *Anuário 1o. Simpósio Internacional do Adolescente*, Universidade de São Paulo, São Paulo, s./p., mai. 2005. Disponível em: <http://www.proceedings.scielo.br/scielo.php?pid=MSC00000000820050001000022&script=sci_arttext>. Acesso em: 20 mar. 2019.

PRANDINI, P. *A cor na voz*: identidade étnico-racial, educomunicação e histórias de vida. Belo Horizonte: Letramento, 2018.

PRAZERES, L. L. G. dos; MIGLIEVICH-RIBEIRO, A. A produção da subalternidade sob a ótica pós-colonial (e decolonial): algumas leituras. *Temáticas*, Campinas, v. 23, p. 25-52, fev./dez. 2015.

QUIJANO, A. Colonialidade do poder, Eurocentrismo e América Latina. *A colonialidade do saber: eurocentrismo e ciências sociais*. Perspectivas latino-americanas. Buenos Aires: Consejo Latinoamericano de Ciencias Sociales – CLACSO, 2005. p. 117-142.

RAMOS, A. G. Patologia social do branco brasileiro. *Jornal do Commércio*, 1955.

RAMOSE, M. B. Sobre a Legitimidade e o Estudo da Filosofia Africana. *Ensaios Filosóficos*, Rio de Janeiro, v. IV, p. 6-25, out. 2011.

RAMOUPI, N. L. I. African Languages Policy in the Education of South Africa: 20 Years of Freedom or Subjugation? *Journal of Higher Education in Africa | Revue de l'enseignement supérieur en Afrique*, Dakar, v. 12, n. 2, p. 53-93, 2014.

RATELE, K. Making white lives: neglected meanings of whiteness from apartheid South Africa. *Psychology in Society*, Durban, v. 40, p. 83-99, jan. 2010.

REIS, T.; EGGERT, E. Ideologia de gênero: uma falácia construída sobre os planos de educação brasileiros. *Educação e Sociedade*, Campinas, v. 38, n. 138, p. 9-26, jan./mar. 2017.

RESANE, K. T. White fragility, white supremacy and white normativity make theological dialogue on race difficult. *In die Skriflig*, Pretória, v. 55, n. 1, p. 1-10, 2021.

RIBEIRO, D. *Quem tem medo do feminismo negro?* São Paulo: Companhia das Letras, 2018.

RIBEIRO, G. M. "É Pena Seres Mulato!": Ensaio sobre relações raciais. *Cadernos de Estudos Africanos*, v. 23, p. 21-51, 2012.

SANTOS, B. S. Three Metaphors for a New Conception of Law: the Frontier, the Baroque and the South. *Law & Society Review*, Amherst, v. 29, n. 4, p. 569-584, 1995.

SANTOS, B. S. e MENESES, M. P. (Org.). *Epistemologias do Sul*. Coimbra: Almedina, 2009.

SANTOS, J. C. S. *Racismo institucional e relações de trabalho no Brasil*. 2021. 245p. Tese (Doutorado em Direito Político e Econômico) – Universidade Presbiteriana Mackenzie, São Paulo, 2021. Disponível em: http://tede.mackenzie.br/jspui/handle/tede/4853. Acesso em: 01 mar. 2022.

SANTOS, V. M. dos. Todo audiovisual pode ser educativo: a comunicação sensível a partir do metáporo. In: NAGAMINI, E. (Org.). *Processos educativos na interface Comunicação e Educação*. Ilhéus, Editus, p. 243-258, 2016. Série Comunicação e Educação; v. 2.

SANTOS, W. O. dos. Branquitude e negrofilia: o consumo do outro na educação para as relações étnico-raciais. *Perspectiva*. Revista do Centro de Ciências da Educação, Florianópolis, v. 37, n. 3, p. 939-957, jul./set. 2019.

SARTORI, A. S.; SILVA, M. M. da. Editorial. *Revista Linhas*, Florianópolis, v. 22, n. 49, p. 1-4, 2021.

SCHELLING, V. A presença do povo na cultura brasileira. Ensaio sobre o pensamento de Mário de Andrade e Paulo Freire. In: DIAS, A. R. F. *O discurso da violência*. Campinas: Editora Unicamp, 1991.

SCHUCMAN, L. V. Alianças possíveis e impossíveis entre brancos e negros para equidade racial. In: *Branquitude*: racismo e antirracismo. São Paulo: Instituto Ibirapitanga, 2021. p. 40-66.

SCHUCMAN, L. V. *Famílias inter-raciais, tensões entre cor e amor*. Salvador: EDUFBA, 2018.

SCHUCMAN, L. V. *Entre o "encardido", o "branco" e o "branquíssimo"*: raça, hierarquia e poder na construção da branquitude paulistana. São Paulo: Instituto de Psicologia, 2012.

SCHWARCZ, L. M. *O espetáculo das raças*. São Paulo: Companhia das Letras, 1993.

SCHWENGBER, I, L.; CHICAVA, A. K. A. Pedagogia de Paulo Freire na concepção da educação moçambicana. *Revista Pedagógica*, Chapecó, v. 21, p. 447-461, 2019.

SEFATSA, Z. Paulo Freire and Popular Struggle in South Africa. *Tricontinental*, nov. 2020. Disponível em: <https://thetricontinental.org/dossier-34-paulo-freire-and-south-africa/>. Acesso em: 15 nov. 2020.

SETTON, M. da G. *Mídia e Educação*. São Paulo: Contexto, 2001.

SEVERO, C., SITOE, B., PEDRO, J. *Estão as línguas nacionais em perigo?* Lisboa: Escolar Editora, 2014.

SIBANDA, S. *Through the Eyes of the Other*: An Analysis of the Representations of Blackness in South African Youth Novels by White Writers from 1976 to 2006. 2012. 271 p. Tese (Doutorado em Filosofia) – Faculty of Humanities, University of the Witwatersrand, Joanesburgo, 2012.

SILVA, A. L. da. *O excesso como simbiose entre melodrama, carnavalização e fantástico*: análise das produções de sentido na minissérie "Amorteamo". 2020. 385 p. Tese (Doutorado em Ciências da Comunicação) – Escola de Comunicações e Artes, Universidade de São Paulo, São Paulo, 2020. Disponível em: https://www.teses.usp.br/teses/disponiveis/27/27164/tde-26022021-221949/publico/AndersonLopesdaSilva.pdf. Acesso em: 17 out. 2021.

SILVA, C. da. *Racismo no Brasil e afetos correlatos*. Porto Alegre: Conversê Edições, 2013.

SILVA, D. D. da. *Bakhtin e Paulo Freire*: a relação do eu e do outro e as relações dialógicas para a prática da liberdade. 2012. 143 p. Tese (Doutorado em Educação) – Centro de Educação e Ciências Humanas, Universidade Federal de São Carlos, São Carlos, 2012. Disponível em: https://repositorio.ufscar.br/bitstream/handle/ufscar/2275/4358.pdf. Acesso em: 09 nov. 2020.

SILVA, J. V. da. Cinema como prática social: estreitando relações a partir do cinema educativo. *Revista Diálogos*, n. 21, p. 68-96, mar./abr. 2019.

SILVA, M. da. *A contribuição da Abordagem Triangular do Ensino das Artes e Culturas Visuais para o desenvolvimento da epistemologia da Educomunicação*. 2016. 110 p. Dissertação (Mestrado em Artes Visuais) – Escola de Comunicações e Artes, Universidade de São Paulo, São Paulo, 2016. Disponível em: https://www.teses.usp.br/teses/disponiveis/27/27160/tde-03022017-163215/pt-br.php. Acesso em: 17 mar. 2020.

SILVA, M. V.; VIANA, C. E. Expressão comunicativa por meio da Arte: construindo e refletindo sobre uma área de intervenção da Educomunicação. *Comunicação & Educação*, ano XXIV, n. 1, p. 7-19, jan./jun. 2019.

SILVA, P. E. da. O potencial de práticas decoloniais na formação docente. *Equidade Racial na Educação Básica*: artigos científicos. São Paulo: Itaú Social et al, 2021. p. 110-133.

SILVA, P. E. da. *Um projeto civilizatório e regenerador*: análise sobre raça no projeto da Universidade de São Paulo (1900-1940). 2015. 367 p. Tese (Doutorado em Educação) – Faculdade de Educação, Universidade de São Paulo, São Paulo, 2015. Disponível em: https://www.teses.usp.br/teses/disponiveis/48/48134/tde-01072016-104831/pt-br.php. Acesso em: 06 jan. 2020.

SILVÉRIO, V. R. Ação afirmativa e o combate ao racismo institucional no Brasil. *Cadernos de Pesquisa*, São Paulo, n. 117, p. 219-246, nov./2002.

SMITH, L. T. *Decolonizing Methodologies*: Research and Indigenous Peoples. Londres: Zed Books, 2012.

SOARES, I. de O. O poder da fala às crianças e aos adolescentes, porque eles têm um mundo a construir. In: VIANA, C. E.; MEDEIROS, J. P. S.; PEREIRA, M. M. (Org.). *Cultura infantojuvenil na perspectiva da Educomunicação*. Do uso das mídias à expressão criativa de crianças e jovens na sociedade brasileira contemporânea. São Paulo: Associação Brasileira de Pesquisadores e Profissionais em Educomunicação, 2020. p. 9-13.

SOARES, I. de O. Educomunicação: um campo de mediações. In: CITELLI, A. O. e COSTA, M. C. C. (Orgs.). *Educomunicação*: Construindo uma nova área de conhecimento. São Paulo: Paulinas, 2011. p. 13-30.

SOARES, I. de O. La Educomunicación y el Buen Vivir: una alianza posible. *SIGNIS*, Equador, 16 dez. 2019. Disponível em: <http://signisalc.org/noticias/educomunicacion/16-12-2019/la-educomunicacin-y-el-buen-vivir-una-alianza-posible>. Acesso em: 25 mai. 2020.

SOARES, I. de O. Inovação na gestão e nas práticas pedagógicas: a contribuição da Educomunicação para a renovação da base curricular nacional. *In:* VII Congresso de Educação Básica, Florianópolis, 2018. Anais..., Florianópolis, s./p., 2018.

SOARES, I. de O. A educomunicação possível: uma análise da proposta curricular do MEC para o Ensino Básico. *Comunicação & Educação*, ano XXI, n. 1, p. 13-25, jan./jun. 2016.

SOARES, I. de O. Educomunicação: As múltiplas tradições de um campo emergente de intervenção social, na Europa, Estados Unidos e América Latina. In: *Panorama da Comunicação e das Telecomunicações no Brasil*, v. 4, p. 169-202, 2012-2013.

SOARES, I. de O. *Educomunicação*: o conceito, o profissional, a aplicação. Contribuições para a reforma do Ensino Médio. São Paulo: Paulinas, 2011.

SOARES, I. de O. Gestão comunicativa e educação: caminhos da educomunicação. *Comunicação & Educação*, nº 23, p. 16-25, jan./abr. 2002.

SODRÉ, M. *A ciência do comum*: notas para o método comunicacional. Petrópolis: Vozes, 2014.

SOUZA-E-SILVA, M. C. Discursividade e espaço discursivo. In: FÍGARO, R. (Org.). *Comunicação e Análise do Discurso*. São Paulo: Contexto, 2012. p. 99-118.

SOVIK, L. O papel da comunicação no antirracismo. In: *Branquitude*: racismo e antirracismo. São Paulo: Instituto Ibirapitanga, 2021. p. 101-131.

SOVIK, L. *Aqui ninguém é branco*: hegemonia branca no Brasil. In: WARE, V. (Org.), Branquidade, identidade branca e multiculturalismo. Rio de Janeiro: Garamond, 2004.

SPIVAK, G. C. *Pode o subalterno falar?*. Belo Horizonte: Editora UFMG, 2010.

STEYN, M.; FOSTER, D. Repertoires for talking white: Resistant whiteness in post-apartheid South Africa. *Ethnic and Racial Studies*, Londres, v. 31, n. 1, p. 25-51, 2008.

STEYN, M. Rehabilitating a whiteness disgraced: Afrikaner white talk in post apartheid South Africa. *Communication Quarterly*, Londres, v. 52, n. 2, p. 143-169, 2004.

SUEYOSHI, A. Making Whites from the Dark Side: Teaching Whiteness Studies at San Francisco State University. *The History Teacher*, São Francisco, v. 46, n. 3, p. 373-396, 2013.

TAGWIREI, C. *"Should I stay or should I go?"* Zimbabwe's white writing, 1980-2011. 2014. p. Tese (Doutorado em English Studies) – Faculty of English, Stellenbosch University, Stellenbosch, 2014. Disponível em: https://scholar.sun.ac.za/bitstream/handle/10019.1/95815/tagwirei_zimbabwe_2014.pdf?sequence=3&isAllowed=y. Acesso em: 18 jul. 2020.

TELES, E. C. As mediações e os processos educomunicativos em tempos acelerados: desafios da formação e do trabalho docente. In: NAGAMINI, E.; ZANIBONI, A. L. (Orgs.). *Territórios migrantes, interfaces expandidas*. Ilhéus, Editus, p. 124-139, 2018. Série Comunicação e Educação, v. 5.

THIAM, C. *Return to the Kingdom of Childhood*: Re-envisioning the Legacy and Philosophical Relevance of Negritude. Ohio: The Ohio State University Press, 2014.

THIONG'O, N. wa. A descolonização da mente é um pré-requisito para a prática criativa do cinema africano? In: MELEIRO, A. (Org.). *Cinema no mundo* – Indústria, política e mercado: África. São Paulo: Escrituras Editora, 2007. p. 25-32.

THOMAZ, O. R. "Raça", nação e status: histórias de guerra e "relações raciais" em Moçambique. *Revista USP*, São Paulo, n. 68, p. 252-268, dez./fev. 2005-2006.

THUMIM, N. 'It´s good for them to know my story'. Cultural mediation as tension. In: LUNDBY, P. *Digital storytelling, mediatized stories*: self-representations in new media. Nova Iorque: Peter Lang Publishing, 2008. p. 85-105.

TROUILLOT, M. *Silencing the past*. Power and the Production of History. Boston: Beacon Press, 1995.

TWINE, F. W. e STEINBUGLER, A. C. The Gap Between Whites and Whiteness. Interracial Intimacy and Racial Literacy. *Du Bois Review*, Cambridge, v. 3, n. 2, p. 341-363, 2006.

VALLY, S. Between the Vision of Yesterday and the Reality of Today: Forging a Pedagogy of Possibility. *Education as Change*, Joanesburgo, v. 24, p. 1-24, 2020.

VERGÈS, F. *Um feminismo decolonial*. São Paulo: Ubu Editora, 2020.

VIANA, C. E. A educomunicação possível: práticas e teorias da educomunicação, revisitadas por meio de sua práxis. *Educomunicação e suas áreas de intervenção*: novos paradigmas para o diálogo intercultural. São Paulo: Associação Brasileira de Pesquisadores e Profissionais em Educomunicação, 2017. p. 925-942.

VOVOS, I. *A libertação do colonialismo*: O caso de Moçambique. 2018-2019. Dissertação (Mestrado em Ética e Filosofia Política) – Universitat de Barcelona, Barcelona, 2018-2019.

VIGOTSKI, L. S. A educação estética. In: VIGOTSKI, L. S. *Psicologia pedagógica*. São Paulo: Martins Fontes, 2001. p. 323-363.

WALSH, C. Interculturalidade Crítica e Pedagogia Decolonial: in-surgir, re-existir e re-viver. In: CANDAU, V. M. (Org.). *Educação Intercultural na América Latina*: entre concepções, tensões e propostas, 2009. p. 12-42.

WAMBUGU, J. N. When tables turn: discursive constructions of whites as victims of affirmative action in a post-apartheid South Africa. *Psychology in Society*, Durban, v. 31, p. 57-70, 2005.

WERNECK, J. O que podem os indivíduos diante da estrutura? In: *Branquitude*: racismo e antirracismo. São Paulo: Instituto Ibirapitanga, 2021. p. 132-162.

WERTSCH, J. *Mind as action*. Nova Iorque: Oxford University Press, 1998.

WESTHUIZEN, C. *Sitting pretty*. White Afrikaans Women in Post-apartheid South Africa. Durban: University of KwaZulu-Natal Press, 2017.

WESTHUIZEN, C. *White Power & the Rise and Fall of the National Party*. Cidade do Cabo: Zebra Press, 2007.

WESTWELL, G.; KUHN, A. *A Dictionary of Film Studies*. Oxford: Oxford University Press, 2012.

WODAK, R.; MEYER, M. Critical Discourse Analysis: History, Agenda, Theory, and Methodology. In: WODAK, R.; MEYER, M. (Orgs.). *Methods for Critical Discourse Analysis*. Londres: Sage, 2009. p. 1-33.

WOLTON, D. *Informar não é comunicar*. Porto Alegre: Sulina, 2011.

WOLTON, D. É preciso salvar a comunicação. São Paulo: Paulus, 2006.

YANCY, G. *Look, a white!*: philosophical essays on whiteness. Philadelphia: Temple University Press, 2012.

YUSSUF, Y. Entre Brasil e Moçambique: reflexões sobre uma psicanálise à margem das questões raciais. *Temática*, ago./set. 2020. Disponível em: https://appoa.org.br/correio/edicao/301/8203entre_brasil_e_mocambique_reflexoes_sobre_uma_psicanalise_a_margem_das_questoes_raciais/871. Acesso em 11 dez. 2021.

ZAMPARONI, V. As "Escravas Perpétuas" & o "Ensino Prático": Raça, Gênero e Educação no Moçambique Colonial, 1910-1930. *Estudos Afro-Asiáticos*, Rio de Janeiro, ano 24, n. 3, p. 459-482, 2002.

REFERÊNCIAS FILMOGRÁFICAS

AVODEZANOVE e o Segredo do Soviético. Direção: João Ribeiro. Produção: Pedro Bento. Roteiro: João Nunes. Fado Filmes, Grafo e Kanema, 2020. Duração: 94 min. País: Moçambique.

CORPO - Objeto Humano. Direção: Pak Ndjamena. Produção independente, 2020. Duração: 23 min. País: Moçambique.

LUISTER. Direção: Dan Corder. Produção independente, 2015. Duração: 35 min. País: África do Sul.

M-8: quando a morte socorre a vida. Direção: Jeferson De. Roteiro: Jeferson De e Felipe Sholl. Migdal Filmes, 2020. Duração: 84 min. País: Brasil.

PRETO no branco. Direção: Valter Rege. Produção: Maria Clara Fernandez. Roteiro: Valter Rege. Produção independente, 2017. Duração: 15 min. País: Brasil.

SKIN. Direção: Anthony Fabian. Produção: Anthony Fabian, Genevieve Hofmeyr e Margaret Matheson. Roteiro: Helen Crawley, Anthony Fabian, Jessie Keyt e Helena Kriel. BBC Films, 2008. Duração: 107 min. País: África do Sul/Reino Unido.

REFERÊNCIAS SONORAS

EMICIDA. *Ismália*. Participação: Larissa Luz e Fernanda Montenegro. Álbum: AmarElo, 2019. País: Brasil.

XUXA. *Lua de Cristal*. Álbum: Xuxa 5, 1990. País: Brasil.

editoraletramento
editoraletramento.com.br
editoraletramento
company/grupoeditorialletramento
grupoletramento
contato@editoraletramento.com.br
editoraletramento

editoracasadodireito.com.br
casadodireitoed
casadodireito
casadodireito@editoraletramento.com.br